ベーシック
応用言語学

L2の習得・処理・学習・教授・評価

第2版

石川慎一郎 ［著］

JN076440

A Basic Guide
to Applied Linguistics

ひつじ書房

まえがき

■応用言語学の対象と本書の射程

　応用言語学（applied linguistics）とは、「言語が中心的に関わる現実世界の諸問題を理論的・経験的に考究」する研究分野の総称です（Brumfit, 1997）。応用言語学は、言語学を応用した第2言語（L2）の教育に関わる研究を基盤領域としつつ、近年では、言語と社会にまたがる広範な研究内容を包含しつつあります。

　本書は、応用言語学の扱う広範な内容のうち、その中核をなす「L2の習得・処理・学習・教授・評価」に関わる分野を対象とします。類似の内容は、応用言語学の下位領域である教授方法論や第2言語習得論等の分野でも扱われていますが、いずれの場合も議論の対象を一定の範囲に限っています。これに対し、学際性と網羅性を特徴とする応用言語学は、L2教育に関連する幅広い内容を統一的に扱うことを可能にします。

■L1とL2

　本書で言う第2言語（L2）とは、幼児期に母語（L1）を習得した後で身に付ける、L1以外のすべての言語を指します。L1の習得とL2の習得は多くの点で異なるため、通例、「L2の習得・処理・学習・教授・評価」は、L1の場合と別個に論じられます。なお、L2は必ずしも1言語に限定されるわけではなく、L2として2言語、3言語を学ぶこともあります。

　かつてはL1を「母国語」、L2を「外国語」と呼ぶこともありましたが、言語は必ずしも国民国家の概念を下敷きにするものではないため、本書では、原則として、母語（L1）および第2言語（L2）という用語を使用します。

■応用言語学の枠組みの有用性

　本書が「L2の習得・処理・学習・教授・評価」に関わる内容を応用言語

学という枠組みで扱おうとするのは、そうしたアプローチがL2教育に関わるジェネラリストの養成につながると考えるからです。

　筆者は、長年、L2教育やその周辺領域を専攻する学生の指導に従事してきましたが、その中で強く感じたのは、L2の習得や学習に関わる幅広い内容を理解できる人材養成の必要性でした。自分自身の専門とする内容について深く学ぶことはもちろん重要ですが、そうした専門知識は、当該分野を取り巻く広範な知見に裏打ちされて初めて意味を持ちます。とくに重要になるのは、実践的知識と理論的知識をバランスよく身に付けることです。

　たとえば、語彙指導に関心がありながら語彙記憶のメカニズムについて知識がなかったり、逆に、言語習得理論に詳しいものの具体的な教授法の知識がなかったりする場合、L2教育に関して、どのような分野を専門にするにせよ、また、実践研究と理論研究のいずれを研究テーマにするにせよ、大きな成果を挙げることは難しいのではないかと考えます。本書が、応用言語学という枠組みの下で、L2に関わる問題を一体的に扱おうとする理由もまさにこの点にあります。

■本書の方針と構成

　本書の執筆にあたっては4つの基本方針を立てました。1つ目は、応用言語学がカバーする広範な内容のうち、「L2の習得・処理・学習・教授・評価」に関連する基本的事項を広く取り込むこと、2つ目は、言語学・心理学・教育学・情報科学といった周縁分野の内容も含めて解説を行うこと、3つ目は、海外の研究内容を幅広く取り込みつつも、日本語で通読できるようにすること（海外文献の引用はすべて拙訳によります）、4つ目は、表や図版等を利用し、全体像が見えやすい記述を心がけることです。

　本書は11章から構成されます。第1章「応用言語学と第2言語教育」では、本書全体の序論として、応用言語学の定義と射程を確認し、その中で、L2教育がどのように位置付けられているかを概観します。

　第1部「第2言語の習得と学習」には第2章〜第6章が含まれます。まず、第2章では、「言語習得の基本モデル」に注目し、経験説・生得説・複合説に基づく各種の発達・言語習得モデルを概観します。第3章では、「言

語の対照」に関して、対照分析・誤用分析・中間言語分析・学習者コーパス分析の概要を整理します。第4章では、「言語処理」に注目し、心理学・心理言語学・神経言語学等の枠組みをふまえつつ、人間の言語処理に関わる心的システムのありようについて考えます。第5章と第6章では、「学習者特性」に注目し、L2習得の成否に影響する個人差要因として、年齢・適性・性格・学習スタイル・学習方略・動機づけの問題を扱います。

　第2部「第2言語の教授と評価」には第7章〜第11章が含まれます。まず、第7章と第8章では、「言語教授法」に注目し、過去の主要な教授法の変遷を跡付けます。第9章では、「言語能力観」の問題を取り上げ、評価論や教育目的論の枠組みもふまえつつ、第2言語の能力がどのように定義されてきたかを考えます。最後に、第10章と第11章では、「言語能力の評価」および「言語能力テスト」を取り上げ、L2言語能力の測定と評価に関わる理論的背景および主要な言語テストの内容を概観します。

　本書の内容は多岐にわたるため、原稿作成の段階で、井上聡（環太平洋大）、今道晴彦（広島大）、内田諭（九州大）、小泉利恵（順天堂大）、建内高昭（愛知教育大）、西田理恵子（大阪大）、矢倉晴子（大和大）、李在鎬（早稲田大）、若林茂則（中央大）の各氏を初めとする各分野の専門家に一部をお読みいただき、専門的見地からのコメントを頂戴しました。また、ひつじ書房編集部の森脇尊志氏からも多くの有益な指摘をいただきました。心より御礼申し上げます。

　いただいたご助言をふまえ、読みやすい記述になるよう意を尽くしましたが、入門書という性質もあり、相当に割り切った説明になっている箇所や、筆者の力不足により、書き漏らした点や、不十分な記述が残っているかもしれません。脱稿後に見つかった誤記の訂正や最新情報の追加等については、筆者の研究室のウェブサイトで行っていく予定ですので、あわせてご覧いただければ幸いです。

　読者におかれては、本書を通して「L2の習得・処理・学習・教授・評

価」に関わる応用言語学の幅広い研究の概要をつかんでいただき、以後、それぞれの領域の専門書を手引きとして、関心の深い分野の専門的な研究・学修に進んでいただければと思います。本書が、これから L2 教育の研究・実践の大海に漕ぎ出そうとする若き読者にとって良き羅針盤になることを願っています。

2017 年 1 月

神戸・六甲にて　石川慎一郎

2 版刊行にあたって

　2017 年の初版刊行以来、本書は、応用言語学や外国語教育学の入門書として、幅広い読者にお読みいただいてきました。しかし、初版から 5 年が経過する中で、初版ではカバーできなかった様々な動きが出てきました。

　たとえば、ヨーロッパだけでなく、今や世界の外国語教育に大きな影響を及ぼしている欧州共通参照枠（CEFR）は、2020 年に補遺版が出て、内容に大きな変更が生じました。日本の指導要領も改訂が行われ、新しいタイプの外国語教育がすでに始まっています。加えて、応用言語学のこれまでの在り方そのものを内省的に振り返り、多様性や包摂性につながる新しい研究や教育の形を模索する動きも強まってきました。

　こうした変化を反映すべく、重版にあたり、記述が古くなった箇所を改め、最近の研究に関する情報を増補することとしました。とくに、応用言語学の現代的課題と展望に触れた最終章は、2 版で新たに加えられたものです。

　方向性の見えにくい混迷の時代が続きますが、そうした時だからこそ、言語に関わる社会の諸問題の具体的な解決を目指し、国境を超えて人と人が繋がる手助けとなる応用言語学の意義はより高まってくることでしょう。本書がこれからも広く読まれ、応用言語学に興味を持ってくださる読者が増えることを願っています。　　　　　　　　　　　（2023 年 1 月　著者記す）

目次

第1章　応用言語学と第2言語教育

1.1　本章で学ぶこと

　応用言語学（applied linguistics）とは、言語学等を応用しつつ、第2言語（L2）の習得や学習に関わる問題を中心的に扱う新しい学問分野です。では、応用言語学はどのような経緯で誕生し、どのような内容を対象にするのでしょうか。

　本章では、1.2節において応用言語学の歴史を簡単に紹介し、1.3節で現代の応用言語学の位置付けについてまとめます。

1.2　応用言語学の歴史

1.2.1　萌芽期

　応用言語学の基盤はL2教育に関わる研究であると言えます。ここで、「公的な言語教育の始まり以来、ある種の応用言語学は常に共にあった」（Mackey, 1965, p.253）といういくぶん極端な立場を取るならば、ラテン語の文法指導を行っていた中世期（7.4.1節）にまで応用言語学の歴史を遡ることが可能かもしれませんが、より一般的には、言語学の理論をふまえた科学的なL2教授法の研究が本格的に行われるようになった1940年代頃を応用言語学の萌芽とみなします。

■応用言語学の誕生

　1941年には、著名な英語学者であったCharles Carpenter Friesが、アメリ

カのミシガン大学内に English Language Institute (ELI) という研究センター
を設立しました。ELI において、Fries や Robert Lado らは、言語を構造と
みなしてその体系的記述を目指す構造主義言語学や、刺激に対する反応とい
う側面から行動を観察し、人間の心理の解明を目指す行動心理学といった当
時の主流派の言語理論・心理理論を基盤として、新たな L2 教授法の開発に
従事します。こうして提唱されたのが、文型パタンを反復練習することで
L2 の習慣の形成を目指すオーディオリンガルメソッド (audiolingual meth-
od) (7.6.1 節) でした。

　ELI が刊行した英文法教本 (Lado and Fries, 1957) の前書きにおいて、Fries
は「外国語を学ぶとは、その言語について学ぶことではなく、新しい習慣を
形成することである」という基本理念を示した上で、「言語について説明し
たり解説したりするためではなく、習慣を形成するため」に文法の練習問題
を用意したと述べています (p.v)。最も狭義の応用言語学、つまり、教師の
経験や勘に頼らない、科学的理念に基づく L2 教育の研究は、Fries らによっ
て始まったと言ってよいでしょう。

　1948 年には、Fries を主幹として、*Language Learning: A Quarterly Journal of
Applied Linguistics* という学術誌が創刊されました。Fries は初号に寄せた論
文の中で、「効果的な外国語学習のためのすぐれた教材開発」の重要性を強
調しています (Fries, 1948)。この雑誌によって、"applied linguistics" という
用語が初めて公に世に出たことから、1948 年を応用言語学の誕生の年とみ
なす研究者も存在します (Howatt, 1984)。

　その後、1950 年代に入ると、「応用言語学」という用語や概念が一般にも
定着していきました。1957 年には John Cunnison Catford らによってエジン
バラ大学に応用言語学を直接の研究対象とする学位課程が創設され、1959
年には Charles Ferguson によって同じく応用言語学に特化した Center for
Applied Linguistics (CAL) という研究機関が設立されました。

　萌芽期の応用言語学研究では、構造主義言語学や行動心理学に基づく L2
教授法の開発研究だけでなく、同じく構造主義言語学の影響の下、学習者の
母語 (L1) と L2 の対照分析 (contrastive analysis) 研究 (3.2 節) が広く行われま
した。Lado (1957) は、L1 と L2 の差異が L2 習得の困難性の要因であり、2

言語の差異を明らかにして、それを集中的に指導すれば、L2 習得は促進されるはずだと考えました。これを対照分析仮説 (contrastive analysis hypothesis：CAH) と呼びます。

■萌芽期の研究の限界

　このように、応用言語学は 1940 年代から 1950 年代にかけて次第に地歩を固めてきました。しかし、Rajagopalan (2004) も示唆するように、萌芽期の「応用言語学者」は基本的に言語学者であって、彼らは、言語学における言語データの記述法や分類法を言語教育にそのまま応用しただけであったとも言えます。

　実際、萌芽期の応用言語学研究の大部分は、当時の言語学の延長線上にあり、応用言語学という新しい名前で呼ばれたとしても、それが言語学と異なる真に「新しい」分野であったかどうかは議論の余地が残ります。Davies (2007) は、後述する Widdowson (2000) の議論をふまえつつ、萌芽期の研究は「言語学の応用研究」(linguistics applied) に過ぎないものであったと指摘しています (p.4)。

1.2.2　確立期

　一方、1960 年に入ると、応用言語学は次第に言語学から独立し、独自の分野として確立するようになります。特に注目すべきは、応用言語学そのものを専門とする研究者が増えてきたことです。こうした研究者により、1964 年には国際応用言語学会 (Association internationale de la linguistique appliquée：AILA) が、1967 年にはイギリス応用言語学会 (British Association for Applied Linguistics：BAAL) が、さらに、1977 年にはアメリカ応用言語学会 (American Association for Applied Linguistics：AAAL) が創設されました。また、1980 年には AILA と BAAL によって *Applied Linguistics* という新しい研究雑誌が発刊されました。

■ Chomsky の普遍文法モデルの影響

　1960 年代以降の応用言語学の確立に間接的に大きな影響を及ぼしたの

4

は、1950 年代の後半に言語学者 Noam Chomsky が提唱した新たな言語理論でした。

Chomsky (1957) は、どのような言語であれ、抽象的なレベルにおける統語構造は共通であるとした上で、それを普遍文法 (universal grammar：UG) と呼びました。また、人間の言語能力は学習して身に付くようなものではなく、普遍文法という形ですべての人間に生得的に備わっているという仮説を唱えたのです (2.4.2 節)。幼児が耳にする L1 インプット (周囲の大人の発話等) は質的にも量的にも不十分なものであるのに、健常児であれば、すべての子どもが短期間のうちに何の苦労もなく L1 を習得し、自由に使いこなすことができるという、考えてみれば不可思議な L1 習得の謎を整合的に説明する有力な理論として、Chomsky の普遍文法モデルは 1960 年代以降の言語研究を席巻することとなりました。

普遍文法モデルは、あくまでも L1 習得を対象とする仮説で、Chomsky 自身、「言語学や心理学で得られた知見や見解が言語指導に重要だという考え方には懐疑的である」と述べています (Chomsky, 1966, p.43)。しかしながら、普遍文法モデルがもたらした衝撃は大きく、多くの応用言語学者が、教授法や教材開発に先立つ、より根源的な問題として、L2 習得メカニズムの科学的なモデル化を目指すようになります (Rajagopalan, 2004)。こうした研究は、応用言語学の枠組みの中で、次第に、第 2 言語習得論 (second language acquisition：SLA) という一分野を形作っていくこととなります。

■ L2 習得を心理的にとらえる

Chomsky 以降、応用言語学では、かつての対照分析のように、言語のみを分析対象とするのではなく、L2 学習の主体となる学習者の心理面に一層着目するようになります。

こうした流れの中で、Corder (1967) は、L2 使用における誤りを分析することで、学習者の L2 習得過程を心理的に考察する誤用分析 (error analysis) を提唱します。さらに、誤用だけでなく、学習者の L2 使用全体を議論の対象とすることが試みられ、Selinker (1972) はそうしたシステムを中間言語 (interlanguage) と呼びました (3.4 節)。

　また、Dulay and Burt (1974) らは、学習者が L2 の文法形態素 (英語で言え
ば、進行相を表す ing、3 人称単数現在を表す s、一般動詞の過去形を表す
ed、所有を表す s 等) をどのような順序で習得しているのかを調べました。
学習者による文法の習得順序 (acquisition order) を明らかにすることは、L2
習得が心内でどのように進んでいるのかを解き明かす鍵になり、また、異な
る学習者間での習得順序の安定性を調べることは、L2 習得における生得
的・普遍的要因の役割を明らかにすることにもつながります。

1.2.3　発展期

　言語理論を直接的に応用した L2 教授法開発から、L2 習得過程の心理的
研究へと範囲を広げた応用言語学は、その後、世界的な外国語教育へのニー
ズの高まりもあって、さらなる発展を続けます。1970 年代〜 1980 年代以
降、現在に至る応用言語学は、従前の研究成果を引き継ぐ形で、(1) L2 習得
の心理学的側面に関わる研究や、(2) L2 教授法の開発に関わる研究をさらに
深化させただけでなく、(3) L2 学習者の属性に関わる研究、(4) L2 能力の評
価に関わる研究、さらには、(5) 言語の社会的機能や位置付けに関わる研究
等を広く包含するようになっています。

1.2.3.1　L2 習得の心理学的側面に関わる研究

　前述のように、確立期以降の応用言語学は、Chomsky の普遍文法仮説の
影響もあり、L2 習得の心理的側面に関する理論的考察を深めるようになり
ました。
　第 2 言語習得論は、L2 習得過程の理論モデル化を目指すという基本的方
向性を維持しながら、扱う内容や手法を多様化させています。第 2 言語習
得論が扱う内容の基本は、当該分野のトップジャーナルの 1 つである
Studies in Second Language Acquisition が言うように、「あらゆる言語における、
第 2 言語および外国語の習得に関わる諸問題」ですが、最近では、心理学・
言語学・教育学等との連携の下、広義では外国語教授法も扱うようになって
おり (南, 2014)、また、L2 習得過程に関わる問題に加え、「L2 学習で得る知
識は厳密に言うとどのようなものか」や、「なぜある学習者は他の学習者よ

6

り［L2 習得に］成功するのか」といった問題についても議論するように
なっています(Saville-Troike, 2006)。

　第 2 言語習得論については、L2 能力の中でも統語能力を重点的に論じる
点や(佐々木, 2010, pp.138–139)、応用よりも理論的説明を重視する点で、応
用言語学とは別の独自の学問になっているという見方もありますが(Ritchie
and Bhatia, 1996, p.18；de Bot, 2015, p.27)、本書では、最近の第 2 言語習得
論が指導法や学習者属性の問題への関与を強めている点をふまえ、応用言語
学の一部として扱います。

　また、近年では、習得の問題に限らず、人間の言語使用全般の仕組みを心
理学的に解明しようとする立場として、心理言語学(psycholinguistics)の研
究も広がりを見せています。心理言語学では、人間は言語情報をどのように
記憶するのか、語彙の記憶や使用はどのような仕組みで行われているのか、
言語を受信(聞く、読む)して理解する際にはどのようなことが心内で起こっ
ているのか、あるいはまた、言語を産出(話す、書く)する際には何が起こっ
ているのか、それらの心内活動は脳の働きとどう関係しているのかといった
議論が活発に行われており(4.2–4.5 節)、L2 の理解と産出を統合的に説明す
る有力なモデルも提唱されています(Levelt, 1989 他)。とくに、脳科学の観
点から言語処理のモデル化を目指す研究は神経言語学(neurolinguistics)と呼
ばれることもあります。

1.2.3.2　L2 教授法の開発に関わる研究

　萌芽期の応用言語学は、それまでの経験と勘に頼った教授法への反省に基
づき、科学的な理論を根拠として、L2 の反復訓練を重視するオーディオリ
ンガルメソッドを提唱しました。

　しかし、1960 年代以降、言語能力の生得性を強調する Chomsky の普遍文
法モデルにより、単純な反復訓練の効果に疑問が呈されるようになると、
オーディオリンガルメソッドに代わる各種の教授法が提唱されることとなり
ます。

　学習者の理解を重視する教授法としては、理解可能なインプットを大量に
聞かせるべきだとするナチュラルアプローチ(Krashen and Terrell, 1983)等、

コミュニケーションを重視する教授法としては、言語の実際的機能に即して
L2 を指導すべきだとするコミュニカティブランゲージティーチング
(Wilkins, 1972) 等、内容を重視する教授法としては、L2 指導と内容指導を
融合させる CLIL (Content and Language Integrated Learning) (Marsh, 1994
他) 等、言語形式を重視する教授法としては、意味だけでなく言語形式にも
同時に注意を向けさせるフォーカスオンフォーム (Long, 1991) 等、人間重視
の教授法としては、学習者の潜在能力を引き出すことで L2 習得の促進を目
指すサイレントウェイ (Gattegno, 1963) 等が提唱されています (8 章)。

　L2 教授法に関わる研究は、応用言語学の基盤領域とも言えるもので、
Rajagopalan (2004) は、「その初期からごく最近まで、事実上、応用言語学は
言語教育と同一視されていた」と述べています。また、Hunston and Oakey
(2010) は、「外国語としての英語教育 (TEFL)」、「第 2 言語としての英語教
育 (TESL)」、「他言語話者を対象とした英語教育 (TESOL)」を総称して応
用言語学と呼んでおり (p.xiii)、Davies (2007) は、自身が編纂した応用言語
学の用語集 (Davies, 2005) の収録語の大半が言語指導に関連するものであっ
たと述べています (p.3)。

1.2.3.3　L2 学習者の属性に関わる研究

　また、萌芽期の応用言語学が、教授法や教材など、どちらかと言えば教え
る側に焦点を当てていたのに対し、以後の応用言語学は、学習の主体となる
学習者に注目するようになり、学習者の個人的要因や個人差についての研究
も広く行われるようになっています。

　とくに、年齢 (Patkowski, 1980 他)、適性 (Carroll, 1958 他)、性格 (Eysenck
and Eysenck, 1985 他)、学習スタイル (Riding and Cheema, 1991 他)、動機づ
け (Gardner, 1958 他)、学習方略 (Oxford, 1990 他) 等と L2 学習の成否の関係
について研究がなされ、それぞれの観点において、どのような学習者が L2
習得に成功しやすいのかが明らかにされつつあります (5–6 章)。

1.2.3.4　L2 能力の評価に関わる研究

　前述のように、応用言語学は、望ましい教授法・教材・学習者要因等につ

いて広範な研究を行ってきたわけですが、何が望ましく、何が望ましくない
かを決めるためには、L2 学習の結果を正しく評価する必要があります。

　評価に関して重要になるのは、評価対象（何を評価するのか）と評価手法
（どう評価するのか）の 2 点です。前者の議論は、L2 能力の定義論や L2 教
育の目的論につながるものです。Chomsky は、言語能力（competence）を統
語的な言語知識と定義した上で、具体的・個別的な言語運用（performance）
を二義的なものとみなし、言語学の対象から除外しましたが、最近の研究で
は、逆に、言語運用やコミュニケーションの視点を重視し、より幅広い文脈
で L2 能力を定義することが主流になっています（Hymes, 1966；Cummins,
1979；Bachman, 1990 他）（9 章）。

　また、評価手法に関しては、言語テスト論（language testing）という一分野
が形成され、心理学の知見を基盤として、適正な評価のあり方が多角的に議
論されています。古典的テスト理論（Cronbach and Meehl, 1955 他）や現代テ
スト理論（Lord, 1965）といった主要理論が提唱され、それらを基盤として、
各種の応用的研究実践も盛んです。また、研究成果を生かして、信頼性の高
い L2 テストの開発も行われています（10 章）。

1.2.3.5　言語の社会的機能や位置付けに関わる研究

　最近の応用言語学では、Chomsky が否定した、社会における実際的な言
語運用を重視する動きが強まっており、L2 教育の枠を超えて、新しいタイ
プの言語研究が幅広く展開されています。現代の応用言語学が包含するよう
になった、こうした新しい言語研究は、本書の対象の枠外となりますが、以
下、その概要を簡単に紹介しておきます。まず、実際的な言語運用の諸相の
解明を目指す研究としては、言語の使用実例を集積したコーパスを利用し、
その解析を通して言語の実際的な振る舞いの解明を目指すコーパス言語学
（corpus linguistics）や、語や句の実際的な用法の解明と体系的な記述を目指
す辞書学（lexicography）等があります。

　次に、社会における言語使用に着目した研究としては、専門分野における
用語の統一やその使用上の問題を考察する用語論（terminology）、司法現場
での言語使用の特性等を扱う法言語学（forensic linguistics）、災害時の緊急通

報における望ましい言語表現の在り方等を探る防災言語研究(disaster prevention communication studies)、異言語間での情報転換の方法論を探る翻訳論(translation studies)、とくにコンピュータ翻訳の可能性を探る自動翻訳論(automatic translation)、男女による言語使用の差異や言語的な性差別の問題を扱うジェンダー言語学(gender linguistics)、国家や地域における言語教育や言語使用に関わる法制的問題を扱う言語政策論(language policy)、談話における言語の働きを考察する談話分析(discourse analysis)、話者交代や言い直しといった会話に固有の特性を調べる会話分析(conversation analysis)、各種の言語テキストの表現機能の解明を目指す文体論(stylistics)等があります。これらの多くは、言語の社会的機能全般を考察する社会言語学(sociolinguistics)の下位領域ともみなせます。

　また、言語に関わる社会的な問題の解決を探る研究としては、言語障碍者に対する支援の在り方を検討する言語療法(speech therapy)や臨床言語学(clinical linguistics)、移民の言語や母語権等の問題を扱う移民言語研究(immigrant language studies)、2 言語話者の特性解明や言語保持の問題を扱うバイリンガリズム研究(bilingualism studies)、異文化コミュニケーションにおける文化的摩擦の回避法を考える異文化アシミレーション研究(cultural assimilation studies)等があります。

　このほか、社会における言語の支配性や政治性を検証する研究も行われています。世界の諸言語の中で圧倒的な地位を獲得するに到った英語については、英語を母語話者の専有物ではなく、国際的な補助言語とみなす English as an International Language (EIL) (Smith, 1976)、母語話者の英語だけでなく、多様な英語変種の存在を認める World Englishes (WE) (Kachru, 1985)、英語を非母語話者間の交流手段として位置付ける English as a Lingua Franca (ELF) (Jenkins, 2000；Seidlhofer, 2001)、英語に限らず世界の多様な言語の併存を重視する多言語主義(multilingualism)、英語による国際コミュニケーションの支配を批判的に論じる英語帝国主義論(津田, 1990；津田, 2006；大石, 1997；大石, 2005；三浦・糟谷, 2000)等の研究があります。また、メディア報道等の言語を詳細に分析することで、そこに隠された政治的バイアスを解明する批判的談話分析(critical discourse analysis) (Fairclough, 1985)の研究

も盛んです。さらに、これらを統合する形で、過去の応用言語学の問題点を批判的にとらえなおし、言語研究を通して社会の多様性や包摂性を向上させようとする批判的応用言語学（critical applied linguistics）の研究も増えつつあります（11章）。Rajagopalan（1997）も言うように、初期の応用言語学は母語話者の神格化という「永続的で有毒な影響」下にありましたが、こうした点にも批判的視点が向けられるようになっています。

　なお、こうした実社会を意識した新しいタイプの言語研究は、一般に、「現実世界のための言語学」（Wei and Cook, 2009）や、「実際的な諸問題を扱う言語研究や言語学研究」（Richards and Schmidt, 2002, p.28）等と呼ばれており、それらは、「言語学と他の学問との学際的研究」（社会言語学等）と「関連分野に言語学を応用する研究」（翻訳論、辞書学等）に二分することが可能です（白畑他, 2009, p.17）。

1.3　現代の応用言語学

　前節で、応用言語学の歴史を駆け足で概観してきましたが、こうした系譜を踏まえつつ、応用言語学を1つの学問分野として扱おうとする場合、何が応用言語学であって何が応用言語学でないのか、つまりは、応用言語学の定義を明らかにすることが不可欠となります。

■言語学と応用言語学

　応用言語学の定義に先立ち、確認しておきたいのは、応用言語学と言語学の関係です。この点については、多くの研究者が両者の本質的な違いに言及しています。

　たとえば、Simpson（2011）は、言語学が言語知識の解明を目指すのに対し、応用言語学は「言語関連の知識と現実世界の意思決定を相互につなぐ」ものであるとしています。Knapp, Antos, Perrin, and Verspoor（n.d.）は、言語学と異なり、応用言語学は「問題志向型・問題解決型の行動」であり、「（理論）言語学の劣化版ではないし、言語学の理論や手法を単に応用しただけのものでもない」としています。国際応用言語学会（AILA）は、応用言語学

は、「実際的・日常的問題を明確に志向する」点で一般の言語学と異なると
指摘し（AILA, n.d.）、Widdowson（2000）は、仮に言語学の側が「現実の言
語使用」を扱うようになったとしても、それは「言語学の応用研究」（lin-
guistics applied）に過ぎず、「現実世界の問題」を扱う「応用言語学」（applied
linguistics）とは異なると述べています。また、Friedrich（2019）は、言語学が
心内モデルについての仮説を優先させるのに対し、応用言語学や記述言語学
は言語の実証データを優先させるとしています（pp.9–10）。

■応用言語学の定義

　では、応用言語学を言語学とは異なる独自の学問分野であるとみなした場
合、現代の応用言語学はどのように定義されるのでしょうか。

　応用言語学について、おそらく最も有名な定義の1つは、Brumfit（1997）
による「言語が中心的に関わる現実世界の諸問題を理論的・経験的に考究」
する研究（p.93）というもので、この定義は多くの応用言語学の入門書に引用
されています。

　また、応用言語学の研究分野を代表する国際応用言語学会（AILA）および
アメリカ応用言語学会（AAAL）は、それぞれのミッションステートメントの
中で、応用言語学についてより踏み込んだ記述を行っています。

　　応用言語学は、既存の言語学の理論・手法・知見の応用によって、ある
　　いは、当該の問題に対処しうる新たな言語学の理論的・方法論的枠組み
　　の構築によって、言語とコミュニケーションに関わる実際的問題を特
　　定・分析・解決する学際的な研究・実践領域である。　　（AILA, n.d.）

　　応用言語学は、言語に関する幅広い問題を扱い、個人生活および多様な
　　社会条件下におけるその役割を理解するための学際的な研究分野であ
　　る。応用言語学は、人文学・社会学・自然科学を含む多様な分野から幅
　　広い理論的・方法論的手法を援用するとともに、言語・言語使用者・言
　　語使用および言語使用の背後にある様々な社会的・物質的諸条件に関し
　　て、独自の知識基盤を構築する。　　　　　　　　　　　（AAAL, n.d.）

　2つの定義は、応用言語学のベースをどう見るかという点で違いがあり、前者は、それを新旧の言語学に限定しており、後者は、言語学に限らず、多様な学問分野の知見とみなしています。前節で見たように、科学的なL2教授法の開発から始まった応用言語学は、その後の発展の中で、扱う内容や分析の手法が多様化しており、その枠内に多くの下位分野を抱えるに至っています。後者の定義は、こうした背景をふまえ、応用言語学の学際性を強調したものとなっていますが、一方で、学問分野の中核的な特性が見えにくくなっているという側面もあります。

■応用言語学の射程の再考

　そもそも、応用言語学のような高度に学際的な研究分野の場合、満足のいく定義を立てることは必ずしも容易ではありません。実際、de Bot（2015）は、応用言語学の定義の問題は、「過去数十年間にわたって集中的に議論されてきたにもかかわらず、共通理解は得られていない」と述べています（p.25）。

　応用言語学の定義が一意に定まりにくいのは、人によって、念頭に置いている範囲がまちまちなためと考えられます。ここでは、議論を整理するため、Davies（2007）が言うように、源泉（何を応用するか）と対象（何に応用するか）を区別した上で（pp.3–4）、応用言語学を「XをYに応用した学問」とみなして、その射程を考えてみましょう。

　まず、Xを最も狭義でとらえれば、何らかの言語理論（X_1）となり、範囲を広げれば、言語研究全般（X_2）や、隣接分野を含めた研究全般（X_3）となります。次に、Yを同じく最も狭義でとらえれば、萌芽期以来、応用言語学の基盤をなしているL2教育（Y_1）となり、範囲を広げれば、L2習得（Y_2）や、言語に関わる社会的問題の全般（Y_3）となります。

　つまり、応用言語学とは、最も狭く定義すれば（$X_1 \times Y_1$）、「特定の言語理論に直接的に立脚したL2教育研究」となり、最も広く定義すれば（$X_3 \times Y_3$）、言語学に限らず、「隣接分野の知見を何らかの形で反映した言語関連研究の総体」となります。しかし、狭すぎる定義は応用言語学の学際的可能性を否定することにつながり、広すぎる定義は結局何も言っていないことと同

表1 応用言語学の射程

	Y_1	Y_2	Y_3
X_1	特定の言語理論に直接的に立脚したL2教育研究	特定の言語理論に直接的に立脚したL2教育・習得研究	特定の言語理論に直接的に立脚した言語関連研究の総体
X_2	言語研究の成果を何らかの形で反映したL2教育研究	言語研究の成果を何らかの形で反映したL2教育・習得研究	言語研究の成果を何らかの形で反映した言語関連研究の総体
X_3	隣接分野の知見を何らかの形で反映したL2教育研究	隣接分野の知見を何らかの形で反映したL2教育・習得研究	隣接分野の知見を何らかの形で反映した言語関連研究の総体

じになり、応用言語学を言わば「森羅万象の学問」(science of everything) (Davies, 2007, p.2)に棚上げしてしまう危険性があります。

■本書で扱う内容

　そこで、本書では、狭義と広義の中間を狙うこととし、応用言語学を「言語研究の成果を何らかの形で反映したL2教育・習得研究」($X_2 \times Y_2$)と位置付けた上で、具体的には、「L2の習得・学習・教授・評価」に関わる内容について概観していきます。近年の応用言語学に含まれるようになった、社会やコミュニケーションといった観点を重視する新しいタイプの言語(学)研究については、本書では扱いません。

　まず、本書の第1部「第2言語の習得と学習」では、L2の習得に関係する分野として、第2言語習得論や心理言語学、また、学習者の個人差に関わる研究について紹介します。その際、必要に応じて、隣接分野である言語学・心理学・教育学・情報科学等にも言及を行います。第2部「第2言語の教授と評価」では、L2教育に直接的に関係する教授法と評価論の問題を扱います。

■今後の応用言語学

　応用言語学の多様性をふまえると、今後の展開を正確に見通すことは必ずしも容易ではありませんが、ここでは2つの可能性を示したいと思います。

　1つ目は、応用言語学が、関連する無数の研究分野の横断領域としてさらに発展する可能性です。応用言語学は、現在では、言語学の枠を超え、哲学・心理学・社会学・政治学・コンピュータ工学・脳科学・医学といった幅広い研究分野との連携を深めつつあります。Rajagopalan (2004) は、1990年代以前の応用言語学は、既存の研究分野の枠組みを尊重しつつ、他分野との連携を行う学際的 (interdisciplinary) 分野であったが、最近は分野の枠組みを乗り越える領域横断的 (transdisciplinary) 分野になったと指摘しています。また、応用言語学は「理論の消費者ないし使用者であって、構築者ではない」(Corder, 1973, p.10) とみなされてきましたが、Fairclough (1997) も言うように、これからは自前の方法論や理論を生み出すことも期待されます (p.4)。

　2つ目は、応用言語学が自己批判を深め、より積極的に社会改変に関与していく可能性です (11章)。批判の対象には、多様性や包摂性の対極にある狭量な母語話者中心主義も含まれます。母語話者の定義は曖昧で (Leech, 1998)、母語話者固有の表現を教える必然性も希薄です (Timmis, 2013)。その中で、なお母語話者をモデルにすることは、学習者を劣位に置き (Larsen-Freeman, 2014)、特定言語の帝国主義的覇権を強め (Phillipson, 2018)、L2教師は母語話者でなければならないとする考え方 (native-speakerism) を広げ、非母語話者教師を抑圧することにつながります (Holliday, 2006)。一方で、母語話者モデルを放棄した場合、応用言語学がそれに代わるどのようなモデルを持つべきかについては、今も議論が続いています (3.5節)。

1.4　発展学習のために

1.4.1　文献ガイド

　応用言語学全体の概要を包括した日本語の教科書は、ほとんど存在していません。英語では、Cook (2003) が読みやすい入門書であり、初めて読む教科書として適しています。全体は8章構成で、応用言語学概論、規範主義と記述主義、現代世界の言語事情、英語教育、言語コミュニケーション、文脈と文化、詩学と修辞学、回顧と展望といった内容が、それぞれ数ページから10ページ程度でまとめられています。巻末には用語集もあり、便利で

す。さらに学びたい読者には、Davies (2007)、Schmitt (2010)等を勧めます。

　また、応用言語学分野を代表する *Applied Linguistics* という雑誌には関連分野の様々な論文が掲載されています。とくに、2015 年 9 月に刊行された 36 巻 4 号は、「応用言語学の定義」に焦点を絞った特集号で、Guy Cook、Elaine Tarone、Claire Kramsch、Tim McNamara といったこの分野を代表する研究者がそれぞれの視点から応用言語学を定義しています。

　応用言語学の下位領域のうち、第 2 言語習得論は、独立した分野と見なされることも多く、多くの入門書が刊行されています。特に推薦できるのは、白畑・若林・村野井 (2010) です。同書は第 2 言語習得論の詳細な研究紹介に加え、研究の進め方(データの取り方、論文の書き方)についても有意義な解説を行っています。入門書として定評ある Lightbown and Spada (2013) を邦訳した白井・岡田 (訳) (2014)の他、具体的なエピソードの豊富な馬場・新田 (2016)、L2 教師が直面する素朴な疑問を取り上げて第 2 言語習得論の観点から平易な解説を加えた佐々木 (2010) および小柳 (2020)、インターアクション理論や複言語・複文化主義等の最新理論までカバーする小柳 (2021)等も有益な書物です。

1.4.2　研究のヒント

(1) Google Trends 等を用いて、近年における "applied linguistics" の頻度の変遷を調べ、おおよその増減のパタンを明らかにし、その理由を考えてみよう。

(2) 応用言語学分野の教科書・入門書の目次を集め、扱われている内容を比較してみよう。共通して扱われているものにはどのような分野があるだろうか。出版年が古いものと新しいもので、扱われている内容に違いはあるだろうか。

(3) 現代日本語の大規模データベースである「現代日本語書き言葉均衡コーパス」で、「英語教育」と「日本語教育」の頻度を比較し、どちらが多いか、なぜそうした差が生じるのか考えてみよう。また、それぞれの検索で得られた用例を読み、「英語教育」と「日本語教育」をめぐる言説の質的違いについて考えてみよう。

第1部　第2言語の習得と学習

第 2 章　言語習得の基本モデル

2.1　本章で学ぶこと

　萌芽期の応用言語学は、もっぱら、教授法や教材といった第 2 言語(L2)
教育の実践面に注目していました。しかし、人間の言語習得過程を理論的仮
説として示した Noam Chomsky の普遍文法モデルの影響の下、応用言語学
においても、心理学的側面を重視した言語習得過程の解明が重要な研究テー
マとなりました。言語習得に関わる研究は、母語(L1)を対象にするものと、
第 2 言語(L2)を対象にするものとに分けられますが、後者は第 2 言語習得
論(second language acquisition：SLA)という下位分野で中心的に扱われてい
ます。

　L1 および L2 の習得メカニズムに関しては、大別して、(1) 経験説(人間
は環境から後天的な刺激を受け取る経験を通して言語を身に付ける)、(2)
生得説(人間は先天的に備わっている言語能力によって言語を身に付ける)、
(3) 複合説(人間は後天的要因と先天的要因の複合的関与によって言語を身
に付ける)という 3 つの立場があります。

　本章では、まず、2.2 節において、3 つの立場を整理した後、以下、2.3 ～
2.5 節において、それぞれの立場を取り上げ、人間の発達全般および言語習
得について、どのようなモデルが提唱されているかを概観していきます。

2.2　3 つの立場

　すでに述べたように、言語習得については、経験説・生得説・複合説とい

20

う3つの立場が存在します。表1は、小柳（2004）他を参考に、主要なモデルを3つの立場にあてはめて整理したものです。

表1　主要な言語習得モデル

タイプ	主要モデル	
経験説	行動心理学モデル	
生得説	普遍文法モデル、モニタモデル	
複合説	認知的モデル （Piaget説、操作原理説、用法基盤モデル、コネクショニストモデル、競合モデル）	社会的相互交流モデル （インタラクションモデル、インタラクション仮説、アウトプット仮説）

　以下、3つの立場について、概観していきます。なお、人間の言語習得は、より広い視座に立てば、人間の発達過程の一部ととらえることができます。つまり、乳幼児が喃語（アー、ウー等の無意味発声）から1語文、2語文を経て複雑な言語を話せるようになる言語的発達は、クローリング（はいはい）からつかまり立ちを経て独立歩行に至る運動的発達や、自己認識や他者認識を経て抽象的認識に至る認知的発達などに対応する過程と言えます。こうしたことから、以下では、3つの立場について、はじめに、人間の発達全般に関する考え方を整理し、その後、言語習得モデルについて見ていくこととします。

2.3　経験説

2.3.1　経験説に基づく発達モデル

　経験説（環境説、後天説、外的要因説とも言う）とは、生後の環境の中で受けた刺激や経験や学習を主因として発達が進むという考え方です。この立場では、先天的に規定されているものは少なく、後天要因が発達を直接的に統御すると考えます。

　たとえば、Watson（1930）は、人間の発達全般に関して、後天的要因が先天的要因を凌駕すると主張し、人は、健常児でありさえすれば、能力や両親

のありようにかかわらず、生後の教育の如何で「医者にも法律家にも芸術家にも企業家にも乞食にも泥棒にも」させることができると述べています。

　経験説の立場から言語習得をとらえれば、乳幼児がどのような社会的環境に生まれるか、生後、周囲の大人とどのような質的・量的言語的接触を持つかによって、言語習得の順序や過程は本質的に変化することになります。また、すべての点で完全に同じ環境に生まれる子供がいない以上、個々の幼児はそれぞれに異なる言語発達パタンを示すものと考えられます。

2.3.2　経験説に基づく言語習得モデル

　経験説に基づく言語習得の考え方に大きな影響を及ぼしたものとしては、初期の応用言語学が依拠した行動心理学モデルが挙げられます。行動心理学とは、抽象的な意識や心についての内観ではなく、触知可能な具体的行動の分析に立脚することで、生物の営みの原理を科学的に解明しようとする学問です。行動心理学では、人間の言語習得に限らず、動物が何らかの技能を身に付けることを、刺激（stimulus）と反応（response）の結び付きが反復によって強化（reinforcement）され、新たな習慣形成（habit formation）がなされたためと考えます。これを刺激・反応(S-R)モデルと呼びます。

　言語習得に関して言えば、幼児は、周囲の大人の発話を聞くことで、環境から大量の言語刺激、つまりは言語インプットを受け取ります。そして、それを模倣したり、一定の反応を返したりする経験を繰り返し行うことで、次第に言語のやりとりが習慣化され、結果として、言語が習得されるのです。「母語であれ、第 2 言語であれ、言語は周囲の大人の真似をし、繰り返し練習することで、規則を習慣化し、習得できる」わけです（白畑・若林・村野井, 2010, p.18）。つまり、平たく言えば、「習うより慣れろ」というのが、行動心理学モデルによる言語習得の根幹です。

2.3.2.1　3 つの行動タイプ

　ここで重要になるのが、刺激と反応の関係、とくに、特定の刺激によって特定の反応を引き出す条件づけ（conditioning）です。以下はその一部です（鹿取・杉本・鳥居, 2015, pp.21–26）。

表2　主要な行動の種別

タイプ	種別	刺激と反応の関係
感覚支配的行動	反射的行動	刺激→不随意行動(先天的)
習得的行動	古典的条件づけ行動	刺激→不随意行動(後天的)
	オペラント条件づけ行動	刺激→随意行動(後天的)

　たとえば、犬は、生まれながらにして、エサを見れば無条件かつ不随意的に涎を垂らします(反射的行動)。また、ベルを鳴らして餌を与えることを繰り返せば、やがてはベルの音だけで不随意的に涎を垂らすようになります(古典的条件づけ行動)。さらに、一定の訓練を行えば、エサをもらうために特定の行動を随意的に行うようになります(オペラント条件づけ行動)。言語習得について言えば、言語と概念の結合は古典的条件づけによって、人間の主体的な言語使用はオペラント条件づけによって説明することが可能になります。以下、それぞれの行動について概観しておきましょう。

■反射的行動
　刺激・反応の関係が最も直接的で、感覚に支配されているのが反射的行動です。これは、無条件反射(unconditioned reflex)と呼ばれるもので、先天的な仕組みによって特定の刺激(無条件刺激)が特定の反応を無条件に引き起こすことを言います。たとえば、人間はまぶしい光を照射されると無意識のうちに目を閉じ、犬はエサを見ると無意識に涎を流します。この時、引き起こされる行動は、意図に関わらず起こる不随意行動です。なお、感覚支配的行動には、このほか、主として下等生物に見られる本能的行動等もあります。

■古典的条件づけ行動
　これに対し、後天的に習得されるのが条件づけ行動です。これは、条件反射(conditioned reflex)と呼ばれるもので、条件づけされる行動のタイプによって、不随意行動が引き出される古典的条件づけ(classical conditioning)行動と随意行動が引き出されるオペラント条件づけ(operant conditioning)行動に分けられます。

　古典的条件づけ行動とは、無条件反応を引き起こす無条件刺激と、それ自身では特定の反応を引き起こさない中性刺激を組み合わせて与えた場合、最終的には、中性刺激が、条件刺激となって、それだけで特定の不随意的反応が引き起こされるようになることを言います。Ivan Petrovich Pavlov（1849–1936）は、ベルを鳴らしてから給餌することを反復すると、ベルの音が一種の予報的信号となり、ベルの音を聞くだけで犬が涎を垂らすようになることを証明しました。古典的条件づけは、引き起こされる反応が応答的（responding）であることから、レスポンデント（respondent）条件づけとも呼ばれます。

　言語習得では、幼児による具象語の意味理解がこれに関係すると考えられます。幼児は、たとえば、自ら体験した「熱い」という感覚と、周囲の大人が発した「熱い」という語彙インプットを同時に持つことで、「熱い」という語とその意味内容（感覚的体感）の間に連合関係を構築し、最終的には、語を見聞きするだけでその意味内容を自動的に想起するようになります。

■オペラント条件づけ行動
　オペラント条件づけ行動とは、それ自身では特定の反射を引き起こさない中性刺激により、特定の随意的反応が引き起こされるようになることを言います。

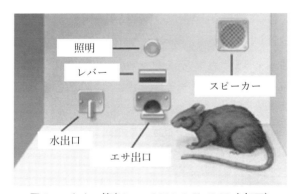

図 1　スキナー箱（Myers, 2010 の Fig.7.12 を加工）

Burrhus Frederic Skinner（1904–1990）は、ネズミやハトやイヌ等の小動物

をスキナー箱（Skinner box）と呼ばれる装置に入れました。この箱は、特定の条件下（照明点灯等）でレバーを押すとエサが出てくる仕掛けになっています。小動物は、レバーを押せばエサが出てくることを偶然知り、やがて、その条件を約束的信号とみなし、エサを取るために自発的にレバーを押すようになります。この時、報酬（エサを与える、褒める）や嫌悪刺激（嫌がる音を鳴らす、叱る）を与えることで、反応を強化することができます。オペラント（operant）条件づけは、引き起こされる反応が行動的（operating）であることから、このように呼ばれます。また、道具的条件づけ（instrumental conditioning）と呼ばれることもあります（古典的／オペラントという用語は厳密に言えば対応していませんが、本書では、心理学の慣習に従い、この用語を使用します。鹿取・杉本・鳥居, 2015, p.26 参照）。

　言語習得では、幼児が言語使用によって特定の行為を遂行するようになる事例がこれに関係すると考えられます。たとえば、「マンマ」と聞かされながら食事を与えられた幼児は、当該語と意味の連合関係を構築し、自ら「マンマ」と言えば食事が与えられる体験を繰り返すことで、食事をもらうために主体的に「マンマ」という語を使うようになるのです。

　Skinner らの実験によって、後天的な反復訓練によって、動物が不随意行動だけでなく、随意行動も行うようになることが証明されました。この点を根拠として、萌芽期の応用言語学は、言語習得が決して特殊な事象ではなく、刺激・反応の習慣形成に基づく一般的な技能・能力の習得メカニズムで説明できると考えたのです。

2.3.2.2　行動心理学モデルに基づく言語習得観

　行動心理学者は、動物に単純な行動を起こさせる一連の実験を行うだけでなく、人間の言語習得についても直接的に発言しています。

　たとえば、Skinner（1957）は、いわゆる言語が、話し言葉と書き言葉の両面を含むこと、また、共同体の慣習や約束事ではなく、本質的に個人の行動であることを強調すべく、「発話」や「言語」といった従来の用語に代えて、「ことば行動」（verbal behavior）という新たな用語を提唱しています。その上で、「ことば行動」の分析は、動物の行動全般を扱う行動心理学の仕事

であると強調しています。

> 必要なのは、人が話したり発話に答えたりするときに何が起こっている
> のかを説明することである。これは明らかに人間の行動への疑問であ
> り、行動科学の概念や技法によってのみ、その疑問に答えることができ
> る。 (p.5)

　幼児は、周囲の大人の「ことば行動」を見聞きすることで刺激を与えら
れ、それに反応を返すことで自身の「ことば行動」を学習していくのです。
　もっとも、前述の小動物は、レバーを押すという 1 個の完結した行為を
繰り返すことで当該行為を習得したわけですが、幼児は、断片的な構文や表
現を反復しているだけで、すべての構文を含む完結した「ことば行動」その
ものを反復しているわけではありません。これでも言語全体を習得できるの
でしょうか。
　この点に関して、Skinner は、8 の字歩行という複雑な運動をハトに行わ
せる例を示しています。ハトは最初からきれいに完成した 8 の字歩行を行
うわけではありませんが、8 の字歩行と関連を持つ部分的運動（歩く、回る
等）を適切に反復させれば、ハトは最終的にきれいな 8 の字運動を自発的に
行うようになります。つまり、幼児が当初は部分的な「ことば行動」しかで
きないとしても、それを繰り返すことで、個々の部分が積み上がり、最終的
には完全な「ことば行動」を習得できると考えられます。

2.3.2.3　行動心理学モデルの課題

　行動心理学モデルは、言語習得の説明理論として広く受け入れられ、とく
に 1940 年代から 1960 年代にかけて言語教育の世界に大きな影響を及ぼし
ました。たとえば、オーディオリンガルメソッド（audiolingual method）とい
う教授法（7.6.1 節）では、目標言語を聞き、即座に反応を返す機械的な反復
訓練が強調されますが、これも刺激と反応のプロセスを反復することで新た
な習慣が形成されるという行動心理学モデルの考え方に立脚したものです。
　しかし、後に、行動心理学モデルに対する批判的見解が示されるようにな

ります。とくに問題となったのは、現実世界では、随意的な言語使用を引き起こすほどの言語刺激が存在していないように思えることです。

たとえば、L1 習得の場合、幼児が周囲の大人から受け取る言語刺激の量には限りがあり、そこには言い誤りも多く含まれています。つまり、言語刺激は量的にも質的にも制約されているわけですが、にもかかわらず、幼児はごく短期間のうちに言語能力を身に付けることができます。しかも、幼児は周囲の大人が一度も使っていない表現すら言えるようになるのです。

前出の Noam Chomsky は、こうした「刺激の貧困」（poverty of the stimulus）の中でもすべての人間が言語を完全に習得できるという事実を説明するには、行動心理学モデルでは不十分であると考えました。Chomsky はまた、人間が、実際に経験したこと以上を知りうることを「プラトンの問題」（Plato's problem）と呼び、これを説明するには、経験説を超えたまったく新しい発想が必要になると考えたのです。

2.4 生得説

2.4.1 生得説に基づく発達モデル

生得説（遺伝説、成熟説、先天説、内的要因説とも言う）とは、経験説の対極に位置するもので、どのような特性がいつどのように発現するかは生得的に決まっているとする考え方です。この立場では、人間の能力は生得的に備わっていて、ある段階が来ればひとりでに発現すると考えます。

個々の能力の発現には一定の内的成熟が必要であるとされ、これをレディネス（readiness）と呼びます。いわゆる成熟説（maturationist theory）の提唱者として知られる Gesell（1925）は、双生児を被験者として、階段を登るトレーニングをそれぞれ異なる時期に行わせました。その結果、生後、ごく早い段階で多くのトレーニングを行った幼児よりも、身体能力が一定の段階に達した後で少量のトレーニングを行った幼児のほうが結果的に速く階段を登れるようになったことが確認され、環境や経験の影響が限定的であること、また、発達特性の発現にはレディネスが重要であることが示唆されました。

生得説の立場から言語習得をとらえれば、幼児間の個体差や、生後の言語

接触の質や量、また、言語指導の有無にかかわらず、すべての子供は同じような順番で同じようなスピードで言語を習得していくものと考えられます。

2.4.2　生得説に基づく言語習得モデル(1)：普遍文法モデル

　L1 習得に関して、質的・量的にきわめて乏しい刺激しかないのに、すべての幼児がごく短期間のうちに完全な形で言語を習得できるという事実を説明するため、Noam Chomsky が提唱した言語習得仮説が普遍文法モデルです。普遍文法モデルは、少なくとも L1 習得については、最も有力な説明モデルの 1 つであると考えられています。

2.4.2.1　普遍文法とは何か

　Chomsky は、言語は経験を通してゼロから習得するものではなく、すべての人間が生まれながらにして言語を習得するための特別な仕組みを持っていると考えました。この仕組みを言語習得装置(language acquisition device：LAD)と呼びます。これは、多様な言語表現を生み出す基となる文法規則集のようなもので、英語や日本語といった個別言語に限定されない汎用的な普遍文法(universal grammar：UG)とみなされます。

　普遍文法では、中核的な文法構造の習得に関して、汎用的な原理(principle)による部分と個別言語ごとに異なるパラメタ(parameter)による部分があると考えます。幼児は、生後、周囲の環境から個別言語のインプットを受けることで、パラメタ設定を発見し、当該言語が習得されると考えられています。普遍文法モデルでは、環境からのインプットは、言語習得装置の発動とパラメタの設定に関わるだけで、行動心理学モデルが言うような言語習得の主因とはみなされません。

2.4.2.2　生成文法の展開

　Chomsky の言う言語習得装置や普遍文法というアイデアは、有限のルールから無限の表現を生成する人間固有の言語能力の解明を目指す生成文法(generative grammar)という枠組みの中で精緻化されていきます。生成文法そのものは言語習得のモデルではありませんが、その言語観や言語分析の方

28

法論は様々な形で応用言語学に影響を及ぼしています。

■生成文法の枠組み

　Chomsky は、言語を論じるにあたり、人間に生得的に備わった言語知識を指す言語能力（competence）と、心外に具現化された具体的な言語運用（performance）の峻別を主張します。1980 年代以降の Chomsky 理論では、前者は I 言語（internal language）、後者は E 言語（external language）と呼ばれることになりますが（白畑・若林・村野井, 2010, p.46）、本書では言語能力・言語運用という用語を用います。

　さて、Chomsky（1965）は言語能力と言語運用の関係について次のように述べています。

> 　こうして、言語能力（話者・聴者が持つ言語知識）と、言語運用（具体的状況における実際の言語使用）は、本質的に区分される…実際のところ、言語運用というのは、明らかに、言語能力を直接的に反映したものではない。自然発話を録音してみると、言い直し（false start）、文法規則の違反、中途での言いさし等が無数に見つかるだろう。　　　　　　（p.4）

　この点をふまえ、Chomsky は、言語学は、ノイズを含む実際の発話ではなく、個々人が心内に持つ抽象的な統語知識のみを研究の対象にすべきだと考えます。学問分野としての生成文法は、語彙・音韻・語用論・言語環境といった要素を言語運用に関わるものとして捨象することで、言語学を純粋科学として展開することを目指したと言えます。

　生成文法はこれまでに目まぐるしい展開と変容を見せていますが、その理論的変遷は大まかに 3 つの時期に分けることができます（宮前, 2005）。以下では、宮前（2005）および町田（2000）に基づき、各期の理論の概要を見ていきます。

■第 1 期：標準理論（1957 ～ 1980）

　これまで繰り返し述べてきたように、生成文法の基本的立場は、言語能力

は生まれながらにすべての人間に共通に備わっているという考え方です。だとすれば、幼児が持っている普遍文法の内容が、分厚い文法書のように詳細なものであると考えるのは不自然です。幼児には、様々な言語表現のコアとなる最小限のシンプルなルールだけが体系的に整理された形で備わっていると考えるほうがはるかに自然でしょう。

　第 1 期（1957 〜 1980）の生成文法は、言語をできるだけシンプルに記述するため、標準理論と呼ばれる考え方の下、深層構造（deep structure）と表層構造（surface structure）という言語の二重構造モデルを導入しました。つまり、言語の基底には、句構造規則（語順等のルール）によって作られる深層構造が存在しており、これらが変形規則の適用を受けて変形（transformation）されることで、表層構造に多様な形式が出現すると考えたのです。

　こうした規則を立てることで、たとえば、受動態は固有の表現形ではなく、能動態が変形規則によって変形したものとみなせます。同様に、複雑な統語形式もシンプルな深層構造の変形として説明することが可能になります。なお、変形規則は文の意味を変えるものではなく、統語的な形式のみを操作します。

　ここで、町田（2000）に基づき、Who do you love?（誰が好きなの）という英文の生成過程を考えてみましょう。深層構造は英語の SVO 語順に沿った you (do) love who? です（※ do は助動詞）。これが「wh 移動」という変形規則によって who you (do) love? という形になり、次いで、「名詞句・助動詞倒置」規則によって、最終的に Who do you love? という形になったと考えるわけです（p.55）。このように考えることで、膨大な言語表現をシンプルなルールで説明できるめどがつきました。

　しかし、標準理論に関して、いくつかの問題点が意識されるようになりました。1 つ目は、「変形は意味を変えない」という前提に対し、受動態と能動態、「give 物 to 人」と「give 人・物」等、深層構造が同じでありながら、意味上のニュアンスの異なる事例が数多く見つかったことです。2 つ目は、無秩序に変形規則が作られてしまったことです。そこで標準理論を修正した拡大標準理論が提唱され、意味は深層構造ではなく表層構造で決まるという考え方が示されました。また、制約という概念を導入することで、無秩序に

変形規則が作られてしまう状況に歯止めをかけました(たとえば、「構造保持制約」により、構造を変化させる変形規則は認められないことになりました)。

　標準理論のもう１つの問題は、個別言語ごとに立てたルールが別の言語には適用しにくく、普遍文法の理念に沿わないケースが多かったということです(たとえば、wh 移動は日本語には顕在的には存在しません)。そこで、言語を問わず、各種の句の成り立ちを統一的に説明するために、Xバー理論(一般化句構造)という考え方が導入されました。これにより、いわゆる名詞句や動詞句や形容詞句は、すべて、主要部(head)に相当するXが「投射」して作られた「X句(X Phrase：XP)」として１つにまとめられることになったのです。

　では、主要部Xによる投射はどのように行われるのでしょうか。まず、主要部Xは、その補部(complement)とともに、Xバー(Xを含む部分構造)を作ります。これは完全な句になる前の中間段階ですので中間投射と呼ばれます。次に、その外部にある指定部(specifier)がXバーを指定・限定し、投射が完了します。これを最大投射と呼び、いわゆる句に相当します。

　例として、「あの大きな家」という名詞句(NP)の構造を分析してみましょう。

　　　主要部(家)＋補部(大きな)＝Xバー(大きな家)
　　　指定部(あの)＋Xバー(大きな家)＝XP(あの大きな家)

　主要部である「家」は、その補部である「大きな」とともに、「大きな家」というXバーを中間投射として作り、さらに、その外部にある指定部の「あの」が、Xバーを限定して、「あの大きな家」という最大投射ができるわけです。

　このように考えると、様々な言語表現が、シンプルな統一ルールで説明できることがわかります。

　さて、ここで、前述の Who do you love?(誰が好きなの)について改めて考えてみましょう。当初の標準理論では、文頭にある Who が主語でなく目的

語であるのは、深層構造において who が目的語位置にあるため (you (do) love who) と説明されていました。しかし、拡大標準理論では、意味は表層構造から引き出すとしたため、この説明は使えません。そこで、表層構造だけで元の位置が分かるよう、要素移動の痕跡 (trace) が残っていると考えることにしました。これを改訂拡大標準理論と呼びます。

■第 2 期：統率束縛理論 (1980 〜 1990)

　第 2 期 (1980 〜 1990) の生成文法は、ルールの普遍性と個別性の説明のため、新たに、原理・パラメタモデル (principles and parameters model) を採用しました。これは、普遍文法内の統語規則では、汎言語的な不変部分の原理 (枠組み) は固定されているものの、パラメタ (変数) 部分は初期状態で空になっているという考え方です。生後、幼児が特定言語のインプットを受けると、パラメタが設定されて、当該言語の文法が完成します。これをパラメタ設定 (parameter setting) と呼びます。こうした原理には、動詞のタイプによって文内の名詞の機能を決める主題役割 (θ 基準) 等があります。

　原理の中に値が未定のパラメタが含まれているとするアイデアによって、言語の違いを乗り越えた説明が可能になりました。宮前 (2005) の例に基づき、句の統語的特性を決定する主要部 (head) パラメタについて考えてみましょう。英語では read a book (動詞句) や in the room (前置詞句) というように、主要部は前方に出現します (head-initial)。一方、日本語では「本を読む」や「部屋で」のように、主要部は後方に出現します (head-final)。従来、これらを 1 つのルールで説明することはできませんでしたが、主要部パラメタの値が未定であると考えることで、1 つの原理に要約できることとなりました。

　その後、文の中での名詞の役割 (主語、目的語等) や、代名詞と名詞の照応関係をより統一的に説明できるよう、新たに提唱されたのが統率・束縛理論です。たとえば、John meets her (ジョンは彼女に会う) という文があった場合、名詞 John は動詞 meet の屈折辞 (〜 s) を、動詞 meet は名詞 she の目的格形式 (her) を「統率」していると考えます。また、Tom hates himself (トムは自分を嫌っている) という文があった場合、名詞 Tom は代名詞 himself を

「c統御」していると考え、こうした関係を「束縛」ととらえます。統率・束縛理論により、文の意味を構造の観点から一体的・統合的に説明することができるようになりました（町田, 2000, pp.157–161）。

　また、同じくルールの精選のため、これまでに仮定された細かい変形規則は、「Move α」（任意の要素を任意の位置に動かす）という汎言語的な変形規則に集約されました。

■第3期：極小主義理論(1990 〜)

　さらなる理論の精選を目指し、第3期(1990 〜)の生成文法では、極小主義モデル（minimalist model）という考え方が新たに導入されます。極小主義モデルとは、完全性と最適性を併せ持った自然界の一部として、言語は「最も効率的な計算を行え、最も経済的で、単純で、いかなる余剰も含まぬ、エレガントで自然な体系」であるべきだという理念です（宮前, 2005）。

　このため、原理・パラメタモデルは維持されたものの、深層構造やXバー理論や統率理論は廃止され、「Move」（移動）の使用も大幅に制限されました。格や時制の情報は構造から引き出されるのではなく、最初から付与されており、そうした語要素の「併合」や移動によって統合構造が作られると考えるようになりました。また、構造が先にあってそこに要素をはめ込んでいったXバー理論の代わりに、項目が先にあり、それらが積み重なって構造ができるという最小句構造(bare phrase structure)が提唱されました。

　極小主義モデルでは、パラメタは語彙の中に含まれると考えられています。つまり、幼児は周囲の大人から受けるインプットを通して語彙を習得し、それによってパラメタ設定が完成し、当該言語そのものが習得されるということになります。

　生成文法は現在もなお発展しており、最近では、談話の観点もふまえ、普遍文法における統語構造を地図のような形で精密に再現しようとするカートグラフィ（cartography）分析等も行われています(Rizzi, 2004)。カートグラフィでは、文の構造を、文法的な構造一致や屈折等に関わる屈折領域、動作主・着点といった主題役割に関わる語彙領域、話し手・聞き手・談話・トピック・フォーカスといった要素に関わる周縁領域の3点でとらえ、とく

に、談話と統語構造の関係が検討されています（遠藤, 2009）。

2.4.2.3　普遍文法モデルの課題

　普遍文法モデルは最も信頼できる言語習得仮説の 1 つとみなされていますが、いくつかの課題が存在することも事実です。

　1 つ目は、あくまでも人間の心内機能に対する理論的仮説であるため、実験・調査といった通常の研究手法では、実証が困難なことです。たとえば、言語獲得装置と呼ばれるものが脳内のどこにどのような形で存在しているのか、現時点では、脳科学的にはっきりとした結論が出ていません。

　2 つ目は、言語能力の生得性の主張が、実際には、それほど単純ではないということです。前節で概観したように、生成文法は、その発展史の中で、生得的とされる規則ないし原理部分を「極小」化してきました。この点をふまえると、普遍文法モデルの主張の根幹部である言語能力の生得性については慎重な解釈が必要です。

　3 つ目は、L2 習得に同じ理屈が適用可能かどうかはっきりしないことです。Chomsky 自身も、「言語学や心理学で得られた知見や見解が言語指導に重要だという考え方には懐疑的である」と述べています（Chomsky, 1966, p.43）。実際、普遍文法なるものが存在するとしても、L2 習得において普遍文法が利用できるのか、その際、すでに習得された L1 が L2 に転移（transfer）するのかといった点は明らかではありません。この点に関しては、理論上、以下の 9 通りの組み合わせが考えられます。

　　普遍文法の（無・部分・完全）利用×L1 の（無・部分・完全）転移

　成人の L2 学習者が直接普遍文法にアクセスできるのか、あるいは習得済みの L1 を通して間接的にアクセスしているのかについては今でも意見が分かれていますが（小柳, 2004, p.61）、現在の第 2 言語習得論（second language acquisition：SLA）では、「普遍文法の完全利用×L1 の完全転移」というモデルが最も広く支持されています。つまり、L2 学習者は、L2 インプットを受け取ることで、すでに普遍文法によって習得済みの L1 用の統語規則を L2

用に再設定し、L2 を習得していくという考え方です（白畑・若林・村野井,
2010, pp.8-9）。ただし、その詳細な過程を説明する決定的なモデルの構築は
いまだ残された課題となっています。

2.4.3　生得説に基づく言語習得モデル(2)：モニタモデル

　すでに述べたように、L2 習得の過程全体を整合的に説明する決定的なモ
デルはいまだはっきりしませんが、この点に関して、（少なくとも過去の一
時期において）大きな影響力を持っていたのが、Krashen (1982) のモニタモ
デル (monitor model) です。

2.4.3.1　モニタモデルの概要

　Krashen (1982) は、L2 の習得も何らかの「言語習得装置を直接活性化す
ることで起きる生得的なもの」ととらえ、L2 習得においても言語習得装置
への「直接アクセス」が可能であると考えました（小柳, 2004, p.63）。そし
て、L1 のみならず L2 においても文法形態素の習得順序がほぼそろってい
ると思われる（自然順序仮説）ことから、幼児の L1 習得と同様、過度な緊張
を解き（情意フィルタ仮説）、理解可能なインプットを取り入れることでのみ
L2 が習得できる（インプット仮説）と考えました。また、教室での文法学習
等は L2 産出時の自己チェックの目的には役立つとしても（モニタ仮説）、真
の習得にはつながらない（学習・習得仮説）と主張しました。これら 5 つの

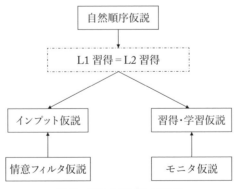

図 2　モニタモデルの構造

仮説群を総称してモニタモデルと呼んでいます。

2.4.3.2　モニタモデルを構成する 5 大仮説

　以下、Krashen（1982）の説明順序に沿って、5 つの仮説の概要を見ていきます（pp.10–32）。

■習得・学習仮説

　まず、習得・学習仮説（acquisition-learning distinction）とは、5 大仮説の中で「最も基本的」なもので、無意識的な L2 習得と意識的な L2 学習は本質的に異なるという考え方です。Krashen（1982）は「成人が第 2 言語の能力（competence）を涵養するには 2 つの方法がある」とした上で、以下のように述べています。

> 　1 つ目の方法は言語を習得（acquisition）することである。このプロセスは、完全に同一ではないとしても、幼児が第 1 言語の能力を涵養するやり方に似た過程である。言語習得は無意識の過程である。言語を使ってコミュニケーションを行うことは意識されても、言語習得そのものは通例意識されない…。2 つ目の方法は言語の学習（learning）に基づくものである。学習とは第 2 言語に関する意識的注意のことで、つまりは、言語ルールについて知っていて、意識していて、それについて説明できるということだ。
> (p.10)

　習得は無意識的・暗黙的・非形式的・感覚的に「身に付く」（picking up）もので、学習は意識的・明示的・形式的・理性的に「知る」（knowing）ものとされます。なお、Krashen は習得と学習を相互独立的にとらえ、文法を中心とした教室での学習は習得に転移しないと考えています。Krashen は真の「教育の目的は習得を促進することである」（p.20）とした上で、伝統的な文法指導を受けている学習者を「犠牲者」（p.19）と呼び、習得と学習の接触性を完全に否定しています。こうした立場を非接触説（non-interface position）と言います。

■自然順序仮説

　自然順序仮説（natural order hypothesis）とは、L2習得において、文法構造の習得は予測可能で自然な順序に従うという考え方です。この仮説の前提になっているのは、応用言語学の枠内でなされたL1の文法形態素（grammatical morphemes）（-ing、-s、-ed 等）や文法項目（否定、疑問等）の習得順序研究です。

　Brown（1973）は、対象を時系列的に観察する縦断調査（longitudinal survey）の観点に立ち、一定の期間にわたり、3人の英語L1幼児の発話を調べました。そして、14種の文法形態素の使用が必須となる義務的文脈（obligatory context）において当該形態素が90％以上正しく使用できていれば、その段階で習得が完了していると判断し、幼児ごとに形態素の習得順序を特定しました。その結果、主要形態素について、進行形ing→複数s→不規則過去→所有s→連結詞be→冠詞→規則過去→3人称単数現在s→助動詞be（be＋V-ing）という順序が確認され、3人とも、進行形ingや複数sは早期に習得する一方、3人称単数現在形や所有格を示すsはより遅い段階（6カ月〜1年後）で習得すること、3人の幼児をどのように組み合わせても、2者間の習得順序の相関は高く、3人がほぼ同じ順番で文法形態素を習得していることが示されました。

　また、de Villers and de Villiers（1973）は、複数の対象を同一時点で比較・観察する横断調査（cross-sectional survey）の観点に立ち、生後16か月から40か月の21人の英語L1幼児の発話サンプルを用い、Brown（1973）と同じ14種の形態素の出現状況を観察しました。その結果、進行形のingや複数のsは正しく使えることが多く、3人称単数現在形や所有格を示すsは誤りが多いこと、また、Brown（1973）で報告された順序と高い相関を示すことが確認されました。加えて、両親の発話内容は習得順序に影響しないことも示されました。

　一方、L2学習者の文法形態素習得順序について、Dulay and Burt（1973）は、スペイン語をL1とする在米の5〜8歳の子供145名の自然発話を調査し、L1児の習得順序とは異なるものの、L2児間では、複数s→進行形ing→連結詞be→助動詞be（be＋V-ing）→冠詞→不規則過去→3人称単数現

在 s →所有 s という安定した順序が見られることを明らかにしました。その後、Dulay and Burt（1974）は中国語を L1 とする 6 〜 8 歳の子供 115 人に同様の調査を行い、習得順序に驚くべき類似性が見られることを確認しました。また、Fathman（1975）は口語産出における 20 種の構文の文法正確性テスト（SLOPE Test）を実施し、同様の結果を得ました。さらに、Bailey, Madden, and Krashen（1974）は、多様な L1 を持つ成人英語学習者 73 人を対象として、L2 を産出させて文法形態素の定着と正確性を調べる実験を行った結果、L2 を学ぶ子供と大人の習得順序がほぼ同じであることを明らかにしました。このほか、作文を使った調査（Anderson, 1976）や SLOPE Test を使った調査（Krashen *et al.*, 1976）でも同様の結果が確認されています。Krashen（1977）は、これらをふまえ、L2 学習者の「平均的な」文法形態素習得順序が、［Ⅰ：進行形 ing ／複数 s ／連結詞 be］→［Ⅱ：助動詞 be（be ＋ V-ing）／冠詞］→［Ⅲ：不規則過去］→［Ⅳ：規則過去／ 3 人称単数現在 s ／所有 s］の 4 段階であるとしています。この順序は、L1 幼児の場合とは異なっていますが、L2 学習者間では、母語や年齢にかかわらず、安定しています。

　こうした一連の調査結果を示しつつ、Krashen は、L2 習得においても、生得的要因が重要であること、また、学習によって L2 習得が影響されないことを主張したのです。

■モニタ仮説
　モニタ仮説（monitor hypothesis）とは、学習された内容が、習得には寄与しないものの、L2 産出時の自己監視（monitor）や自己修正（self-correction）の目的で使用されるという考え方です。Krashen（1982）は次のように述べています。

　　学習の機能は 1 つのみで、産出言語の監視装置（Monitor）ないし編集装置（editor）としての機能だ。学習が関与するのは、習得されたシステムによって発話が「産出」された後、その形式に変更を加えることのみである。　　　　　　　　　　　　　　　　　　　　　　　　　　　　　（p.15）

38

L2 産出におけるモニタの機能は以下のようにまとめることができます。

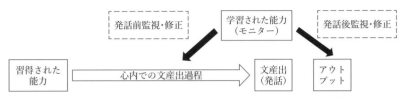

図3　モニタの機能（Krashen 1982, p.16 を参考にして作図）

　上図にあるように、自己監視・自己編集は、アウトプットに先立つ場合（頭の中で文を組み立てている段階で誤りに気付いて修正する）もあれば、後続する場合（実際に口に出してから誤りに気付いて言い直す）もあります。また、こうしたプロセスが働くのは、学習者が文法ルールを熟知しており、L2 産出において十分な時間的・心理的余裕のある場合に限られます。

　容易に想像できるように、モニタは L2 産出における正確性を向上させますが、一方で、流暢性を阻害します。つまり、モニタは過剰使用にも過少使用にも問題があり、適正量の使用が望ましいということになります。この点をふまえ、Krashen は L2 学習者をモニタ過剰使用者（monitor over-users）、モニタ過少使用者（monitor under-users）、モニタ最適使用者（optimal monitor users）の 3 種に区分しています。

　モニタ過剰使用者は、L2 インプットの量が不足していたり、性格が非常に慎重であったりするため、自身が習得した能力を信用できず、自己監視や自己編集を過剰に発動し、非流暢的な発話を行いがちです。また、モニタ過少使用者は、文法学習が不足していたり、習得した能力を過信していたりするため、モニタが十分に使える環境であっても、自身の感覚（feel）だけで文法の適否を判断し、非文法的な発話を行いがちです。これらに対し、モニタ最適使用者は、コミュニケーションの流れを阻害しないよう、必要な時にのみ必要な形でモニタをうまく使用できます。こうした人は、通常の会話ではモニタを使わず、ライティングや講演等、十分な時間的・心理的余裕がある時を選んでうまくモニタを使っているとされます。Krashen は、L2 教育の意義は、モニタ最適使用者を育成することであるとしています。

■インプット仮説

　インプット仮説（input hypothesis）とは、理解可能な L2 インプットを十分
に取り入れ、その意味を理解しようとすることによってのみ、L2 が習得さ
れるという考え方です。

　言語能力を統語知識と位置付けた Chomsky と同様、Krashen にとっても、
言語の習得とは、文法項目の習得を意味していました。自然順序仮説に示さ
れるように、文法項目の習得には一定の決まった順序があり、学習者はその
階段を 1 段ずつ上っていくと考えられています。Krashen は、現在ステップ i
にある学習者が、次のステップ、つまり i＋1 のステップに進むことを、習
得が進むことだと定義しています。この時、重要になるのは、自然な L2 イ
ンプットの中で、学習者が主体的な意味追及（going for meaning）を行い、そ
の内容を理解することです。Krashen（1982）は次のように述べています。

　　…段階 i から段階 i＋1 に進む必要条件（十分条件ではない）は、言語習
　　得者が、i＋1 を含むインプットを理解するようになることだ。「理解」
　　とは、言語習得者が、メッセージの形式ではなく、意味に焦点を当てる
　　ことを言う。言い換えれば、現在の段階を少し超えた（a little beyond）構
　　造を含む言語を理解した時にのみ習得が起こる。では、どうすればこう
　　したことが可能になるのだろうか。どうすれば、未習得の構造を含む言
　　語を理解できるようになるのだろうか。一見、矛盾とも思えるこの問題
　　に対する答えは、自分の持つ言語能力（competence）をさらに使用して理
　　解の助けすることである。また、文脈、世界に関する一般的知識、言語
　　外情報を使用して眼前の言語を理解する助けとすることもできる。
　　　　　　　　　　　　　　　　　　　　　　　　　　　　　（p.21）

　学習者の現在の段階から見て過度に難しいインプット（たとえば、i＋2、
i＋3 等）を与えることは適切ではありません。Krashen は、i＋1、つまりは
「現在の段階を少し超えた」レベルの言語刺激を理解可能なインプット
（comprehensible input）と呼んでいます。

　i－1 でも i＋2 でもなく、ちょうど i＋1 を含むインプットを与えようとす

ると、教師は、文法項目のリストを用意して、その都度提示する文法項目を意図的に調整しがちです。しかし、Krashen は、そうした操作は必要でなく、学習者が理解できる程度の L2 インプットを十分に与えていれば、結果的に、そこには適切な i＋1 が含まれると考えています。この根拠は、幼児の L1 習得に見出せます。周囲の大人が幼児に話しかける場合、自身の発話に含まれる文法項目の難度を厳密に統制しているわけではありません。大人は、子供が話を理解できるよう、その難度を大まかに調整（roughly tuned）しているだけですが、結果として、幼児は文法項目を段階的に習得しています。

インプット仮説では、少なくとも初級の段階ではアウトプットの直接指導は不要であるとされています。適切なインプットを継続的に行っていれば、コップに注がれた水がやがてあふれて自然に流れ出すように、アウトプットは自然に後からついてくるものだからです。

Krashen は、スピーキングやライティングといった産出能力は、直接的に教えるものではなく、自然に出現する（emerge）ものであると考えています（p.22）。インプットが一定量に至れば、学習者は「準備が整った」と感じ、ひとりでに話し始めます。初めての産出には文法的誤りが含まれていますが、インプットをさらに得ることで、誤りは自然に矯正されます。

■情意フィルタ仮説

情意フィルタ仮説（affective filter hypothesis）とは、L2 を受け取る上での心理的抵抗感、つまり、情意フィルタが強い場合、インプットが適切に取り込まれないという考え方です。

Krashen（1982）は、Dulay and Burt（1977）を引きながら、L2 習得の成否に影響する情意要因として、動機づけ、自信、不安等があるとします。その上で、こうした情意要因は、学習にはそれほど関係しないものの、習得の成否に大きな影響を及ぼすとしています。

> …心的態度が L2 習得に最適化されていない言語習得者は、多くのインプットを望まないだけでなく、情意フィルタが強いため、たとえメッセージを理解していても、言語習得を司る脳内部位、つまり、言語習得

装置にまでインプットが到達しない。一方、L2 習得に通じる態度をよ
り強く持つ言語習得者は、多くのインプットを求め、多くのインプット
を受け取るだけでなく、情意フィルタが弱いため、インプットに対して
より開かれており、結果的にインプットがより「深く」貫入する…

(p.31)

　動機づけの欠如、自信のなさ、不安の強さ等により、情意フィルタが強
まっている状態では、いかに適切な L2 インプットを与えても、それらは言
語習得装置にまで到達せず、習得が進まないことになります(p.32)。

2.4.3.3　モニタモデルの課題

　Krashen が提唱したモニタモデルは、生得説に基づく言語習得モデルを
L2 に適用して、L2 習得のメカニズムと必要な指導の在り方を体系的に示し
たもので、1980 年代から 1990 年代にかけて、応用言語学者や言語教育の実
践者に大きな影響を及ぼしました。とくに、教育の現場では、モニタモデル
に基づくナチュラルアプローチという教授法が広く実践され(8.3.2 節)、ま
た、カナダにおいては、教科の内容を L2 で指導することにより、学習者を
L2 インプットに没入させるイマージョンプログラム(8.5.1 節)も実施されま
した。
　しかし、今日、モニタモデルを構成する個々の仮説については様々な疑問
が提示されており、批判的見解も少なくありません。また、モニタモデルの
修正や拡張の提案もなされています。

■習得・学習仮説の課題
　習得・学習仮説については、文法以外の言語要素の習得過程が説明されて
いない点や、文法学習を主体として高度な L2 能力を身に付けている実例を
うまく説明できない点等が批判されています。
　このうち、後者は、学習が習得にまったく転移しないという Krashen の非
接触説(non-interface position)への批判と言えます。この点をふまえ、
McLaughlin (1978) は、明示的な学習内容が習得に転移するという完全接触

説([strong] interface position)を唱えました。また、Krashen 自身も、後の研究(Krashen, 1989)では当初の立場を微修正し、明示的文法学習の一部は習得に転移するという限定接触説(weak interface position)を唱えています。

■自然順序仮説の課題

　自然順序仮説については、先行研究の被験者数が少なく、結果の一般性が必ずしも保証されていない点や、L1 と L2 で習得順序が異なることの理由が明確に説明されていない点等、いくつかの課題が残されています。

　もっとも、文法項目の習得に、ある種の段階性を認める立場そのものは多くの応用言語学者に共有されています。たとえば、Pienemann (2005)は、第1期(1語発話等)、第2期(SVO 文等)、第3期(Do 疑問文等)、第4期(Can [Are] you.. 型疑問文等)、第5期(What do you... 型疑問文等)、第6期(間接疑問文等)からなる文法項目の段階的習得モデルを示した上で(p.24)、学習者は現在の段階を超える文法操作を実行できず、それゆえ、複数の段階を飛び越えて高次の文法操作を指導しても効果がないと主張しています。前者を処理可能性仮説(processability hypothesis)、後者を教授可能性仮説(teachability hypothesis)と呼びます(Pienemann, 1984；Pienemann, 1998)。

　一例として、ドイツ人英語学習者に倒置文を教授する場合を考えてみましょう。英語において、平叙文(例：He sings a song there)から倒置文(There does he sing a song)を作るには、SVO の構造理解をふまえ、動詞を分離し(sings → does + sing)、動詞を前置(he does → does he)するという操作が必要です。これらの文法操作は、SVO 文→動詞前置文→動詞分離文→倒置文の順で段階化されていることが知られています。そこで Pienemann は、SVO 段階、動詞前置段階、動詞分離段階の学習者にそれぞれ倒置文を教授する実験を行い、動詞分離段階の学習者だけが倒置文を習得できることを証明したのです。

■モニタ仮説の課題

　モニタ仮説については、自己監視・自己編集を行う認知的な仕組みが定義されていない点や、モニタの最適使用の具体的内容が必ずしも明らかでない

点等に課題が残ります。

　前者について言うと、学習で得られる文法知識と、それを使ってメタ認知的操作を行う能力は同じではありえません。モニタ仮説では、産出を監視・修正する能力の本質や来歴についてははっきり触れられていません。また、後者について言うと、モニタ最適使用者は、当意即妙のやり取りが要求される会話等ではモニタを止めるとされていますが、その場合に文法的正確さがどうやって保証されるのかは同じく説明されていません。

■インプット仮説の課題

　インプット仮説については、まず、「i＋1」という概念に関して、「i」や「＋1」について明確な定義がなされていないという問題があります。また、インプットの量や質は「大まかに調整」するとあるだけで、その中身も曖昧です。

　次に、インプットのタイプに関して、音声インプットの重要性が強調される一方、文字インプットを読解させることの意義や位置付けについて明確になっていないという問題もあります。ただし、後年の研究では、多読の重要性も主張されるようになっています(Krashen, 1993)。

　また、Krashen のモデルではインプットの意味理解だけが強調されるため、言語形式への注意が十分に払われず、文法習得が進まない可能性があります。この点に関連して、Schmidt(1990) は、「気付いたことしか学習されない」(p.143)という見解を示し、学習者がインプットを受け身的にとらえるのではなく、その文法構造や意味について意識的に「気付き」を持つことで、はじめて、インプットの取り込み(intake)が進むとする気付き仮説(noticing hypothesis)を提唱しています。Schmidt によれば、自覚意識は、知覚(perception)、気付き(noticing)、理解(understanding)の 3 段階から成り、気付きは理解の前提とみなされています。Schmidt の理論は、L2 学習では、言語テキストの内容と形式の両面に注意を払う必要があるとするフォーカスオンフォーム(focus on form)という教授法(Long, 1991)にも影響を与えています。

　最後に、インプットだけで良いのかという点に関して、大量の L2 イン

プットに学習者を没入させるイマージョンプログラム（8.5.1節）を実施した
カナダでは、アウトプットの流暢性は伸びたものの文法的正確性は伸びな
かったことが報告されています。この点をふまえ、Swain（1985）は、アウト
プットの文法的正確性を高めるには、インプットだけでなく、L2学習者自
身による産出が必要であるとするアウトプット仮説（output hypothesis）を提
唱しています。聞くだけでなく、実際にL2で話したり書いたりしてみるこ
とで、自身の産出に含まれる文法的誤りに自分で気付いたり、あるいは他者
に誤りを指摘してもらったりして、誤りを自己修正する機会が増えると考え
られています。また、Long（1981, 1983）は、一方向的なインプットやアウ
トプットだけではなく、対人的なインタラクション（相互作用）が重要である
として、インタラクション仮説（interaction hypothesis）を提唱しました。イ
ンタラクションでは、学習者は、認識確認や明示化要求等の方略を用い、相
手のインプットを理解しようと自然に努力します。また、相手とのやり取り
を通してインタラクションのスピードを自由に調整できます。さらに、イン
タラクションを通して、相手から質問や修正といった様々なフィードバック
を得ることができ、結果としてインプットの機会が増えます。このように、
最近の研究は、インプットの質や量を増やし、さらにはインプットの取り込
みを推進する上で、アウトプットやインタラクションといったインプット以
外の要素があわせて重要であると指摘しています。

■情意フィルタ仮説の検証

　情意フィルタ仮説についても、その実態が明確に定義されていないという
制約が残されています。また、情意フィルタ仮説が組み込まれていること
で、モニタモデルの検証が行いにくくなっていることにも留意が必要です。
　たとえば、十分にインプットを与えたにも関わらず、習得が進まなかった
という事例があったとしましょう。通常であれば、これはモデルを否定する
強力な反例になるはずです。しかし、情意フィルタ仮説が存在することで、
学習者の不安や緊張により、インプットが取り込まれなかったので習得が進
まなかったという解釈が出来てしまいます。再反論を試みようにも、情意
フィルタなるものを実証的に調べることは不可能です。

■応用言語学におけるモニタモデルの意義

　すでに述べたように、モニタモデルについては、実証できない点が多く、白畑他 (2009) は、モニタモデルの「最も大きな問題点は、彼の理論／仮説は実証も反証も不可能だということである」と指摘しています (p.195)。こうしたことから、現在の応用言語学では、Krashen のモニタモデルのすべてをそのままの形で受け入れる立場は少数派になっています。

　しかし、その細部に疑問は残るとしても、Krashen のモニタモデルが、L2 習得に関する理論的問題の検討を応用言語学の内部に取り込み、以後の活発な議論の礎になったという点は正当に評価されるべきでしょう。白畑・若林・村野井 (2010) は、モニタモデルが科学的な意味での「理論」とは呼べないもの、「アメリカの第二言語教育界に大きな影響を与えたという点、この理論が扱った問題が現在の第二言語習得研究の課題であり続けている点、そして、第二言語習得に対する科学的なアプローチとはどういうものかということを考えさせ」た点において、「極めて重要なモデル」であったと述べています (pp.29–32)。

2.5　複合説

2.5.1　複合説に基づく発達モデル

　上述のように、発達の主因を後天的なものと見るか先天的なものと見るかによって経験説と生得説という対立する立場が存在するわけですが、いずれかの要因だけで発達の「すべて」が決まると考えるのはいくぶん無理があるように思われます。こうして、人間の発達には後天的要因と先天的要因がともに関与するという複合説が提唱されるようになりました。

　複合説には、両要因が相互に独立しており、それらが足しあわされて発達をもたらすとする輻輳説と、両要因が相関しており、相互に影響し、互いを変容させながら発達を進めていくという相互作用説があります。最近の研究では、相互作用説が一般的な考え方となっています。

　輻輳説 (convergence theory) では、発達特質ごとに、両要因の関与の比率が異なっていると考えます (Stern, 1904)。たとえば、ある特質は 60% の後

天的要因と 40％の先天的要因で発現し、別の特質は 10％の後天的要因と 90％の先天的要因で発現するといった具合です。一般的に言って、学力や 思考力といった認知的特質であれば後天的要因の影響が大きく、運動能力の ような身体的特質であれば先天的要因の影響が大きいと思われます

　一方、相互作用説 (interactionist theory) にはいくつかのモデルが存在しま すが、ここでは 2 つの代表的なモデルを示します。

　まず、Jensen (1968) は、環境閾値モデルを唱え、生得的特性が発現するに は環境条件が特定の水準を満たす必要があり、特性ごとに発現のための閾値 は異なっていると主張しました。たとえば、身体発達や言語能力は閾値が低 く、望ましい環境が与えられない場合でも、ほぼ十全な発現が見られます。 一方、学力や絶対音感等は、すべての子供にその可能性は備わっているもの の、特殊な環境が整わない限り、十全な発現は起こりません。

　次に、Piaget (1936) は均衡説 (equilibration theory) を唱え、人間の発達は、 後天的要因としての環境刺激と、先天的要因としての認知枠 (schema) の調 和的均衡を保持する調整メカニズムによって説明されると考えました。人間 は、誰しもが生得的な認知枠を持っており、これを通して環境刺激を受け取 り、同化 (assimilation) しています。しかし、それまでの認知枠と矛盾するよ うな刺激を受け取ると、両者の均衡は失われます。そこで人間は、心理的な 機制によって、新たな刺激に適合するよう既存の認知枠を調整 (accommoda- tion) し、均衡を保持するのです。これにより、人間は新たな枠組みで環境 刺激を取り入れることができるようになります。この時、後天的要因 (刺激) が先天的要因 (認識枠) を変容させるだけでなく、先天的要因 (認識枠) もまた 後天的要因 (刺激) の取り込み方を変容させていることになります。つまり、 2 つの要因間の相互作用が人間の段階的発達を可能にしているわけです。

　Piaget はまた、人間の発達は、2 歳までの感覚・運動期 (sensorimotor)、7 歳までの前操作期 (preoperational)、11 歳までの具体的操作期 (concrete oper- ational)、11 歳以上の形式的操作期 (formal operational) という 4 段階で進む という発達段階説を唱えたことでも知られます。発達の順序があらかじめ決 まっているとする点では生得説に近い立場ですが、一方、Piaget は各々の特 性の発現には生後の環境刺激が不可欠であるとしています。

2.5.2　複合説に基づく言語習得モデル

　複合説（相互作用説）に基づく言語習得モデルは、一般に、認知的モデル（cognitive model）と社会的相互交流モデル（social interactionist model）の 2 種類に大別されます。認知的モデルとは、人間には何らかの認知的システムが先天的に備わっており、そこに外部の環境から後天的に刺激が加わることで、両者の相互影響の下で、言語習得が行われるという考え方です。一方、社会的相互交流モデルとは、先天的要因と、社会的文脈における後天的な他者との交流によって言語習得がなされるとする考え方です。

■認知的モデル

　前述の Piaget（1968）は、言語能力とは、幼児が生後一定の順序で習得していく認知的発達特性の 1 つであるという立場を示しています。その際、重要になるのは、「大人とのコミュニケーションを行う言語環境と、内面の認知システム」が相互作用することだとされます（小柳, 2004, p.38）。

　認知的モデルでは、Chomsky のように、言語に限定された領域固有（domain-specific）の特別な機構を仮定せず、一般的な認知機構が言語習得に関わると考えます。Slobin（1970）は、「意味関係を表す機能語を探す」「語末に注目する」「語順に注目する」「かたまり表現は細分化しない」といった認知的な操作原理を通して L1 幼児の言語獲得がなされると考えています。

　広く支持されている認知的モデルは、Tomasello（2003）の用法基盤モデル（usage-based model）です。このモデルでは、L1 幼児は、様々な言語用例に高い頻度で接触する経験と、認知システムの両方を使って言語を習得していると考えます。重要になるのは、発話相手の言葉や行動に注意を向け（共同注意：joint attention）、その意図をくみ取り、表現と意図・意味を関連付ける力と、種々の用例からパタンを見つけ、共通項（スキーマ）をカテゴリ化して抽象化・構造化する力です。母親が Let's eat an apple. と言った場合、幼児は母親の言葉と行動に注目し、表現とリンゴを食べる行為を結び付けます。さらに、類似の表現に触れる中で、「Let's eat ＋名詞」や「Let's ＋動詞」といったパタンを抽出して獲得していくわけです。Tomasello の考え方では、経験と生得的機構が言語習得の両輪となっています。

　最近では、創発主義 (emergentism) と呼ばれる考え方が次第に広まっています。これは、局所的な相互作用が織りなす複雑な体系の中で、部分の総和を超える新しい特質が「創発」する現象に着目するもので、こうした考え方を背景として、言語処理を支える認知基盤や認知スキルとして、脳内の神経基盤や、L1、L2 の言語対照を考える新しいモデルが提唱されています。たとえば、コネクショニストモデル (connectionist model) は、言語習得を支える心的システムが、脳内で情報処理を担う神経ネットワーク (neural network) であると考えます (Rumelhart and McClelland, 1986 他)。ネットワークには大量の語彙情報がユニット状に貯蔵され、効率的な並列分散処理 (parallel distributed processing：PDP) が可能になるよう、それらは互いに神経線維で結合されています。ネットワークは当初は白紙の状態にありますが、特定の言語刺激を反復的に受ければそれに関連するユニットやユニット間の結合が強化され、刺激が少なければそれに関連するユニットや結合は弱化します。こうしてネットワークが特定言語の処理に最適化することが、言語習得の過程であるとみなされるのです (4.3.1 節)。コネクショニストモデルは、普遍文法のような先天的ルールシステムを前提としておらず、語彙情報の貯蔵を通してネットワークそのものが自ら学習して文法を習得していくと考えます。

　また、競合モデル (competition model) は、意味と言語形式をマッピングする際、人間は、語順・格標識・主語特性 (有生、無生等) といった各種のキュー (手がかり) を競合させ、当該言語において最適なキューを選択していると考えます (MacWhinney, 1987)。つまり、言語習得とは、キューの競合を通して新しい言語の文法特徴を把握していくことだと言えます。たとえば、英語は語順言語 (I read the book ／ *The book read I のように文内位置によって名詞の格が決まる) で、日本語は助詞言語 (「私は本を読む」／「本を私は読む」のように格助詞によって名詞の格が決まる) です。この時、英語話者が日本語を習得するとは、英語にない格助詞のシステムを新たに理解することで、逆に、日本語話者が英語を習得するとは、日本語にない語順のシステムを新たに理解することだと言えます。

■社会的相互交流モデル

　Snow（1977）らは、一方的なインプットではなく、周囲の大人との言語的交流が幼児の言語習得を支えているというインタラクションモデルを提唱しています。幼児の側は、大人からの言語インプットに対し、視線や行動によって反応を返します。また、親の側は、それを受けて、与えるインプットの質や量を適切に調整しています。こうした相互交流がインプットの最適化につながり、結果として、言語の効率的習得を可能にしていると考えることができます。

　L2 習得については、すでに述べたように、受動的なインプットだけでなく、外界へのアウトプットを行うことで文法的正確性が獲得されるとするアウトプット仮説（Swain, 1995）や、一方的なインプットやアウトプットではなく、認識確認・明示化要求・反復・言い換え等の方略を用い、相手と意味のある言語的交流を持つことで言語習得が促進されるとするインタラクション仮説（Long, 1981）等が提唱されています。

2.6　言語習得の仕組みをどうとらえるか

　以上で、言語習得の主因を後天的要因とする経験説、先天的要因とする生得説、両者を組み合わせた複合説の 3 つに分けて、各種の発達・言語習得モデルを概観してきました。もっとも、様々な研究の蓄積がなされてきたにもかかわらず、今なお、言語習得の基本モデルとして、経験説・生得説・複合説のいずれが正しいのか、はっきりした結論は得られていません。これには 2 つの理由があります。

　1 つ目は、人が言語をどのようにして身に付けるのかという問いに対して、実証的観点から結論を下すのが難しいということです。L1 について言うと、すべての人が幼児期に無意識のうちに身に付けており、後から振り返って、その発現プロセスを客観的に証明することはできません。また、L2 について言うと、人により、環境により、それを身に付けたプロセスは千差万別で、何らかのプロセスを合理的に選択し、その妥当性を説明することも困難です。つまり、様々な仮説を立てることはできても、言語習得が経

験的か生得的か複合的かという点に関して、実証的に決着をつけることはできないのです。

　2つ目は、言語習得の2大モデルとされる経験説と生得説が、実際には、全面的に相反しておらず、重複する部分が多いということです。経験を重視する行動心理学モデルであっても、経験を記憶し、内在化し、習慣化する心理的機能は先天的なものと言えるでしょう。また、生得的言語能力を前提とする普遍文法モデルであっても、その発現やパラメタの設定には環境からのインプット、つまりは言語経験が必要になります。このようにとらえれば、経験説、生得説、複合説の差は、単なる程度の差であって、本質の差ではないことになります。

　こうして、黒田（2009）は言語習得が生得的か否かは、解決できず、解決の必要もない「非論理的問題」ないし「疑似問題」であるとし、馬場・新田（2016）も、ChomskyとTomaselloのどちらが正しいかを問うても「意味がない」問題だとしています(p.36)。

　とはいえ、L1やL2の習得過程の解明は、応用言語学の中核をなす教授法や教材の開発にも直結する問題であり、応用言語学は今後ともこの問いに様々なアプローチで取り組んでいくものと思われます。そうしたアプローチの1つとして有望なのが、次章で見る心理言語学です。

2.7　発展学習のために

2.7.1　文献ガイド

　言語習得の問題を考える上では、2つの基本仮説、つまりは、行動心理学モデルと普遍文法モデルについての理解を深めることが重要です。

　行動心理学モデルについては、小野（2005）等を参照するのが良いでしょう。刺激・反応(S-R)モデルや、Pavlov、Skinnerらの実験の概要は、そうした書物に手際よくまとめられています。

　一方、Chomskyの理論は難解で知られていますが、最近では、日本語で平易に読める優れた入門書がいくつか出版されています。町田（2000）は、「生成文法をできるかぎりやさしく解説」した書物で、言語学についての事

前知識がなくても、生成文法の概要を理解できるように工夫されています。岸本 (2009) は、同じく生成文法を平易に説き起こした入門書です。いずれも、身近な日本語の用例を多く使い、基礎から生成文法の考え方が理解できるよう工夫されています。

　Krashen の仮説やその教育応用について知るには、Krashen and Terrell (1983)、または、その邦訳である藤森 (訳) (1986) が良いでしょう。なお、原書はきわめて平易な英語で書かれており、苦労なく読むことができます。より最近のものとしては Krashen (2003) 等があります。また、モニタモデルの読み書き能力への応用については、Krashen (1993) や邦訳書である長倉・塚原・黒沢 (訳) (1996) があります。Krashen は、この本において、音声言語と同じく、文字言語についても、多く読むことで、読解力や文法力のみならず、書く力も伸ばすことができると主張しています。

　あわせて Krashen の主張についての批判的見解にも目を通しておくことを勧めます。山岡 (1987) は Krashen の言う学習と習得の非接触説を批判した初期の論考です。神保 (1989) は 1980 年代に出た海外の Krashen 批判の論考をレビューしています。そのほか、最近の第 2 言語習得論の概説書の多くにも、Krashen への批判が要約されています。

2.7.2　研究のヒント

(1) 家族等にインタビューして、自分自身の L1 習得について調べてみよう。たとえば、何歳の時に初めて発語を行ったか、初めて発した言葉が何であったか等を調べるとよいだろう。調べた結果を相互に報告し、共通点と差異について考えてみよう。

(2) 「文法学習は言語の習得につながらない」という Krashen の主張に対してどのように感じるだろうか。自身がこれまで受けてきた L2 教育、また、自身の外国語能力の習得状況をふまえ、Krashen の主張に対する賛否をまとめてみよう。また、この点に関して、外国語教師のコメントがもらえる場合は、教師の見解とあわせて検討してみよう。

(3) 言語習得モデルとして、行動心理学モデルと普遍文法モデルのいずれが妥当であると思うかディスカッションしてみよう。各モデルでうまく説

明できる部分と、うまく説明できない部分を書き出してみるとよいだろ
う。

第3章　言語の対照

3.1　本章で学ぶこと

　第2言語(L2)習得の特徴は、母語(L1)の習得とは異なり、すでにL1を習得済みであるということです。学習者は、自身のL1と習得目標であるL2のはざまで、自身のL2を構築していきます。こうして、学習者母語としてのL1、学習目標言語としてのL2、そして、学習者自身のL2産出を比較し、それぞれの特性を解明することで、L2習得の支援を行うことが応用言語学の重要な研究テーマの1つとなりました。

　萌芽期の応用言語学では、対照分析仮説という考え方が提唱され、L1とL2が構造的に乖離しているほどL2習得は困難であり、2言語の相違点を集中的に学ぶことが重要であると主張されました。その後、誤用分析という研究手法が導入され、学習者のL2産出に見られる誤用が調査されました。また、学習者のL2産出の基盤を「中間言語」という独自の言語システムとして位置付け、その特性の解明を目指す研究も行われました。近年では、学習者のL2産出を集めた大規模な電子データベースを作成し、その言語特性の計量的解明を行う学習者コーパス分析も広まっています。

　本章では、3.2 ～ 3.5節において、対照分析、誤用分析、中間言語分析、学習者コーパス分析を取り上げ、それぞれの概要をまとめます。

3.2　対照分析

　Lado(1957)が提唱した対照分析仮説(contrastive analysis hypothesis：

CAH）とは、学習者の母語であるL1と学習目標言語であるL2の言語構造を対照分析し、その共通点と相違点を明らかにすることで、L2習得の難度や、学習上の困難点があらかじめ予測できるという考え方です。

3.2.1　対照分析の背景と概要

　応用言語学の祖とされるFries（1945）は、当時の主流派の考え方であった構造主義言語学や行動心理学をふまえつつ、効果的なL2教材開発を行うには「学習対象言語を学習者の母語と注意深く比較し、科学的に記述する」ことが不可欠であると指摘しています（p.9）。Lado（1957）は、こうしたFriesの理念や、L1、L2間の言語的差異が大きいほうがL2運用に問題が見られやすいという当時の移民言語研究の成果などを根拠として、L1とL2の言語構造を対照し、習得の阻害要因となる相違点を集中的に学ばせることでL2習得を支援するという対照分析仮説の基本的なアイデアを創案しました。

■L1からの転移

　Lado（1957）は、学習者がL2を学ぶ際、必然的にL1との関連付けを行っていると考えています。

　　　外国語を話し、外国文化の中で活動するといった発信面でも、現地の
　　　人々のように外国語や外国文化を把握・理解するといった受信面でも、
　　　人は、母語や母文化における言語形式、意味、両者の区分を、外国語や
　　　外国文化に転移（transfer）させようとする傾向を持つ。　　　　　（p.2）

　転移とは、L2の受信・発信を行う際に、L1のルールを無意識に持ち込むことを言います。転移には、L1と似ている等の理由でL2習得が促進される肯定的転移（positive transfer）と、L1と大きく異なっている等の理由で習得が阻害される否定的転移（negative transfer）があります。否定的転移は干渉（interference）と呼ばれることもあります。

　このうち、L2教育で留意すべきは、否定的転移です。たとえば、中国人日本語学習者の一部は、日本語の助詞の習得に苦労したり、必要な助詞を欠

く誤用(error)を犯したりします。対照分析仮説によれば、これらは、助詞システムを持たない L1 からの否定的転移によって、L2 の習得が阻害された例とみなせます。学習者の L2 使用に見られる誤用は、L1 の否定的転移の証拠であり、習得難度の指標とされます。

■習得難度の予測

　Lado(1957)はまた、L1 と L2 の対照の必要性について以下のように述べています。

> 我々の考えでは、学習者が何らかの外国語に触れると、一部の特性はごく簡単だと感じ、他の特性はひどく難しいと感じる。自分の母語に似た要素は簡単だが、母語と異なる要素は難しい。学習者の母語と学ぼうとする外国語を比較することで、教師は学習上の真の問題をよりよく理解し、よりよい指導が可能になる。　　　　　　　　　　　　　　　(p.2)

　L1 との差異に由来する L2 の習得難度には階層があります。日本人学習者が英語を学ぶ場合で言うと、(1)L1 で区別される要素が L2 で区別されない場合(兄／弟→ brother)、(2)L1 に存在する要素が L2 に存在しない場合(敬語→ φ)、(3)L1 に存在しない要素が L2 に存在する場合(φ →不定冠詞)、(4)L1 で区別されない要素が L2 で区別される場合(過去形→過去形／完了形)、の順に習得難度が上昇します。このような言語間の違いを明らかにすることで、習得上の困難点があらかじめ予測できます。その点を集中的に反復訓練することでL2 習得の障害を取り除くというのが対照分析の狙いであったと言えます。

3.2.2　対照分析の意義と制約

　応用言語学の歴史における対照分析仮説の意義は、L2 習得の困難性の解明にあたり、教師の経験や勘ではなく、言語理論に依拠した理論構築を目指したことと、L2 習得の議論に L1 の観点を組み込んだことにあります。対照分析は、オーディオリンガルメソッドとともに、1950 年代から 1960 年代

の L2 教育に大きな影響をもたらし、後の誤用分析や中間言語分析の先駆と
なりました。

　しかし、対照分析仮説にはいくつかの制約も存在します。1 点目は、言語
間の差異が習得の難度に結びつかない場合があることです。たとえば、日本
語には疑問詞を常に文頭に置くというルールはありませんが、日本語話者が
英語で *Are you who?（君は誰ですか）のような誤用をすることは稀です。

　2 点目は、習得困難度が言語間で対称でない場合があることです。たとえ
ば、代名詞を目的語とする場合、英語では SVO、フランス語では SOV の語
順となりますが、英語母語話者はしばしばこの語順を間違えるのに対し、フ
ランス語話者はほとんど間違いません。

　3 点目は、仮説の証明がきわめて困難だということです。Schachter (1974)
は、母語に関係代名詞が存在する学習者（アラビア語・ペルシア語話者）と、
母語に関係代名詞が存在しない学習者（日本語・中国語話者）の英語作文中の
関係代名詞の誤用を比較しました。対照分析仮説から言えば、日中の学習者
のほうが多くの誤用を犯すはずですが、実際には、彼らは関係代名詞の使用
そのものを回避したため、結果的に、誤用数も少ないという結果になりまし
た。学習者が苦手なものを使用回避した場合、誤用分析では対応できません。

　4 点目は、個人差が大きいということです。対照分析仮説に従えば、同じ
L1 を持つ学習者は、すべて同じ誤りを犯すはずですが、実際には誤用パタ
ンは人によってまちまちです。対照分析の研究では、仮説に合致する個別的
事例だけがしばしば恣意的に紹介され、事例の全体を網羅的に調査して仮説
の妥当性を検証することがほとんど行われなかったという批判もあります
(Tarone, 2006)。

　5 点目は、L2 の文法形態素の習得順序研究が明らかにした知見と一致し
ないことです。Krashen (1977) らは、L1 が何であれ、L2 学習者はほぼ同じ
順序で L2 形態素を習得することを示していますが、このことは対照分析で
は説明困難です。

　もっとも、以上の制約は、L2 教育を考える上で学習者の L1 を考慮する
ことの重要性を全否定するものではありません。Wardhaugh (1970) は、対
照分析で明らかになった言語差異を根拠として習得困難性を予測することを

強化版（strong version）の対照分析、説明要因として扱うことを弱化版（weak version）の対照分析と呼んで区別し、前者には問題が多いものの、後者には一定の妥当性が認められるとしています。

3.3　誤用分析

Corder（1967）が提唱した誤用分析（error analysis）は、偶然の誤用（mistake）と習慣的誤用（error）を区分し、後者に注目することで、学習者のL2習得過程を解明しようとする考え方です。Lado（1957）の対照分析仮説が、学習者による誤用をL1、L2間の構造的な相違の結果として副次的に位置付けたのに対し、誤用分析は誤用そのものを直接的な分析対象とします。なお、誤用分析は、誤用に注目するという研究の「手法」であって、対照分析仮説のような「理論」とは区別されるものです（白畑・若林・村野井, 2010, p.22）。

3.3.1　誤用分析の背景と概要

誤用分析は、1950年代に提唱された対照分析仮説を継承するものです。もっとも、萌芽期の応用言語学において実践された対照分析が構造主義言語学や行動心理学の単純な応用の域にとどまっていたのに対し、応用言語学の確立を経て、第2言語習得論の枠組みで実践された誤用分析は、習得上の問題をより多面的に見取る姿勢に基づいています。

■誤用の重要性

L1とL2の構造的差異を特定し、L2の習得上の難点を予測したとする対照分析に関して、Corder（1967）は以下のように批判的に概観しています。

　教師は、言語学者によるこうした貢献にさして感銘を受けたわけではない。というのも、指導実践を通して、教師はどこに習得の難点があるかすでに分かっていたからである。教師は言語学者の貢献によって真に新しい情報を得たとは思わなかった…総じて教師は、難度の高い項目を単に特定することではなく、それらを「どう」扱うかに関心があり、この

58

点について言語学者に言えることはほとんどないと感じている。

　学習の難点を「どう」扱うかを知る上で、重要になるのは、学習者が実際に犯した産出上の誤用を見ることです。しかし、誤用は「できるだけ教師が関わるべきでない言語学習の副産物」とみなされ、先行研究では十分に注目されていませんでした。

　Corder は、誤用研究の重要性を強調し、誤用例の分析を通して、学習者は自身の習得を進め、教師は学習者の現状と目標との乖離度を把握し、研究者は言語習得の過程を知ることができると述べています。

■誤用と内在システム

　Corder は、生得的な言語能力観に基づき、学習者の L2 習得は、内在シラバス（built-in syllabus）、つまりは、学習者固有の心内的な習得過程に従っているとみなしています。誤用の研究が重要なのは、「学習者が発達過程上の特定の時点で使用している（つまりはそれまでに身に付けている）言語システム」が誤用を通して垣間見えるからです。

　Corder は、言語習得過程における誤用の出現を示すため, Van Buren が記録した L1 幼児と母親の会話例を引用しています。Did Billy have his egg cut up for him at breakfast?（Billy は朝食時に卵を切り分けてもらったの？）という母の問いに対し、子供は I saw him と言おうとしていますが、see（見る）と show（見せる）を取り違えたり、それぞれの活用形を間違える等、saw をなかなか正しく産出することができずにいます。

　　幼児：Yes, I showeds him. ／母親：You what? ／幼児：I showed him.
　　／母親：You showed him? ／幼児：I seed him. ／母親：Ah, you saw him.
　　／幼児：Yes, I saw him.

　幼児はここで、過去形における主語に対応する動詞の形（×showeds/ showed）、類義語の意味（×showed/ saw）、see の過去形（×seed/ saw）の３点について、自身の仮説を試行錯誤的に検証していると考えられます。幼児が正

しい文を発している場合、耳にした表現を単に模倣しているだけという可能性もありますが、上例のような誤用を見ることで、幼児が実際に依拠している内在シラバスを間接的に観察できるのです。なお、Corder は、同様の例は L2 学習者にも散見されるとしています。

3.3.2　誤用分析の意義と制約

　応用言語学の歴史における誤用分析の意義は、誤用を切り口として学習者の内面に入りこむという新しい研究アプローチを示し、学習者の側に立った視点から問題を論じる枠組みを提供したことです。誤用分析は 1960 年代後半から 1970 年代にかけて広く実践され、多くの研究がなされました。

　一方、誤用分析には制約も存在します。1 点目は、いわゆる境界例が多く、誤用と正用、偶然の誤用と習慣化された誤用（佐々木, 2010, pp.88–90）、各種誤用タイプの区別が、どれもきわめて困難であることです。2 点目は、学習者が誤用を恐れて特定の語彙や表現の使用を回避している場合、それらは誤用分析で扱えないことです。3 点目は、誤用以外の L2 使用の諸特性を見取る枠組みが提供されなかったことです。

　これらの制約をふまえ、学習者の L2 産出の全体をあるがままの形でとらえ、より本質的に分析しようとしたのが、後に続く中間言語分析です。

3.4　中間言語分析

　Selinker（1972）が提唱した中間言語分析（interlanguage analysis）とは、学習者特有の L2 使用が、L1 と L2 の中間に存在する独立した言語システムであるととらえ、その諸特性の解明を目指す立場です。

3.4.1　中間言語分析の背景と概要

　対照分析は学習者の母語である L1 と学習対象言語である L2 のみに注目し、学習者の L2 運用は中心的に扱いませんでした。また、誤用分析は学習者の L2 運用に注目しましたが、誤用以外は扱いませんでした。これに対し、中間言語分析は、はじめて、学習者の L2 使用の全体を分析の対象としたので

す。対照分析が提唱された 1950 年代から、20 年近くを経て、応用言語学は、ようやく、学習者の L2 使用に正面から向き合うようになったとも言えます。

■中間言語とはなにか

　Selinker (1972) は、学習者が産出する L2 が、L1 から L2 への移行、すなわち、母語 (native language：NL) から目標言語 (target language：TL) への移行の過程に出現する独立した言語システムであると考え、それを中間言語 (interlanguage：IL) と命名しました。

> ［同内容であっても、母語話者と学習者による］2 種類の発話は異なるので…学習者が目標言語の規範を表出しようとして行った実際のアウトプットに基づき、独立した言語システムの存在を仮定することは完全に正当化できるし、おそらくはそうせざるを得ない。この言語システムを中間言語と呼ぶ。

　なお、中間言語という用語を使用し、その概念を応用言語学研究に広めたのは Selinker ですが、同様の言語態に関心を寄せた研究者は他にもいました。前後の研究で提唱された近似体系 (approximative system) (Nemser, 1971)、個人方言 (idiosyncratic dialect) (Corder, 1971)、学習者言語 (learner language) (James, 1990) 等も、本質的には、中間言語と同様の内容を指していると思われます。

■中間言語の基盤となる言語習得観

　Selinker は、幼児期に行われる L1 および L2 習得が生得的なシステムに依存するのに対し、成人の L2 習得は、言語間関連付け (interlingual identification) という別個の原理で行われると考えました。

　言語間関連付けというのは、バイリンガリズムの研究者である Weinreich (1953) が提唱した概念で、L1 の言語項目（音素、統語関係、意味特性等）が L2 の言語項目と一致すると判断した際、学習者が 2 言語を同一視し、当該の L2 項目を L1 と同様に使用してしまうことを指します。中間言語は、L1

からも L2 からも独立した言語態ですが、同時に、言語間関連付けの原理によって、L1、L2 の両方に関係付けられています(Tarone, 2006)。

■化石化

　学習者の中間言語を調べると、そこには、文法や発音上の誤りを含め、母語話者と異なる逸脱的な言語特性が観察されます。もっとも、その多くは、習得が進む過程で自然に消失していきます。しかし、一部は、習得が進んで中間言語が更新されても、いつまでも消えずに残ります。

　中間言語研究では、誤りや逸脱的な言語使用が習得の進んだ段階でも解消されず、学習者独自の言語システムの中で固定化されてしまった状態に注目します。そして、本来の L2 のレベルに到達する前に、特定の項目や内容についての習得が永続的に停止してしまった状態を、植物等が土壌の中に取り込まれ、半永久的に固定化された化石の状態になぞらえ、化石化(fossilization)と呼んでいます。

　Selinker はこの点に関して次のように述べています。

　　化石化されうる言語現象としては、言語の項目・規則・下位体系等がある。これらは、学習者の年齢や、目標言語に関して受けてきた説明や指導の量にかかわらず、特定の母語を持つ話者が、特定の目標言語と関連付けられた自身の中間言語において保持しがちなものである。

　化石化は様々な段階に見られるもので、受動態がいつまでもうまく使えないといった文法面の化石化や、特定の音素の発音が正しくできないといった音声面の化石化などがあります。こうした化石化は、狭義の誤用以外のものも含め、L2 習得の大きな障害となります。Selinker は、成人 L2 学習者の95％が母語話者のレベルに到達できないと述べた上で、中間言語における化石化をその主要な要因としています。

■5 つの過程

　中間言語分析では、学習者の L2 使用の表層面を論じるだけでなく、学習

者による心内的な L2 処理過程を検証することに関心が向けられます。この点に関して、Selinker (1972) は、学習者の L2 習得に関わる中核的過程として、過剰般化 (overgeneralization) 言語転移 (language transfer)、訓練転移 (transfer of training)、学習方略 (strategies of second language learning)、コミュニケーション方略 (strategies of second language communication) の 5 点を挙げています。以下、身近な例で説明しましょう。

　1 点目の過剰般化 (過剰一般化とも言う) とは、学習者が新規に習った文法・形態ルールを、それが適応されるべき範囲を超えて、つまりは、過剰に一般化してしまうことを言います。たとえば、「過去形は動詞＋ed」であると習った英語の学習者が、*goed、*seed 等のような誤りを犯すのがこの例です。

　2 点目の言語転移とは、L1 が L2 にもたらす影響の総称です。すでに述べたように、言語転移には、L2 の習得を促進する正の転移と、習得を抑制する負の転移 (干渉) があります。たとえば、中国語では、完了相 (動詞＋「了」) や経験相 (動詞＋「過」) は存在しますが、いわゆる過去形は存在しません。一部の中国人学習者がなかなか日本語の過去形を正しく産出できない背景として、中国語の時制構造が負の転移を起こしている可能性があります。

　3 点目の訓練転移とは、教師や教材が教育的配慮を優先し、誤った (または不自然な) L2 言語モデルを提示したり、そうした内容のドリルを行わせたりすることで、L2 習得に否定的影響が及ぶ現象を指します。たとえば、日本の英会話の教室では、教授者と学習者の間で、しばしば、How are you?/ I'm fine, thank you, and you? といった機械的なやりとり訓練が行われます。本来は、親しい友人相手であれば、Fine/ Good/ So-so のような 1 語応答を使う等、How are you? の応答には無数のバリエーションがあるわけですが、学習者の多くは、かつての訓練の影響を脱することができず、不自然な紋切り型の表現しか使えないことが指摘されています。

　4 点目の学習方略とは、学習者が自身の L2 学習を成功させるため、特定の方略を使用することを指します。様々な学習方略を自ら考えて L2 学習に取り組むことは、本来、望ましいことですが、場合によっては、その工夫が化石化につながってしまう可能性があります。たとえば、迫田 (1999) には、日本語学習者が、「表現をかたまりで覚える」という学習方略を使用した結

果、「〜のほうがいい」を拡張し、「* 飲んだのほうがいい」という誤用を犯す例が報告されています。

　最後に、5 点目のコミュニケーション方略とは、学習者がコミュニケーションを成功させるため、一種の方略を使用し、苦手な表現や文法項目の使用を避けたり、他の言い方で言い換えたりすることを言います。たとえば、英語の完了相を苦手とする日本語学習者が、誤りを犯さないよう、すべて過去形で表現するような場合がこの例です。

　また、Selinker は、これら 5 点の中核的過程の他に、中間言語の表層の発話形態に影響を及ぼす要因として、綴り字・同根語・複合名詞等に起因する発音誤りや、L1 の影響を消去しようとして不必要な修正を行ってしまう過剰修正（hypercorrection）等を挙げています。

3.4.2　中間言語研究の意義と制約

　応用言語学の歴史における中間言語分析の意義は、学習者による L2 運用を本格的な研究テーマに位置付けたことと、化石化に関連して、L2 処理に関わる 5 種類の心的な過程を提唱した点にあると言えます。これにより、学習者の L2 運用の総体的観察をふまえて、学習者が完全な L2 習得になかなか到達できない理由を考察する理論的枠組みが整ったと言えます。

　Selinker の中間言語仮説は、現在においても、ほぼそのままの形で通用していますが、以後の研究の中でいくつかの点について補足や修正の必要性も示唆されています。Tarone（2006）はそれらを 4 点にまとめています。

　1 点目は中間言語仮説の適用範囲です。当初、中間言語仮説は成人 L2 学習者を念頭に置いていました。しかし、その後、様々な教科の内容を L2 で指導するカナダのイマージョンプログラム（8.5.1 節）において、豊富な L2 インプットを受けた児童にも化石化の兆候が見られることが確認され、現在では、成人 L2 学習者のみならず、児童 L2 学習者にも中間言語仮説が適用できるという考え方が示されています。

　2 点目は普遍文法との関係です。当初、化石化や L1 転移が見られることから、中間言語は生得的な普遍文法システムとは別物と考えられていました。しかし、最近になって、中間言語も自然言語の一種であり、普遍文法の

産物と考える立場も提唱されています。こうした立場では、化石化は、統語ルールのパラメタの再設定に伴う複雑な変化の結果とみなされます。

　3点目は化石化の恒常性です。当初は、化石化は恒常的な傾向とみなされていましたが、後の研究において、習得やL2使用を取り巻く社会的環境が変われば、化石化の質や程度も大きく変化すると考えられるようになっています。事実、自分の専門分野では母語話者同等にL2を話せるのに、L2の日常会話には支障を感じるといった事例も散見されます。

　4点目は化石化の不可避性です。当初の仮説では、何らかの化石化はすべての成人L2学習者の中間言語に起こると考えられていました。言い換えれば、L2学習者が真の意味で母語話者と同等レベルで話せるようにはならないとされていたのです。しかし、その後の研究で、発音の完全な習得は難しいとしても、形態論・統語・語彙といったその他の要素については、母語話者と同等レベルになることも不可能でないという見解が示されるようになっています。非母語話者が音声面以外で母語話者同等のL2能力を習得することを、ポーランド生まれでありながら、英語で小説を書き、英文学史に名を残した作家の名にちなみ、ジョセフ・コンラッド現象（Joseph Conrad Phenomenon）と呼ぶことがあります。

　このように、Selinkerの中間言語仮説は、いくつかの点で細かい修正や補足が加えられながらも、大筋においては、今なお有効性を保っています。しかし、そこにはいくつかの課題も存在しています。特に問題と思えるのは、中間言語そのものの観察が重視されるため、L1やL2との比較の枠組みが十分に用意されていない点と、議論の根拠となるデータの量がしばしば制約的だという点です。これらの課題を解決する新たな分析手法と言えるのが、次に見る学習者コーパス分析です。

3.5　学習者コーパス分析

　学習者コーパス分析とは、学習者のL2産出を大規模に収集したコンピュータコーパスを使用し、主として、Granger（1996）が提唱する対照中間言語分析（contrastive interlanguage analysis）の枠組みに基づいて行われる研究

の総称です。なお、学習者コーパス分析は研究の手法であって、特定の習得
理論を背景にするものではありません。

3.5.1　学習者コーパス分析の背景と概要

　コーパス（corpus）とは、言語テキストを大量に収集し、電子的に保存した
データベースのことを意味します。コンピュータを使ってコーパスを解析す
ることで、大規模なデータから個々の語や文法の振る舞いを抽出し、言語に
内在する傾向を客観的に計量することができます。たとえば、英語では、
100 万語の Brown Corpus（1964 年公開）、1 億語の British National Corpus
（1994 年公開）、10 億語超の Corpus of Contemporary American English（2008
年公開）等、日本語では 1 億語の「現代日本語書き言葉均衡コーパス」（2011
年公開）等の各種コーパスが公開されていますが（石川, 2021, pp.44–57）、こ
れらはすべて L1 話者の言語産出を集めたもので、学習者の L2 産出を集め
たコーパスは長らく存在していませんでした。

　そこで、ベルギーの Sylviane Granger らは、L2 学習者の作文や発話を収
集した学習者コーパス（learner corpus）の構築を行い、あわせて、分析モデル
として、対照中間言語分析を提唱しました。

■学習者コーパスの開発

　Granger（1998）は、従来の第 2 言語習得研究が、アンケートや文法性判断
テストによって、L2 に関する学習者の明示的知識（メタ言語知識）を詳しく
調べてデータとして利用してきた一方、作文や発話といった学習者の自然な
L2 産出データを十分に活用してこなかったと述べ、その背景として、使用
できるデータの制約を指摘しています。学習者の L2 産出を集めたデータは
過去にも存在していましたが、その多くは分量が少なく、(1) 調査しようと
する項目が著しく低頻度ないし未出現になりやすい、(2) 産出に影響を及ぼ
す要因（産出環境、母語、性別、L2 習熟度、トピック等）が統制されていな
い、(3) 学習者の言語能力の全体が発現しているとは言い切れない、といっ
た問題を含んでいます。Granger は、これらの制約を克服するのが、現代の
大規模な学習者コーパスであるとしています。

現代の学習者コーパスは…第1に、はるかに大規模になっており、低
頻度現象も含め、大半の言語特性の分析に対応し、自然言語使用のデー
タに向けられてきた批判に耐えるものとなっている…第2に、現代の
コンピュータ学習者コーパスの開発者は過去の失敗から学び、はるかに
詳細なコーパス設計基準を採用しており、学習者のアウトプットに影響
を及ぼしうる多様な変数の調査も可能になっている。最後に、これも重
要なことだが、完全に電子化されており、その結果、多様な言語分析ソ
フトウェアを用いて大量のデータを処理し、これまでほぼ未踏であった
学習者言語の量的研究を可能にしている。学習者コーパスと母語話者
コーパスを用いて語や構造の頻度を比較することで、誤用分析の時代に
は不可能であった回避のような現象の研究も可能になっている。従前の
誤用だけを集めたデータベースとは異なり、コンピュータ学習者コーパ
スを用いることで、誤用に限らず、学習者の中間言語全体を調査できる
のである。　　　　　　　　　　　　　　　　　　　　　　　　(p.6)

　その後、Granger 自身が主導するプロジェクトの成果として、各国大学生
の L2 英語作文を集めた International Corpus of Learner English（ICLE）（初
版：Granger et al., 2002；2 版：2009；3 版：2020）や、L2 英語インタビュー
における発話を集めた Louvain International Database of Spoken English In-
terlanguage（LINDSEI）（Gilquin, de Cock, and Granger, 2010）等が公開されま
した。また、日本語についても、各国の日本語学習者のインタビュー発話と
作文を集めた「多言語母語の日本語学習者横断コーパス」(I-JAS)（迫田・石
川・李, 2020）等が公開されています。これらの整備により、学習者コーパ
ス研究の素地が整ってきたと言えます。

■学習者コーパスの分析技術
　学習者コーパス分析は、コーパス言語学で確立された様々なテキスト分析
手法を中間言語分析に持ち込んでいます。
　たとえば、テキストに含まれる語や句の頻度を一覧で抽出する頻度分析、
任意の語や句を含む用例を一覧で抽出し、語句の振る舞いを調べる KWIC

(keyword in context) 分析、任意の語や句と統計的に共起しやすい言語項目を探るコロケーション分析、複数のテキストを比較し、あるテキストにおいて有意に出現しやすい(あるいは、しにくい)語を抽出する特徴語分析等です。

　大規模データの高速かつ網羅的な検索を可能にするコンピュータ技術の利用と、多様なテキスト分析手法を組み合わせることで、大量の学習者データを網羅的に検索し、その言語特性を余さず抽出することが可能になります。

■学習者コーパスの分析モデル

　大規模なデータが用意できれば、それを分析する枠組みを決める必要があります。そこで、Granger (1996) は、「ある言語の母語話者と非母語話者が比較可能な状況下で行った言語産出を比較・対照する」(Péry-Woodley, 1990, p.143) ための分析モデルを提唱しました。Granger は、従来の対照分析(contrastive analysis：CA) との差別化のため、この新しいモデルを対照中間言語分析 (contrastive interlanguage analysis：CIA) と命名しています。対照中間言語分析では、通例、学習者の L2 産出(IL)と母語話者の L1 産出(NL)の比較に加え、母語を異にする学習者の L2 産出(IL)間の比較が行われます。たとえば、日本人の英語を母語話者の英語と比較した後、中国人・韓国人・タイ人等の英語と比較するわけです。これにより、学習者全般の特徴と、日本人に特有の特徴を切り分けて議論することが可能になります。

　さらに、Granger (1996) は、対照中間言語分析に Corder 由来の対照分析を組み合わせた、統合対照分析 (integrated contrastive analysis) という、より拡張的な分析モデルを示しています。

　このモデルでは、従来の対照分析に相当するものとして、L1 と L2 の原典文献の比較 (OL1 vs OL2) や、各々の対訳との比較 (SL1 vs TL2、SL2 vs TL1) が含まれています。なお、表 1 では日本人英語学習者を研究課題とした場合の比較実例を示しています。このモデルでは対照分析から対照中間言語分析への道筋をつけるとともに、対照中間言語分析によって対照分析を検証することができるとされています。

　その後、Gilquin (2008) は、従来、対照分析や中間言語分析で扱われてきた転移(transfer)の問題をより厳密に議論する必要があるとして、Granger に

表1　統合対照分析の基本比較パタン

分析型	パタン	比較内容	比較事例
対照中間言語分析	NL1／IL NL2／IL	母語産出と学習者による目標言語産出の比較	日本語／日本人英語 英語／日本人英語
	ILa／ILb	母語が異なる学習者による目標言語産出の比較	日本人英語／中国人英語
対照分析	OL1／OL2	2言語の原典資料（original）の比較	日本語／英語
	SL1／TL2 SL2／TL1	翻訳原文（source）と訳文（translation）の比較	日本語原文／英訳 英語原文／日本語訳

　よる統合対照分析や、Jarvis（2000）の統合的中間言語分析等を統合した「言語転移の抽出・説明・評価（DEE）モデル」を提案しています。

　対照中間言語分析（CIA）はその後広く普及しましたが、母語話者を比較の絶対基準とする点には批判も集まりました。そこでGranger（2015）は、母語話者に限らず、多様な参照データ変種と多様な中間言語変種を比較する修正モデル（CIA2）を提案しました。Gilquin（2022）も、CIAでは、単一基準ではなく、コーパスに基づく多様な参照基準を使うべきだと述べています。

■学習者コーパスの分析対象

　学習者コーパス分析は、従来の誤用研究が扱ってきた範囲を大幅に拡張し、狭義の誤用（misuse）に加え、過剰使用（overuse）や過少使用（underuse）を研究対象に含めます。過剰使用や過少使用は、母語話者コーパスと学習者コーパスから得られる語や句の頻度を統計解析にかけることで、機械的に取り出すことができます。

　過剰使用や過少使用は、学習者のL2使用や、L2習得の過程を検討する新たな視点を提供してくれます。というのも、文法的に正しくても、過剰ないし過少に使用されている語句や文法項目には、何らかの習得上の問題が反映されていると考えられるからです。たとえば、極端に過少使用されている語句があれば、そうした語句そのもの、もしくはそうした語句によって表出される文法や談話機能の運用に自信がなく、コミュニケーション方略によっ

て、意図的に使用の回避を行っている可能性があります。また、極端に過剰
使用されている語句があれば、L1 語彙体系における当該語句の一般性をそ
のまま L2 にあてはめようとしている可能性があります。

3.5.2　学習者コーパス分析の意義と制約

　応用言語学全般、とくに、各種の言語態の対照研究に対する学習者コーパ
スの最大の貢献は、大量のデータを機械によって網羅的・客観的に調査する
という手法を持ち込んだことで、従前の対照研究に対する疑問、つまり、仮
説に合致する用例だけを拾い出して恣意的に議論を展開しているのではない
かという疑問を解消する道筋を示したことです。これは、コーパス言語学が
言語研究全体に果たしている貢献と同種のものです。加えて、対照中間言語
分析や統合対照分析という分析モデルによって、従来の対照分析の範囲を拡
張したことや、過剰・過少使用を分析対象に含めたことで、従来の誤用分析
の範囲を拡張したことも特筆すべき貢献です。

　学習者コーパス研究は、主要なコーパスの構築と公開が相次いだ 2010 年
代以降、急速に影響力を増しつつあり、とくに教材開発への応用が広く行わ
れています。たとえば、Ishikawa（2013）には、学習者コーパスから得られた
日本人英語学習者の過剰・過少使用データを学習用和英辞典の編纂に応用す
る取り組みが報告されています。

　一方、一定のデータ処理技術を要求するため、第 2 言語習得理論の研究
者にはまだ十分に普及していないことや、学習者属性（性別・習熟度・動機
づけのタイプ等）を統制した分析を行うにはデータ量が不足していること（主
要な母語話者コーパスが 1 〜 4 億語であるのに対し、学習者コーパスは 100
〜 400 万語程度）等は、残された課題と言えるでしょう。

3.6　発展学習のために

3.6.1　文献ガイド

　対照分析、誤用分析、中間言語分析についての一般的解説は、応用言語学
全般の入門書や、第 2 言語習得論の概説書等で読むことができます。

　学習者コーパス分析については、Granger（編）(1998) を邦訳した船城・望月（訳）(2008) が入門書として最適です。このほか、国内で開発された主要な英語学習者コーパスについて概説した投野・金子・杉浦・和泉 (2013)、コーパス言語学全般を概説した石川 (2021) 等も参考になるでしょう。日本語学習者コーパスの構築や研究応用について知りたい場合は、「I-JAS」の構築過程を詳細に解説した迫田・石川・李(2020)が参考になります。

3.6.2　研究のヒント

(1) 自分自身の英語学習の経験を振り返り、文法項目の中でとくに苦手だったものを書き出してみよう。その中に「日本語にない／日本語と紛らわしいので難しい」ものはあっただろうか。英語の習得困難項目の何割ぐらいが日本語に関連していただろうか。自分自身の調査結果と他の人の調査結果を比較してディスカッションしてみよう。

(2) 身近に留学生がいる場合は、日本語で困難だと思う内容についてインタビューを行い、そのうちのどの程度が、母語干渉によると思われるか議論してみよう。

(3) 「日本語学習者作文コーパス」をオンラインで検索し、日本語学習者が日本語の助詞をどのように誤用しているか調べてみよう(以下は、「は」「が」の誤用の一例)。何らかのパタンは見つかるだろうか。

1（CG009）　生です。最初、日本語 **が**（は）難しいと思いました。それから先生が日本語が（に）

2（CG009）文法　。いま、私は日本語 **が**（は）やさしいと思い（思ってい）ます。

3（CG013）文字/文法　勉強するに（ことだと思い）なります。これ **は**（が）方法（一つの方法）と（だと思って）思（思っ）ています。日本のえ

図1　日本語学習者作文コーパスの誤用検索結果例

また、中国人日本語学習者と韓国人日本語学習者を比較した場合、何らかの違いがあるだろうか。その違いはそれぞれの学習者の母語に影響されているだろうか。

第 4 章　言語処理

4.1　本章で学ぶこと

　当初は L2 教育の応用面に着目していた応用言語学は、確立期以降、主として第 2 言語習得論（second language acquisition：SLA）の分野において、母語（L1）や第 2 言語（L2）の習得に関わる心的過程を検討するようになりました。さらに、最近では、議論の範囲を広げ、心理言語学（psycholinguistics）と呼ばれる分野において、習得に限らず、L1 や L2 の言語処理（language processing）に関わる心的機制の全般を幅広く検討するようになっています。

　本章では、まず、4.2 節において、語彙や文法の習得に関わる人間の記憶システムについて概観します。その後、4.3 節で、語彙および文の処理の問題を扱います。4.4 節では、近年、盛んになっている脳科学を応用した言語処理研究を概観し、最後に、4.5 節で言語処理の観察手法を紹介します。

4.2　言語情報の記憶

　L1 であれ、L2 であれ、我々が言語を読んだり話したりできるのは、語彙や文法の仕組み、また、読んでいる内容や話している内容を適切に記憶しておけるからです。このように考えると、一般的な認知能力である記憶が言語処理の基盤をなしていることに気付きます。

4.2.1　記憶の種類

　いわゆる記憶には、何かを覚えること、それを忘れずに覚えていること、

覚えた内容を思い出すこと、という3つの過程が含まれます。これらの過程は、心理系の研究では記銘（memorization）・保持（retention）・想起（remembering）、情報系の研究では記号化（encoding）・貯蔵（storage）・検索（retrieval）と呼ばれます（三宮, 2014, p.82）。

　記憶はまた、情報の保持時間を基準として、感覚記憶（sensory memory）、短期記憶（short-term memory）、長期記憶（long-term memory）に大別されます。短期記憶には、後述するワーキングメモリ（working memory）と呼ばれる特殊な機能が含まれていると考えられています。

　図1は、3種の記憶の相互関係と、その各々について、関係する言語情報の例、保持時間（三宮（2014）に基づきます）、保持容量をまとめた概念図です。記憶を貯蔵する箱（ボックス）が並んでいるように見えることから、これを記憶のボックスモデル（Atkinson and Shiffrin, 1968）と呼びます。

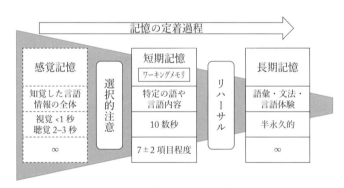

図1　記憶のボックスモデル

■記憶の定着過程

　人間が五感を通して外界から受け取った情報は、そのままの形で、いったん感覚記憶に入ります。感覚記憶における保持時間は0.2〜3秒程度ですが、容量は無限大です。

　感覚記憶は一瞬で消滅しますが、とくに注意（attention）を向けられた内容だけは、短期記憶に入って10数秒間（数十秒間という見解もあります）保持されます。ただし、短期記憶の容量は小さく、チャンクと呼ばれる情報単位

で7±2(Miller, 1956)項目程度だと考えられています。これをマジカルナンバーと呼びます。なお、最近では、短期記憶の容量は3項目(Broadbent, 1975)ないし4項目(Cowan, 2001)程度だという見解もあります。

　いずれにせよ、短期記憶の容量は小さく、新しい情報が次々に入ってくるため、短期記憶内の情報はすぐに消失します。しかし、心内で、ないしは声に出して記憶された内容を読み上げたり(復唱)、その内容を思い返したり(想起)する維持リハーサル(maintenance rehearsal)を行えば、情報の消失を防ぎ、短期記憶にとどめておくことができます。さらに、語呂合わせにしたり、意味やイメージと関連付けたりする精緻化リハーサル(elaborative rehearsal)を行えば、記憶された内容を長期記憶に送ることができます。たとえば、aisle(通路)という英単語を覚える場合、忘れないように何度も発音するのが維持リハーサル、「愛する」のような語呂合わせで覚えたり、身近な通路をイメージして覚えたりするのが精緻化リハーサルです。

　こうして長期記憶に入った内容は、数週間、数か月間、さらには半永久的に保存されます。長期記憶の容量も無限に近いと考えられています。なお、数か月程度の記憶を狭義の長期記憶、半永久化した記憶を長期性持続記憶と呼んで区別する立場もあります(枝川, 2006)。

　このように、感覚器官を経て外界から受け取った情報は、短期記憶で一時的に保持され、その後、意識的なリハーサルの過程を経たものだけが長期記憶に回されます。こうした仕組みを記憶の2重貯蔵モデルと呼びます。人間の記憶力は有限であり、一種のフィルタによって、真に記憶すべき内容を精選するシステムは合理的なものと言えるでしょう。

■長期記憶への転送

　短期記憶された内容を長期記憶に送るには、精緻化リハーサルが必要になります。その際、認知負荷の低い浅い処理よりも、負荷の高い深い処理を行ったほうが記憶が促進されることが知られており、これを処理水準(levels of processing)仮説と呼びます(Craik and Lockhart, 1972)。

　前述のaisleの例で言えば、綴りや発音だけに注目する浅い処理よりも、視覚(具体的な通路の映像を想起)、体験(自分が通路を歩いた過去の経験を

74

想起）、文脈（an aisle seat［通路側席］等の用例で想起）等と結び付け、語の意味を深く処理するほうが記憶の強化に有効です。とくに、自分自身の体験や感情と結び付けることが有効だとされており、これを自己準拠効果（self-reference effect）と呼びます（三宮, 2014, p.83）。

■長期記憶

　3種類の記憶のうち、L2運用の点で特に重要なのが長期記憶です。というのも、L2を自在に活用するには、語彙や文法が長期記憶に安定的に保持されている必要があるからです。一般に、長期記憶は、「頭でおぼえる」宣言的記憶と、「体でおぼえる」手続き的記憶に大別され（酒井, 1997, p.38）、各々はさらに細かく分けられます。

表1　長期記憶の構造

宣言的記憶（顕在的）	手続き的記憶（潜在的）
意味記憶、エピソード記憶	古典的条件づけ、技能学習、プライミング、知覚学習、運動学習、慣れ、鋭敏化、幼児の文法習得

　宣言的記憶（declarative memory）とは言葉で説明できる記憶で、手続き記憶（procedural memory）とは物事のやり方や手順等、言葉で説明できない記憶とされます（Tulving, 1984 他）。前者が顕在的なものであるのに対し、後者は潜在的なもので、何らかの行為の遂行に間接的に関与します。文法について言えば、通常、L2の文法知識は宣言的記憶にとどまっているのに対し、L1の文法知識は手続き的記憶となっています。

　このうち、宣言的記憶には、言葉・事物・事実等の知識に関わる意味記憶（semantic memory）と、特定の時間と場所での体験に関わるエピソード記憶（episodic memory）が含まれます。たとえば、aisleという言葉の意味（指示内容）を覚えているのは意味記憶であり、「昨日、通路でつまずいた」という体験を覚えているのはエピソード記憶です。

　一方、手続き的記憶は無意識的なもので、慣れや、練習を通したスキル・技術の獲得に関する多様な概念を包摂します。藤田（1998）は、手続き的記

憶に含まれる要素として、古典的条件づけ(例：犬がベルの音で涎を垂らすようになる)、技能学習(例：反転した鏡像画像の模写ができるようになる)、プライミング(priming)(例：意味的に関連する語を先に聞いていると、次の語への反応が早くなる)、知覚学習(例：料理の味の細かい差がわかるようになる)、運動学習(例：自転車に乗れるようになる)、慣れ(例：テストで緊張しなくなる)、鋭敏化(例：以前の体験から注射を余計に怖がるようになる)等を挙げています。また、藤田は、繰り返し練習を通して、幼児が文法的に正確な L1 の文を産出できるようになることも手続き的記憶とみなしています。手続き的記憶は、if A, B(もし A ならば B)というルールによって構成されると考えられています(これをプロダクションシステムと呼びます)。

　L2 習得という観点で言えば、「知っているだけ」の状態を指す意味記憶を、自身と結びついたエピソード記憶に、さらには、手続き的記憶に転換していくことが重要です。湯舟(2007)は、学習者にとって身近な例文の使用、L2 での日記執筆、発表・音読等による出来事化等によって意味記憶をエピソード記憶に転化させ、さらに、徹底した反復トレーニング、データからルールを見出す発見学習、学習方略の認識等を通して、手続き的記憶に転化させる教授法を提案しています。

4.2.2　ワーキングメモリ

　我々は、L2 の学習に際して多くの語彙や文法等を短期記憶します。これらを長期記憶に送って定着させるには、維持リハーサルや精緻化リハーサルといった心的操作が必要になります。この時、情報を受動的に保持するだけでなく、能動的に操作・加工し、記憶を強化する機制として、ワーキングメモリ(working memory)という特別な仕組みが存在するのではないかと考えられています。先行研究には、ワーキングメモリを短期記憶の別名とみなす立場と、短期記憶の一部ないしその機能とみなす立場があります。

　ワーキングメモリはワーキングアテンション(working attention)とも呼ばれ(Baddeley, 1993)、「日常生活をなめらかに営むための必要不可欠な"脳のメモ帳"」として(苧坂, 2008, p.3)、「情報の一時保存のみならず、暗算や談話・文章の理解、推論等の複雑な認知活動を行う」特殊な機能を持っている

76

と考えられています（三宮, 2014, p.88）。

■ワーキングメモリの構造

　ワーキングメモリの構造に関して、現在、最も広く受け入れられているのは、Baddeley（2000）のモデルです。このモデルでは、中央制御系（central executive）の下に、視覚情報を処理する視空間スケッチパッド（visuospatial sketchpad）、音韻情報を処理する音韻ループ（phonological loop）、エピソード情報を処理するエピソードバッファ（episodic buffer）という3つのコンポーネントが並列的に存在すると考えています。

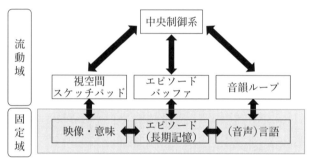

図2　ワーキングメモリモデル（Baddeley, 2003, Fig.5 に基づく）

　3つのコンポーネントはいずれも流動的なもので、それぞれ、異なるタイプの情報を操作・加工し、固定化された記憶へと転換します。以下、Baddeley（2003）に基づき、3つのコンポーネントの働きを概観します。

　まず、視空間スケッチパッドは、事物の形態・位置・運動に関する視覚情報を統合的に保持する場所です。たとえば、机の上にリンゴが置いてあれば、リンゴの形やリンゴと机の位置関係等が描画されます。本を読む際、我々が視線を効率的に動かしてページを読み進めることができるのは、ページやレイアウトの位置が視空間スケッチパッドに保持されているためと考えられています。

　次に、音韻ループは、感覚器官で受け取った音韻情報を保持する場所です。音韻ループには、音韻情報を短期保持する音韻ストア（phonological store）と、音韻情報の反復強化を担う構音リハーサル（articulatory rehearsal）があります。音韻ストア内の音韻情報はすぐ消失しますが、構音リハーサルで強化されることで長く保持され、やがて長期記憶に回されていきます。

　書かれた語を読む場合でも、語は脳内で音声化され、音韻ループに送られます。過去の研究により、音声化しにくい文字列（例：TCVDBG）より音声化しやすい文字列（例：BWYKRX）のほうが覚えやすいこと、シラブルの多い語より少ない語のほうが覚えやすいこと、無意味な文字列をうまく復唱できる幼児はそうでない幼児より多くの語彙を覚えていること、等が明らかになっています。これらは、耳で聞いた語であれ、目で見た語であれ、我々が、語彙を音韻としてリハーサルし、記憶していることを示唆しています。

　最後に、エピソードバッファは、個人的な出来事の体験等に関わるエピソード記憶を保持する場所で、短期記憶と長期記憶をつなぐ役割を果たしています。

■ワーキングメモリと容量
　7±2 項目を保持量の上限とする短期記憶の一部として、ワーキングメモリの容量にも制約があります。ワーキングメモリ容量は、3 つのコンポーネントを統括する中央実行系の処理能力と関係しています。容量が大きい人は、多くの情報を同時に操作・加工し、効率よく長期記憶に送ることができます。

　ワーキングメモリ容量は個人差が大きいと言われています。過去の研究の多くは、リーディングスパンテスト（reading span test）と呼ばれる課題検査を用いて、個々人のワーキングメモリ容量の測定を行ってきました。

　日本語を例にすると、被験者は下記のような文（苧阪, 2002 より）を音読し、同時に、下線部の単語を記憶するよう求められます。2 つの作業を同時に行うため、こうしたテストを二重課題テストと呼びます。テストはまず、2 つの文を読んで、下線部単語を報告する 2 文条件から始まり、5 文条件まで続きます。それぞれの文条件で 5 セットのテストが行われ、3 セット以上の正解で当該文条件をクリアしたとみなされます。この時、クリアした文条件の最大値がリーディングスパンテスト得点となります。

妹が帰ってくる日、私と弟は家庭菜園の<u>かぼちゃ</u>を全部収穫した。

私たちは、日ごろ様々な<u>問題</u>に出会う。

　情報の処理と保持は同じ注意資源を使用しており、一方に配分すれば他方への配分が減るトレードオフの関係にあります。リーディングスパンテストでは、音読タスクと単語記憶タスクの間で、有限の注意資源をうまく調整して割り振ることが求められており、このテストによって、情報処理の効率度、つまりは、ワーキングメモリの容量を調べることができます。

　L2学習においても、ワーキングメモリ容量が大きい学習者は、新しい語彙や文法を覚えることが得意で、結果的に、L2習得に有利であると考えられます。先行研究では、ワーキングメモリ容量がL2のリーディング力 (Harrington and Sawyer, 1992)、構文力 (Miyake and Friedman, 1998)、リスニング力 (Sakuma, 2011) と相関するという実験結果が報告されています。

　ただし、ワーキングメモリの研究は相対的に新しいもので、仮にそれが実在するとして、ワーキングメモリの容量や機能が先天的に決定されているのか、容量、記憶量、L2能力は本当に関係するのか等、未解明の問題も多く、現在も研究が進められている状態です。

4.3　言語情報の処理

　前節では人間が情報一般を記憶する仕組みについて概観しました。では、言語の情報、つまりは、語彙や文の情報は、心内でどのように記憶され、処理されているのでしょうか。以下では、語彙処理(語彙知識の保持と認知)および文処理(文理解と文産出)の問題を扱います。

4.3.1　語彙の保持と認知

　ワーキングメモリを経て短期記憶から長期記憶へと送られた語彙情報は、メンタルレキシコン (mental lexicon) という特殊な形態で脳内に保持されており、外部から加わった言語刺激に呼応して、その中の一部が同定され、活性化することで、語の認知・想起がなされると考えられています。

■語彙の記憶の仕組み

　L1 であれ L2 であれ、人間は膨大な量の語彙知識を保存していますが、それにもかかわらず、必要な語を一瞬で想起できます。このため、心内に記憶されている語彙知識、つまり、メンタルレキシコンは、きわめて効率的に語彙の情報を整理・保存しているものと考えられています。

　玉岡(2013)は、メンタルレキシコン内では個々の語(レキシコン)がイメージとして保存されており、全体で表象群(representations)を形成していると述べています。メンタルレキシコン内では、個々の語について、統語、概念(意味)、正書法(綴り、形態)、音韻の表象が保存されているという立場が一般的ですが、統語を含めない立場や、より幅広いメタ知識(たとえば、固有名詞・一般名詞・物質名詞・物体名詞等)を含める考え方もあります(今井, 2004)。

■語の認知の仕組み

　さて、メンタルレキシコン内に保持された語彙は、通常、不活性の状態にありますが、言葉を聞いたり読んだりして外部から刺激が加わると、刺激に合致する語表象が活性化(activation)して想起されます。つまり、語を認知するとは、メンタルレキシコン内の語表象が活性化されることだと言えます。

　もっとも、わずかな活性化だけでは想起に至りません。ある語表象の活性の「エネルギーのレベルが上がり、あるレベルを超えた時に、特定の単語の発音や意味が思い浮か」ぶのです(玉岡, 2013)。ここで「あるレベル」を閾値(threshold)と呼びます。個々の語は異なる閾値を持ちます。閾値は語の出現頻度と連動しており、高頻度語は閾値が低い(つまり少ない刺激でも想起されやすい)のに対し、低頻度語は閾値が高い(つまり想起されにくい)と考えられています。たとえば、英語では [éə] という音素に air(空気)と heir(相続人)の 2 語が対応しますが、air のほうが圧倒的に高頻度で閾値が低いため、[éə] という刺激を受けた場合、原則として air が先に活性化して想起されます。

■語の認知モデル

　なお、メンタルレキシコン内に保持されている無数の語の中から、受け取った刺激に応じて、特定の語の情報だけが素早く同定される仕組みに関しては、いくつかのモデルが提案されています。ここでは、森田（2003）他をふまえ、自律的探索モデル、ロゴジェンモデル、コホートモデル、相互活性化モデルの4つを概観します。

　1つ目の自律的探索モデル（autonomous search model）（Forster, 1976）では、正書法、音韻、統語・意味別の検索用アクセスファイルと、情報本体を収めるマスターファイルが別個に存在しており、刺激を受けると、アクセスファイルの悉皆的・系列的検索によって語の同定がなされ、その後、マスターファイルへアクセスして必要な情報を取得すると考えます。アクセスファイルには情報が頻度順で格納されているため、効率的な検索が可能になります。また、ある語がアクセスされると、マスターファイル内の意味ネットワークを通して活性が拡散し、関連する他の語の活性も上がって処理が早くなるとします。

　2つ目のロゴジェンモデル（logogen model）（Morton, 1969）では、メンタルレキシコン内に単語の特徴を収録したロゴジェン（logogen）と呼ばれるユニットが存在し、与えられた感覚刺激や文脈情報がロゴジェンに表象される特徴と類似していればロゴジェンの活性度が上がり、閾値を超えると「発火」して当該語が認知されると考えます。個々のロゴジェンの持つ閾値は異なるため、高頻度語や文脈関連語の閾値は低く、想起されやすくなっています。これにより、なじみの深い語や、話題に関係した語は想起しやすいという一般的知見が説明可能になります。

　3つ目のコホートモデル（cohort model）（Marslen-Wilson and Welsh, 1978）では、たとえば、[æpl] という聴覚刺激を受け取った場合、最初の [æ] の音素を聞き取った瞬間に、[æ] の音で始まるすべての語（album、apathy apple 等）が一群（コホート）をなして活性化し、続いて [p] の音が聞こえると、[æp] で始まる語（apathy、apple 等）が残り、[l] の音が聞こえた段階で、該当する apple が残り、意味・統語情報の確認を経て、最終的に語の認知が完了すると考えます。このモデルでは、最初からピンポイントで当該語を狙うのでは

なく、まずは幅広く網をかけ、新たな刺激を得て段階式に絞り込む形で語の認知が行われているとします。

　最後に、4つ目の相互活性化モデル（interactive activation model）（McClelland and Rumelhart, 1981）では、メンタルレキシコン内に、文字の字形の視覚的特徴（縦棒、横棒、丸形等）を扱う特徴ユニット、個々の文字（a、b、c等）を扱う文字ユニット、個々の語を扱う単語ユニットの3つが段階的に存在しており、たとえば、横棒を含む文字を見た場合、まず、横棒に対応する特徴ユニットが活性化し、続いて、横棒を含むAやTの文字ユニット、さらには、AやTを含む単語ユニットが活性化すると考えます。3つのユニットはニューラルネットワークのように結合しており、低次ユニットから高次ユニットにボトムアップ式に情報が受け渡されるだけでなく、高次ユニットから低次ユニットに対してトップダウン式に情報のフィードバックがなされることもあります。これにより、ユニット同士が「相互活性」しながら、高次の並列分散処理（parallel distributed processing：PDP）がなされます。相互活性化モデルは、当初は視覚刺激に対応したものでしたが、後に、聴覚刺激にも対応するようモデルの拡張が行われ、さらには、コネクショニストモデル（connectionist model）等に展開していきます（2.5.2節）。

4.3.2　文の理解

　言語処理において、語の認知に続くのは、文の理解です。文理解には、統語構造を理解するというレベルと、それをふまえて、文の持つ意味内容を理解するというレベルがあります。以下では、中條（2006）、海保・楠見（2006）等に基づき、それぞれについて、心内的なメカニズムを概観します。

4.3.2.1　統語構造理解

　文理解の基本になるのは文の統語構造の理解です。たとえば、Mike hit John（マイクはジョンを殴った）という文で言うと、どちらが主語でどちらが目的語であるかわからなければ、事態の内容はつかめません。もっとも、文中に個々の要素の統語役割が示されているわけではありませんので、我々は、認知的な思考錯誤を行いながら、処理しようとする文を統語解析（syntactic parsing)する必要があります。

　文の中には、苦労なく統語解析できるものと、何らかの原因で統語解析が困難になるものとがあります。心理言語学の過去の研究は、とくに後者のタイプの文に注目し、統語解析の心的過程の解明を目指してきました。

　人間の統語構造理解に関する研究は、1960年代ごろに本格的に始まりました。初期の研究は、深層構造に各種の変形規則が適用されて表層構造が派生すると考える Noam Chomsky の生成文法の枠組みに基づき、文理解とは、逆に、表層構造を深層構造に還元する営みだと考えました。この場合、核文（kernel sentence）を基準として、適用された変形規則の手数が多ければ多いほど、統語的複雑性が増し、結果として、還元に手間がかかって文理解が困難になると予想されます。こうした考え方を、派生に基づく複雑性理論（derivational theory of complexity）と呼びます。Miller and McKean（1964）は、被験者に、The robot shoots the ghost（ロボットが幽霊を撃つ）という核文と、そこから派生した The ghost is shot by the robot.（＋受動）、The ghost is not shot by the robot.（＋受動＋否定）／ Is the ghost not shot by the robot?（＋受動＋否定＋疑問）等の文を見せた上で、所定の変形を行った場合に生成される文を選ばせて反応時間を調べました。その結果、変形規則の適用回数が多ければ反応時間が長くなることがわかり、理論の妥当性が確認されました。

　その後、1970年代に入ると、統語解析には、読み手の知覚方略も影響していると考えられるようになりました。こうした中で提唱されたのが、ガーデンパス理論（garden-path theory）（Frazier and Rayner, 1982）です。この理論は、特に、統語解析が袋小路に陥りやすい文（ガーデンパス文）の解釈過程に関わるもので、人は文頭から逐語的に統語役割の解析を行い、解析に迷う場合は一定の原理に従って判断を行うが、誤った解析に陥った場合は、手がかり語の出現によってそれに気づき、再解釈を行っているという仮説です。

　統語解析においては、「文の構成要素の数が少ない最も単純な統語構造」になるよう解釈するのが一般的で（中條, 2006, p.60）、具体的には、（1）最少付加（minimal attachment）（構造に付加する要素を最少にする）、（2）遅い閉鎖（late closure）（処理中の構造の閉鎖を引き延ばし、新しい要素を既存の構造に組み込む）、（3）早い閉鎖（early closure）（処理中の構造の閉鎖を早め、新

しい要素は新規の構造に組み込む)等の原理が想定されています。

　まず、(1)について、The girl knew the answer was wrong. という例文で考えます(Rayner and Pollatsek, 1989。中條, 2006 の引用による)。この場合、読み手は、文頭から The girl knew(少女は〜を知っていた)まで読んだところで、最少付加原理を適用し、次に来る目的語として最も短いものを選び、The girl knew the answer(少女は答えを知っていた)と解釈します。しかし、次に was が出てきたことで、これを手掛かりとして自分の解釈が誤っていたことに気付き、再解釈を行い、目的語を the answer was wrong(答えが違っていた)という節であるととらえ直し、正しい解釈に至るわけです。

　次に、(2)について、Since Jay always jogs a mile seems like a short distance to him. という例文で考えます(Fraizer, 1983。中條, 2006 の引用による)。この場合、読み手は、文頭から Since Jay always jogs(ジェイはいつもジョギングをするので)まで読んだところで、遅い閉鎖原理を適用し、次に来る a mile を新しい節の始まりと取るのではなく、これまでの節がさらに続くと判断し、Since Jay always jogs a mile(ジェイはいつも 1 マイルのジョギングをするので)と読みます。しかし、その次に、新しい主節の主語となる名詞ではなく、動詞の seems が出てきたことで、これを手掛かりとして誤りに気付き、再解釈を行い、Since Jay always jogs/ a mile seems to him(ジェイはいつもジョギングをするので、彼には 1 マイルが短く思える)という正しい解析に至るわけです。

　最後に、(3)について、The horse raced past the barn fell. という例文で考えます(Bever, 1970。寺内・飯野・巴, 2010 の引用による)。この場合、読み手は、文頭の The horse(馬)を読んだところで、早い閉鎖原理を適用し、次に来る raced をそれまでの名詞節が継続したものと取るのではなく、新しい構造要素と判断し、The horse/ raced past the barn(馬が納屋の前を走り去った)と読みます。しかし、ここで文が終わらず、その次に fell が出てきたことで、これを手掛かりとして誤りに気付き、再解釈を行い、The horse raced past the barn/ fell(納屋の前を走らされた馬が倒れた)という正しい解析に至るわけです。

　ガーデンパス理論は文の統語解析の心的過程を説明する有力なモデルです

が、最近の研究では、統語解析には、語の統語情報だけでなく、意味情報（有生・無生等）や文脈情報も利用されていると考えられています。

4.3.2.2　意味内容理解

　文の統語構造理解に続くのが、文の意味内容の理解です。意味内容理解は、文の最終的な解釈に関わります。

■文の意味内容理解モデル

　そもそも、文を理解するとは、どのような行為なのでしょうか。Sachs (1967) は、被験者に各種の話を聞かせ、そこに含まれていた文について、同じ文、意味を変えた文（主語・目的語入替）、形を変えた文（態や文型変化）を示し、元の話に含まれていた文と同じかどうか尋ねました。その結果、ある程度の時間がたっても、意味を変えた文は元の文と違っていることに気付くのに対し、その他の文の判断は曖昧になることがわかりました。このことは、聞き手ないし読み手が「心に残すものは、文の形式ではなく、あくまでも意味的な情報」であることを示しています（阿部, 1995, pp.159–161）。この時、心に残ったものを表象（representation）と言います。

　表象はいきなり作られるのではなく、段階的に構築されます。van Dijk and Kintsch (1983) が提唱する意味内容理解モデルでは、表層表象（surface form）、命題的テキストベース（propositional text base）、状況モデル（situation model）という3つの段階を想定しており、単語認知から出発して、最終的に状況モデルが構築されることが文の意味内容理解であるとされます。

　第1段階となる表層表象とは、文の表層的形態の記憶に基づく心内表象です。我々は表層表象を使って、前述の統語解析を行っています。表層表象は短期記憶で保持されますが、統語解析が終わればすぐに消失すると考えられています。Sachs の実験で、被験者が、表層的形態（態、文型）を異にする文を同じ文と判断したのはこのためです。

　第2段階となる命題的テキストベースとは、統語解析した文を読むことで、心内に形成される表象です。たとえば、Mike buys a pen（マイクはペンを買う）であれば、形成される心象は以下のようなものだと考えられています。

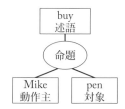

図 3　命題的テキストベース（Mike buys a pen.）

　命題とは、文からモダリティ（話者態度等）の要素を削除したもので、述語（predicate）、述語に関連付けられる項（動作主や目的語等）、述語と項の格関係（動作主、経験者、道具、場所等）から構成されます。命題的テキストベースは、テキストから直接抽出された命題と、読み手が推論によって補完した命題から構成されます。

　最後に、第 3 段階となる状況モデルとは、テキストから構築した命題的テキストベースと、読み手自身の既有知識や体験を相互に組み合わせて作られるもので、自分なりに一貫的で整合的だと感じられるイメージ表象です。上の例で言えば、たとえば、文具店でペンを買った自分自身の体験を参考にしつつ、マイクがペンを買っているところを具体的な映像イメージとして描ければ、それが状況モデルと言えます。塚本（2011）は、命題テキストベースが、文情報の抽出・要約といった「文章の学習」に基づくのに対し、状況モデルは個人的な解釈・批判・創案といった「文章からの学習」に基づくと述べています。

■文の意味内容理解の統合モデル

　上記のモデルは、文の意味内容理解を 3 つの段階でとらえたシンプルなものでしたが、人間は、それぞれの段階においてより複雑な認知行為を行っているはずです。この点をふまえた統合モデルとして、以下、井関（2004）のモデルを概観します。

　井関（2004）は、人間の文理解の過程を説明する前提として、3 つの基礎モデルを緩用しています。1 つ目は、新規入力された情報（イベント）に一致す

86

る既存情報が自動的に共鳴・活性化するという共鳴モデル（resonance model）（Albrecht and Myers, 1995 他）、2つ目は、各次元（時間性・空間性・同一性・因果性・動機）の一致度を基準として、入力されたイベントが先行イベントと統合されるか、ないしは状況モデルが更新されるとするイベントインデックスモデル（event index model）（Magliano, Zwaan, and Graesser, 1999 他）、3つ目は、読み手は整合性や陳述妥当性が高まるようにテキストから主体的に意味を作り上げるとするコンストラクショニストモデル（constructionist model）（Graesser, Olde, and Klettke, 2002 他）です。井関（2004）は、文の意味内容理解が、これらのモデルの相互作用のもとで逐時的に進行するオンライン処理であると考えています。

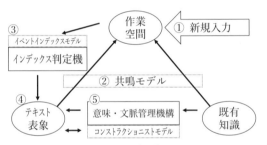

図4　文の意味内容理解の統合モデル（井関, 2004 の Fig.1 を改変）

　まず、新しいテキストを読むと、新規のイベント情報が入力され（①）、既存のテキスト表象と既有知識のうち、入力情報に一致する部分が自動的に共鳴（活性化）します（②）。その後、入力情報と共鳴情報はインデックス判定機によって精査され（③）、両者が、一致する場合は先行イベントに統合され、一致しない場合は新しい下部構造が作られて状況モデルの更新が行われます（④）。なお、両者の整合が取れなかった場合は、意味・文脈管理機構において不足の情報が明らかにされ（⑤）、再度、新規入力テキストに返って不足の情報を再検索します（①）。それでも必要な情報が補充できず、最終的に整合的な状況モデルが構築できなかった場合は、これまでのオンライン処理過程を中断してオフライン処理に切り替え、つまりは、立ち止まって、文を分析的に詳しく再検証するわけです。井関（2004）のモデルは、人間のオンライ

ンでの文理解過程の一助となるものです

4.3.3　文の産出

　言語処理において、既存の文の理解と共に重要なのが、新しい文の産出です。文の産出には、まず、言いたい内容を決め、必要な語彙を選び、文法規則を照合しながら語彙を組み合わせて文の形にし、それを紙に書いたり、声に出して音声化したりする過程が関与します。以下では、話し言葉の産出（oral production）と書き言葉の産出（written production）に分け、文の産出に関わる心内的なメカニズムを概観します。

4.3.3.1　話し言葉の産出

　各種の仮説の中で、「心理言語学の実験結果に依拠した最も影響力のある発話モデル」（O'Grady, Dobrovolsky, and Katamba, 1996）とみなされているのは Levelt（1989）のモデルです（図 5）。このモデルは、文産出だけではなく、語彙処理、文理解、文産出の要素を組み込み、「話す」「聞く」の総合的過程をモデル化したものです。図 5 では、左側が産出、右側が理解の過程を示しています。

　図の左上の「概念化」を起点として、一連のプロセスを概観していきましょう。まず、概念化装置（conceptualizer）において、談話のモデルや話者の持つ状況知識・一般知識等を参照し、自己モニタ（内容の検証）を行いながら、言おうとする内容が生成されます。これが言語化前メッセージ（preverbal message）です。

　その後、言語化前メッセージは、形式化装置（formulator）に送られます。ここで、メンタルレキシコンへのアクセスがなされ、関連する語について、意味情報（lemma）と形式情報（form）を取り込み、言語化前メッセージに文法的な構造（統語的符号化）と音韻的な構造（音韻的符号化）が与えられます。この段階で生成されるのが発音計画（phonetic plan）です。実際に声に出す前の段階なので、心内発話（internal speech）とも呼ばれます。

　次いで、発音計画が構音装置（articulator）に送られます。ここで、必要な調音器官や関連する筋肉が動き、発話が実際に行われます。この段階で生成

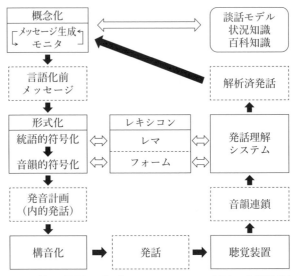

図5　聴解・発話モデル（Levelt, 1989, p.9 の図を一部簡略化）

されるのが実際の発話（overt speech）です。

　一方、他者の発話は、聴覚装置（audition）に送られて音声刺激として受け取られます。この段階で知覚されるのが音韻連鎖（phonetic string）です。

　次いで、音韻連鎖は発話理解システム（speech comprehension system）に送られます。ここで、メンタルレキシコンへのアクセスによって音韻が特定の語の連鎖として認知され、文として理解されます。この段階で生成されるのが統語解析済み発話（parsed speech）です。そして、この発話を聞き取って、概念化装置で自己モニタがなされ、次の発話の準備が始まるのです。人が会話をするとき、こうしたプロセスが連続的に巡回しているというのが Levelt の考えです。

4.3.3.2　書き言葉の産出

　書き言葉の産出は話し言葉の産出とは大きく異なります。内田（2006）は、書き言葉の産出は「話しことばの産出よりもいっそう自覚的であり…絶えず作文過程をモニターして、軌道修正をしながら進行する」もので、意図から言語表現へと単線的に進むのではなく、検索、プランニング、モニタリン

グ、読み返し、修正等の「下位過程が絶えず相互交渉し、行きつ戻りつする
ダイナミック」な非単線的過程であると述べています(pp.89–90)。

　書き言葉の産出に関して、有力なモデルの1つは、内田(2006)でも言及
されている Flower and Hayes (1981) によるライティング認知過程理論(cog-
nitive process theory of writing)です。Flower and Hayes は、ライティング中
の大学生に、その都度、頭に浮かんだことを口頭で報告させるシンクアラウ
ド法(think-aloud method)で集めたデータを根拠として、(1)ライティング過
程とは様々な思考過程を書き手が総合化・体系化したものである、(2)個々
の過程は階層的な埋め込み構造となっている、(3)ライティング過程は目標
志向的な思考過程であり、書き手自身の目標の広がりに導かれる、(4)書き
手は自身の目的に応じてライティングの主目標や副目標を立てるが、実際に
ライティングを進める中で、主目標を変更したり新たな主目標を立てたりす
ることもある、という一般原理を主張しており、図6はそれを概念図とし
て表したものです。

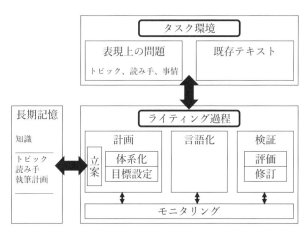

図6　ライティング過程モデル(Flower and Hayes, 1981, p.370, Fig.1 を一部改変)

　我々は、まず、長期記憶にあるライティングに関する知識やその他の知識
を活用して、ライティングのための計画(planning)を行います。この過程は
双方的なもので、計画を立てていく過程で、長期記憶に改めてアクセスする

場合もあります。その後、作成した計画（何を書くか、どう書くか）に基づき、言語化（translating）を行って実際の文章にします。また、出来上がった作文は、さらに検証（reviewing）されます。これらの過程は常時自己モニタされています。以上のライティング過程は独立的に存在するのではなく、外的制約としてのタスク環境（どのような事情・状況で誰を相手に何を書くのか、これまでにどのようなものを書き上げているのか）とも相互に影響を与えています。Flower and Hayes は概念図に付した注釈の中で、とくに矢印記号の解釈に注意するよう促しており、一連の過程が独立したモジュール的なものではなく、「書き手は、計画・想起・執筆・再読を組み合わせながら、一連の認知処理過程の体系化を、その都度その都度、連続的に行っている」ことを強調しています。

4.4　言語処理と脳機能

これまで、語彙の記憶や認知、また、文の理解や産出を行う際の心的過程について、様々な理論モデルを概観してきましたが、こうした議論を続けていると、最終的には、言語が脳内でどのように処理されているのか、という疑問に至ります。心理言語学の研究のうち、とくに脳機能の観点から言語処理を考究しようとする分野を神経言語学（neuro linguistics）と呼びます。

■脳機能局在論

「語彙処理や文処理は脳内のどこでどのように行われているのか」という疑問について考える前提となるのは、そもそも、脳の中では、異なる部位が異なる機能を担っているのか、あるいは、脳全体で様々な機能を担っているのか、ということです。

1960 年代後半ごろから、脳機能の科学的研究が始まり、脳の様々な部位に損傷を負った患者の症状を観察したり、各部位を電気的に刺激してどのような症状が出るかを観察したりすることで、脳内では異なる部位が異なる機能を担っていると考えられるようになりました。こうした考え方を脳機能局在論と言います。

　脳は左右の両半球からなっており、一般に、前方部（前頭葉）、上方部（頭頂葉）、側面部（側頭葉）、後背部（後頭葉）に分けて論じられます。これまでの研究で、右利きの成人の場合、原則として、左半球のみが言語処理に関わっており、また、頭頂葉が感覚に、側頭葉が聴覚に、後頭葉が視覚に関わっていることがわかってきました。また、より詳細な機能と部位の関係も明らかにされつつあります。

　以下は、最近の研究で言語処理との関係が指摘されている部位をまとめたものです。

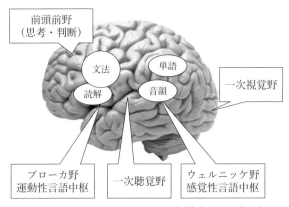

図 7　言語処理に関係する脳部位（筆者による作図）

■聴解と発話

　我々は、文字を見たり、あるいは発話を聞いたりして、言語刺激を取り入れます。このうち、物を見る機能は一次視覚野に、音を聞く機能は一次聴覚野が担っています。ただし、これらはあらゆる種類の視覚・聴覚刺激の処理を担う部位で、この段階では、まだ言語として認識されていません。

　聞こえてきた音声を言語として処理するのは、感覚性言語中枢とされるウェルニッケ野です。ウェルニッケ野という部位名は、ドイツの脳科学者 Carl Wernicke（1848–1905）に由来します。Wernicke はこの部位に損傷を負った患者が、人の話の意味内容を理解できなくなり、また、自身の発話も、言語としてのリズムや文法は整っているものの、内容がまったく意味不明なも

のになることに気付き、ウェルニッケ野が音声理解に関係していることを明らかにしました。なお、こうした症状をウェルニッケ失語と言います。

これに対し、言語の発話に関係するのが、運動性言語中枢とされるブローカ野です。この部位名はフランスの医師 Paul Broca（1824–1880）に由来します。Broca はこの部位に損傷を負った患者が、人の話の意味内容は理解できるものの、自分自身では滑らかに発話できなくなることに気付きました。Broca が診断した患者の 1 人は"Tan"という言葉以外、一切発話できなかったと言われています。こうした症状をブローカ失語と言います。ここから、ブローカ野は発話に伴う調音器官や筋肉の運動の統御に関係していることが明らかになりました。

なお、発話の準備として、何をどう話すかを決める心的思考は、前頭前野で行われていると考えられています。前頭野の中で最も前に張り出した前頭前野は、様々な動物の中で人間において最も発達が見られ、人間の一生の中で最も遅く成熟し、最も早く老化する特別な部位です。こうしたことから、前頭前野は人間を特徴付ける高次の思考や判断を統制する部位と考えられています。

短期記憶の操作・加工を担うワーキングメモリも前頭前野に存在するという見解が示されています。Osaka, Otsuka, and Osaka（2012）等は、記憶の持続に関わる前頭前野背外側領域（DLPFC）、行動の自己モニタリングや自動反応の抑制制御等に関わる前部帯状皮質（ACC）（脳梁を取り巻く部位）、注意を向ける対象を制御する頭頂小葉領域（SPL）がワーキングメモリの中央制御系の機能を担っているのではないかと指摘しています。

■音韻、統語、意味の処理

以上で述べたことは、解剖学的な知見や医学的な知見により、おおよその共通理解がなされていることですが、言語処理の各々の部分を脳のどの部位が具体的に担っているのかはまだはっきりしていません。

この点に関して、酒井（2002）は、Chomsky の普遍文法モデルを支持する立場から、言語処理に特化した脳内モジュールが存在するとした上で（p.76）、当該モジュールが、知覚・記憶・意識という汎用的な認知処理シス

テムと協調して「相互作用」的に働いていると述べています(p.77)。酒井は
また、言語処理モジュールには、統語論処理、意味論処理、音韻論処理のサ
ブモジュールが存在しており、それらが「互いに情報をやりとり」しなが
ら、ブローカ野で統語論が、左角回・縁上回(下頭頂小葉。ウェルニッケ野
の上部領域)で意味論が、ウェルニッケ野で音韻論が処理されるという仮説
を提唱しています(pp.78–79)。

　また、Kinno, Ohta, Muragaki, Maruyama, and Sakai (2014) では、日本人の
脳腫瘍患者と健常者に日本語文法能力テストを実施し、文法処理中の脳活動
を計測した結果、ブローカ野(左運動前野外側部および左下前頭回弁蓋部/
三角部)で文法が、左角回・縁上回で単語が、ウェルニッケ野(左上・中側頭
回)で音韻が、そして、ブローカ野下部(左下前頭回眼窩部)で読解が処理さ
れるというモデルが提唱されています。

　これらは現在のところまだ仮説の域を出ていませんが、次節で見るよう
に、脳機能の観察手法が高度化してきた中で、近い将来、言語の諸相の処理
や、その相互関係が科学的に特定されるかもしれません。仮にそれが可能に
なれば、L1 や L2 の習得メカニズムの研究も大きく進歩すると期待されま
す。

4.5　言語処理の観察方法

　心理言語学の研究の根拠となるのは、各種の言語処理実験から得られた
データです。直接に見ることができない人間の「心」の働きを推定するた
め、心理言語学では、これまでに様々な言語処理観察手法が開発・実践され
ています。ここでは、白畑・若林・村野井 (2010) を参考に、実験心理学的
手法と神経生理学的手法の 2 種に分けて概観します(pp.219–237)。

4.5.1　実験心理学的手法

　心理言語学において、実験心理学的手法として最も広く使用されているの
が、コンピュータ上で刺激を提示し、刺激に反応してボタンを押すまでの時
間を測定する反応時間(reaction time)測定の手法です。

■反応時間実験のタイプ

　反応時間を調べる実験は、呈示する刺激の種類によって、聴覚刺激実験（ヘッドフォンを通して音声を聞かせる）と視覚刺激実験（パソコンのモニタ上に文字や映像を呈示する）に分けられます。

　また、被験者に課すタスクの内容によって、判断実験（1つもしくは複数の刺激を与え、その性質や関係性について判断させ、ボタン押しで回答させる）、自己ペース読み（self-paced reading）実験（文中の語を1語ずつ呈示し、読み終えたらその都度ボタンを押させることで、読みに時間がかかる部分を調べる）、プライミング（priming）実験（2つの刺激を順に呈示し、1つ目の刺激によって、2つ目の刺激に対する処理がどう変わるか調べる）に分けられます。なお、プライミング実験では、1つ目の刺激をプライム（prime）、2つ目の刺激をターゲット（target）と呼びます。

　このうち、判断実験では、様々な認知課題が扱われます。語彙処理実験について言うと、語彙性判断課題（文字列ないし音声を呈示し、実在語か非語か判断させる）、意味判断課題（複数語間で類義・反義等の意味的関係性を判断させる）、品詞判断課題（複数語間で品詞の一致を判断させる）、音韻判断課題（複数語間で音素・押韻等の一致を判断させる）等があります。

■L2処理に関連した反応時間研究

　反応時間実験では、様々な語彙処理・文処理の問題を扱いますが、ここでは、語彙処理に関係する国内の研究をいくつか見ておきましょう。

　L2英語学習者に関する研究として、羽渕（2003）は、具象語・抽象語を使って、概念処理を含む翻訳課題と、概念処理を含まない読み上げ課題を行わせ、反応時間や再生率を調べました。その結果、英訳は和訳よりも時間がかかること、和訳・英訳とも具象語翻訳は抽象語翻訳より時間がかかるが再生率は高いこと、具象語の英訳の場合のみ読み上げ時より再生率が高くなることがわかりました。これより、和訳では常に語彙連結型の処理がなされるのに対し、英訳では、具象語は概念連結型、抽象語は語彙媒介型で処理されているのではないかという可能性が示唆されています。石川（2008）は、単語ペアが押韻しているか（音韻処理）、反義関係にあるか（意味処理）を判断さ

せ、反応時間を比較しました。その結果、意味処理のほうが時間を要するものの、習熟度の上昇に伴ってその時間が短縮されると報告しています。同研究を拡張した千葉・横山・吉本・川島 (2012) では、語彙性判断と意味判断 (生物名詞か否か) を行わせた結果、同様の結論に至っています。

　また、L2 日本語学習者に関する研究として、玉岡 (2005) は、(1) 正順文 (SOV：太郎が花子を殴る)、(2) かき混ぜ文 (OSV：花子を太郎が殴る)、(3) 形態 (格助詞) 上は正順で統語上はかき混ぜ文 (ピアノが花子に弾ける か)、(4) 形態上はかき混ぜで統語上は正順文 (花子にピアノが弾けるか) 等を中国人学習者に呈示し、反応速度や正答率が母語話者の場合とどう違うか調査しました。その結果、(1) と (2) では、両者ともに正順文を早く処理すること、(3) と (4) では、母語話者が統語上の正順文を早く処理するのに対し、学習者には差が見られないことがわかりました。一般に、正順文は「基底構造」とされ、かき混ぜ文より早く処理されることが知られています。母語話者が見かけの格助詞に惑わされず、真の正順文を早く処理しているのに対し、学習者は見かけの構造と真の構造の区別がついておらず、「文法機能による階層的基底構造」の理解が不足している可能性が示唆されました。

■実験心理学的研究の課題

　反応速度実験は、学習者の心内での言語処理の状況を推定する客観的データを提供してくれるもので、応用言語学にとって、きわめて有意義です。また、一般のコンピュータなどで、比較的容易に調査可能であることも利点と言えます。一方、いくつかの限界もあります。

　問題の 1 点目は、結果の安定性です。多くの実験は、何らかの判断に基づくボタン押しの形で被験者の反応を記録しています。しかし、この場合、性格上の慎重さや、物理的な運動神経などが結果に影響を及ぼしている可能性もあるでしょう。

　2 点目は、結果の解釈の難しさです。一般に、反応速度の短さはタスクへの慣れやタスク処理の自動化 (automatization) の程度を示すとされ (Segalowitz, 2003)、L2 処理の文脈では、しばしば、習熟度と結び付けて論じられます。しかし、実際には、上級者ほどじっくり考えて判断するという場合もあ

り、常に「早ければ早いほど熟達している」と言えるかどうかは慎重な検討が必要です。実際、望月(2010)では、日本人大学生を被験者として、英単語への反応時間と英語熟達度の関係を調べる大規模な実験を行いましたが、両者間に有意な相関は見られなかったと報告されています(p.94)。

3点目は、反応速度で測られる反応の定義です。たとえば、dogという文字列が実在語か非語かを判断する場合、測定された反応時間には、文字列に視線を向ける時間、1つ1つの文字を視認する時間、視認した文字を並べて語と判断する時間、当該語の有無を自身のメンタルレキシコンで検索する時間、検索結果をアウトプットとして取り出す時間、それをふまえて実在語か否かを判断する時間、そして、筋肉に命令を出し、ボタン押しという運動を遂行するまでの時間が含まれています。この場合、実験で得られた時間が、果たして、どの行為の時間なのかは必ずしも自明とは言えません。

4.5.2　神経生理学的手法

実験心理学的手法の代表格である反応時間実験の場合、何らかの認知処理の後でなされるボタン押しが測定の基準となっており、認知処理そのものを同時的に測っているわけではありません。そこで、認知処理の神経生理学的側面に注目し、言語処理に伴う心内行動をより直接的に計測する各種の手法が開発されています。以下では、認知処理とリアルタイムで連動するとされる眼球の運動を測定する方法、また、認知処理を担う脳活動を直接測定する方法について概略を示します。

■眼球運動の測定

実験系のリーディング過程研究でよく行われるのが眼球運動の測定です。テキストを読むとき、人間の眼球は、読んでいる内容に対する関心や理解の程度に応じて、素早く動くサッカード(saccade)、1か所にとどまって注視(固視)する停留(fixation)、前に戻る逆行(regression)等を繰り返しています。これらは心内の状態と直接的に連動しているとされます。

そこで、被験者に眼鏡状の眼球運動測定装置(eye tracker)を装着させた状態でリーディングを行わせ、リーディング中の眼球運動(eye movement)をリ

アルタイムで記録します。この結果を解析することで、たとえば、どの単語の上で長く視線が停留しているか、文中のどの箇所で逆行が起こっているか、素早く読み飛ばしているのはどの部分か、といったことがわかります。これにより、テキストの読解過程について、これまでにない膨大な情報を得ることができます。Just and Carpenter（1987）等の実験により、速読時には、広い視野で一度に大量の語彙情報を取り込むことが求められるため、停留や逆行も少ないことが明らかになっています。

　以下、国内の研究をいくつか見ておきましょう。L2 英語学習者に関する研究として、門田他（2005）は、ガーデンパス文を用いた実験を行い、ガーデンパス文は、通常文に比べて停留回数と逆行回数が多くなるものの、停留時間に差は見られなかったと報告しています。また、習熟度との関連を見たものとして、小山（2007）は、リスニングテストの上位群は、下位群に比べてリーディング時に逆行回数が有意に少なかったと報告しています。吉村・黄瀬（2015）は、TOEIC の下位群・中位群・上位群を比較した結果、停留時間は下位群の識別に、サッカード速度は中位群の識別に有効であり、停留時間とサッカード速度を組み合わせることで 90％を超える精度で習熟度を識別できるとしています。

　また、L2 日本語学習者に関する研究として、柳澤・大木・鈴木（2010）は、様々な国籍の初級～上級学習者に実験を行った結果、上級者になるにつれて、ベタ読み（最初から最後まで満遍なくゆっくり読み進める）が減り、キーワード読み（ベタ読みの後で少数の語を確認するように注視する）や部分再読（ベタ読みの後で文章中の一部を確認するように読む）が増えていたと報告しています。

■言語処理に伴う脳活動をとらえる

　眼球運動は、脳内での心的活動に連動したデータではありますが、直接、脳活動を調べたものではありません。そこで、最近では、脳を傷付けない非侵襲的なやり方で、言語タスク実行時の脳活動に直結する生理データを取得し、より直接的に言語処理時の脳活動を観察する研究も行われるようになっています。

　脳が活動すると、2つの現象が生じます。1つ目は電位変動です。神経細胞ニューロンは、通常はマイナスの電荷を帯びた膜で覆われています（静止電位）。しかし、脳が活動し、神経細胞間で信号が伝達されると、その刺激によって電位が一瞬プラスに変化します（活動電位）。こうした変動を調べるのが脳波（electroencephalogram：EEG）の測定です。2つ目は脳内血液量の上昇です。脳が活動すると酸素が必要になり、酸素を含む血液が流入してきます。これに伴う変化を調べるのが、近赤外線分光法（near-infrared spectroscopy：NIRS）や脳機能磁気共鳴撮像法（fMRI）です。

■脳波測定

　脳波は、神経細胞の電位変化によるものですが、この変化はきわめて微弱なものです。そこで、何らかの部位に存在する無数の神経細胞をまとめて、その部位全体での電位変化を調べます。通例、国際 10/20 法（鼻根から後頭部までを縦分割線、左右の耳介の間を横分割線としてそれぞれ長さを測り、その間を 10、20、20、20、20、10％に分割して電極配置点を決める）で定められた頭表の部位に電極を付け、一定の時間にわたって変化を観察します。

　脳波は、周波数によって、デルタ波（δ：1–3Hz）、シータ波（θ：4–7Hz）、アルファ波（α：8–13Hz）、ベータ波（β：14Hz–）に分けられます。これらは、およそ脳の興奮の度合いと対応しています。睡眠時は δ 波、低い活動状態は θ 波、リラックスした活動時は α 波、ある種の興奮状態にあるときは β 波が検出されます。このうち、計算や書き取り等、難しすぎない作業を一定の関心をもって行うときに、前頭部（frontal midline）から特別な θ 波のリズム（Fm θ）が出ることが実験によりわかっています。

　中野（2006）は、日本人英語学習者を被験者として、一定期間にわたって各種の英語教材を学習させ、脳波計測を行いました。実験の結果、Fm θ のパワーは学習を開始するといったん低下し、その後上昇してピークに至ること、その時、課題に対する正答率も同じくピークに至ること、テキストのみの教材よりも音声・動画を組み合わせた教材を学習するほうが Fm θ のパワーが高くなることがわかりました。この実験は少数の被験者を対象とした試行的なものですが、脳波の観点から L2 教材の評価を行う興味深い研究と

言えます。

　なお、脳波の研究と言語処理研究をより厳密な形で結び付けるには、被験者に具体的な言語作業を行わせ、その時の脳波が通常時とどのように異なるかを調べる必要があります。このように、特定の活動で惹起された電位を事象関連電位（event-related potential：ERP）と言います。ERP は通常の脳波と重なって検出されますが、きわめて微弱であるため、同じ課題を一定の時間にわたって何度も行わせ、微弱な反応の総和をとらえ、課題を行っていないときの反応と差分して、事象に関連した反応を抽出します。

　主として L1 における過去の実験研究の結果から、言語処理と関係が深い電位変化が特定されつつあります。刺激が呈示されてから 150 ミリ秒後にピークを迎える陰性電位の ELAN（early left anterior negativity）、400 ミリ秒後にピークを迎える陰性電位の N400 と LAN（left anterior negativity）、同じく 600 ミリ秒後にピークを迎える陽性電位の P600 等です。

　このうち、N400 は意味処理に関わり、意味的・内容的に逸脱した文を読んだときに反応が出ることがわかっています。一方、残りの 3 つはいずれも統語処理に関わり、文法的に逸脱した文の処理時に出現します。早期に出現する ELAN や LAN は初期の無意識的・自動的な統語処理における句構造・単語範疇・形態統語関係(主語と動詞の呼応)等の逸脱を反映し、遅く出現する P600 は統語処理自体、もしくは統語的に難度が高い情報の再処理過程を反映しているのではないかと考えられています(梨和・宮谷, 2006)。

　Friederici, von Cramon, and Kotz (1999)は、意味と統語の処理順序を調べるために、意味と統語が同時に逸脱している文を L1 ドイツ語話者に呈示して ERP を観察しました。もし意味処理を示す N400 と統語処理を示すその他の反応が同時に出るなら、意味・統語の同時処理の根拠となり、別々に出現するなら、時系列処理の証拠となります。実験の結果、P600 と ELAN が出現し、N400 は出現しませんでした。これにより、L1 ドイツ語話者は、先に統語処理を行い、その後で意味処理を行っている可能性が示唆されました。

■近赤外線分光法(NIRS)と脳機能磁気共鳴撮像法(fMRI)による測定
　これらはいずれも脳内の血量増加に伴う生理的変化を観測する手法です。

脳活動が活発になると、血流が増え、酸素が多く提供されます。これにより、活動部位においては、酸素を持つ酸化ヘモグロビンの濃度が上昇し、酸素を失った還元ヘモグロビンの濃度が減少します。NIRS は、2 種類のヘモグロビンの吸光量が異なる特性をふまえ、頭蓋を通して近赤外光を脳内に入れ、その反射量を計測します。fMRI は、磁性を持ち、磁場を攪乱する還元ヘモグロビンの減少による磁気共鳴レベルの上昇を計測します。NIRS は時間分解能にすぐれており、細かい時間単位で脳活動の連続的変化を調べることができます。一方、fMRI は空間分解脳にすぐれており、3 ミリメートル程度の立方体(ボクセル)の単位で、脳内のどこで変化が起こっているかを正確に特定することができます。

　いずれも大型の医療用機器が必要となることから、NIRS や fMRI を用いた L2 言語処理研究はそれほど多くありません。L2 英語学習者に関する国内の研究として、大石・木下(2004)は、NIRS を用いて、下位群・中位群・上位群別に聴解・読解時の脳反応を調べ、脳の活動量が習熟度の上昇に伴って山形カーブを描くことを明らかにし、中位群から上位群にかけて、注意資源を使用する意識的処理から注意資源をあまり使わない自動処理に移行しつつあると結論しました。Ishikawa and Ishikawa(2008)では、ペア語の意味判断・音韻判断時の脳反応を下位群・中位群・上位群別に fMRI で調べ、意味判断では脳の発動量が山形カーブを示すものの、音韻判断では単調増加を示すことを報告しています。この点をふまえると、L2 における音韻処理能力の上昇と意味処理能力の上昇は異なる脳内過程に基づくものと言えるかもしれません。

　こうした一連の研究は、現時点ではいまだ萌芽的なものですが、いわゆる脳機能イメージングの手法によって、L2 の言語処理過程やその自動化の仕組みが解明される可能性を示唆するものです。

■神経生理学的研究の課題
　眼球運動や脳活動の測定は、従来は仮説を立てる段階にとどまっていた言語習得や言語処理に関わる多くの疑問を直接的根拠によって解明できる大きな可能性を持っています。心理学や脳科学といった異分野の研究手法を積極

的に導入して問題の解明に当たるのは、学際性を旨とする応用言語学の面目
躍如という感があります。

　一方、こうした手法にも限界があります。すでに実験心理学的手法に関し
て指摘した問題点は、基本的に、神経生理学的手法にもあてはまります。ま
た、加えて留意すべきは、眼球運動や脳波や脳活動を調べる実験は、特殊な
器具を使用するため、被験者数が少なくなりがちだということです。こうし
た計測が非常に微弱な反応データを扱っていることをふまえれば、少数の被
験者から得られた結果の解釈には慎重さが必要です。もっとも、この点につ
いては、今後、機器が普及する中で、次第に解消されていくことと思われま
す。

　現時点において、言語処理の心的システムについては、多くの仮説が提唱
されているものの、実証されたものは少なく、わからないことのほうが多い
というのが現状です。今後、応用言語学の中で、知見の蓄積と整理がなさ
れ、L1 や L2 の言語処理メカニズムの解明がさらに進むことが期待されます。

4.6　発展学習のために

4.6.1　文献ガイド

　針生（編）（2006）の 3 章〜 5 章は、それぞれ、メンタルレキシコン、文理
解、文産出を扱っており、本章の内容の理解を深める上で有益です。また、
大津（編）（1995）の 8 章（文の理解）と 9 章（談話過程）も併せて読むとよいで
しょう。情報系の観点からの言語処理については阿部・桃内・金子・李
（1994）が定評ある入門書です。

　このほか、心理言語学全般を扱った入門的書物としては、Steinberg（1993）
の邦訳である竹中・山田（訳）（1995）があります。また、山田（2013）は、ミ
スコミュニケーション、視覚情報処理、バイリンガリズム、学習曲線、忘却
等の問題を取り上げて平易な解説を加えています。言葉と心の関係を解説し
た杉村（2014）、言語の習得と喪失を論じた伊藤（2005）、定評ある概説書で
ある Trevor Harley の *Talking the Talk*（2017）を邦訳した川崎（訳）（2018）等も
読みやすい入門書です。

4.6.2 研究のヒント

(1) 反応時間実験において、誤答された問題の反応時間を分析に加えるかどうかは様々な議論があり得ます。誤答を含んで分析することの利点と欠点についてディスカッションしてみよう。

(2) 少なからぬ心理言語学の研究は、自動化（automatization）という概念を出発点としており、反応時間で言えば早ければ早いほど、脳反応で言えば反応（活性）が低ければ低いほど、自動化と習得が進んでいると考えます。しかし、この前提には反論もあり得ます。自動化仮説の問題点についてディスカッションしてみよう。

(3) 門田・野呂・氏木・長谷 (2014) の CELP Test（コンピュータ上で手軽に英単語処理の反応時間を調べることができるソフトウェア）等を用い、自分自身、あるいは、周りの人の英単語認知の速度と正確度を比較してみよう。速度と正確度はどの程度、相関しているだろうか。速度と正確度はどちらが習熟度をよりよく予測しているだろうか。

第5章　学習者特性 I

5.1　本章で学ぶこと

　誰もが完全な言語能力を身に付けることができる母語 (L1) とは異なり、第2言語 (L2) の場合、習得の成否は様々です。こうした個人差が生じる原因を探ることもまた、応用言語学の一貫した関心事です。

　L2習得の個人差に関しては、様々な要因が検討されています。Dörnyei and Skehan (2003) では、外国語適性、認知・学習スタイル、学習方略、動機づけの4点が、Brown (2014) では、年齢、学習スタイル、学習方略、情意、性格、動機づけの6点が、Lightbown and Spada (2013) では、年齢、知能、言語学習適性、学習スタイル、性格、一般的動機づけ、教室内動機づけ、アイデンティティと人種、学習信条 (belief) の9点が論じられています。本書では、このうち、年齢、適性、性格、学習スタイル、学習方略、動機づけの6点を取り上げます。

　以下、本章では、年齢、適性、性格という3つの学習者特性について、5.2節〜5.4節で概観し、残りの3つの特性は次章で扱います。

5.2　年齢

　L2習得の成否に影響しうる学習者特性のうち、最もわかりやすいものは年齢です。一般に、親の転勤等の理由で幼少期からL2環境で育った場合は高いL2能力を獲得できる場合が多いのに対し、思春期以降に学習を始めるとなかなか同じレベルには到達できません。こうして、学習者の学習開始時

年齢が L2 習得の成否の個人差に関係すると一般に考えられるようになりました。

5.2.1　年齢と L2 習得

　応用言語学において、年齢の問題は、若い方が習得に有利なのか、そうであれば、何歳までに始めるべきなのか、といった関心から幅広く研究されてきました。

■臨界期仮説

　L2 習得と年齢の問題を考える上で、前提となるのが、主として L1 習得における、「言語を完全に習得する能力は人生の初期のある一定の期間にのみ機能する」という考え方です（白畑他, 2009, p.72）。これを言語習得における臨界期仮説（critical period hypothesis）と呼びます。「臨界」とは質的な不連続が生じるポイントのことで、それ以下なら習得に成功し、それ以上なら失敗する境界年齢を指します。

　通例、L1 幼児は、生後すぐに豊富な L1 インプットを受け、全員が L1 を完全習得します。一方で、生後すぐに他者との接触を奪われた野生児（feral child）等、幼児期に適切な L1 インプットを与えられなかった例がごく稀に存在します。この場合、後の段階で L1 インプットを与えても、完全には言語習得ができなかったという報告があります。

　たとえば、12 歳まで森に放置されていた少年ヴィクトール（アヴェロンの野生児）は、保護した医師によって言語指導を受けますが、ほとんど言語を習得できませんでした。また、生後 20 カ月から 13 歳まで監禁され、L1 インプットが一切与えられなかった少女ジーニーは、保護後の療育により 300 語程度を覚えましたが、完全な文法習得はできませんでした（永江, 2003）。一連の野生児の報告は学術的なものではなく、信憑性の点で疑問も残りますが、これらの報告は、およそ 12 〜 13 歳を超えると、完全な言語習得ができなくなる可能性を示唆しているように思えます。

　より科学的な報告としては、多くの研究が臨界期仮説の提唱者と位置付ける Lenneberg（1967）の研究があります。Lenneberg は、脳障碍で失語になっ

た子供たちを観察し、障碍の発生年齢と、その後の L1 習得の関係を調査しました。その結果、2 歳までに障碍が起こった場合は、それまでに習得した言語機能をいったん喪失するものの、言語習得のプロセスをやり直して最終的には完全な言語機能を回復すること、2 歳以上で障碍が起こった場合は、それまでに習得した言語機能が部分的に保持され、最終的には同じく完全な言語機能を回復すること、一方、12 〜 13 歳以上で障碍が起こった場合は、習得した言語機能の一部は保持されるものの、完全な言語機能の回復は見られないことがわかりました。こうして、Lenneberg は言語の完全習得が可能なのはおよそ 12 〜 13 歳ごろまでという立場を示しています。

　脳科学では、幼児期に見られる脳の発達の自由度(可塑性)が成長につれて制限を受けるとされており(酒井, 2002, p.299)、Penfield and Roberts (1959) も「言語習得という目的から見ると、9 歳以降、人間の脳は徐々に硬くなって柔軟性を失う」(p.236)と述べています。また、およそ 12 〜 15 歳ごろまでに脳機能の左右分化(lateralization)が完成すると言われており、こうした知見は、臨界期が思春期(およそ 12 〜 15 歳)までであるという説の根拠とされています。

　すでに述べたように、臨界期仮説は主として L1 習得について論じられてきましたが、L2 習得については、年齢の絶対的影響がないとする立場と、そうした影響が何らかの形で存在するという立場があります。ただ、後者の多くは、明確な境界年齢があるとする狭い意味での臨界期ではなく、L2 習得への感受性が相対的に高まる敏感期(sensitive period)の存在を主張しています。

■移民研究の示すこと

　この点に関して、以下、移民の L2 習得状況を調べた 4 つの研究を紹介します。一般の L2 学習者を対象とした調査では、仮にある年齢の学習者が L2 習得に失敗したとしても、それが年齢の影響なのか、その他の要因(学習意欲、L2 インプット量等)の影響なのか判断できません。しかし、移民は、誰もが移民先に早く溶け込んで良い仕事を見つけようとしており、L2 インプット量の不足もありません。つまり、こうした移民たちがそれでも L2 習

得に失敗したとのだすれば、一定の合理性をもって、学習開始 (つまりは移民時) 年齢のせいであると考えることができます。なお、移民の L2 習得度に関しては、学習開始年齢が大きく影響することが知られており、Chomsky (1957) も、移民子弟が移民先の言語を「驚くべき速さで完全に流暢かつ正確に話せるようになる」のに対し、その親は、学習意欲もあり、実際に長く努力して学んでいるにもかかわらず、同様の結果にならないと述べています。

移民研究の 1 つ目は、Snow and Hoefnagel-Höhle (1978) です。この研究では、様々な年齢の英語を L1 とするオランダへの移民者を対象に、発音・音素聴解・文法形態素・文反復・語彙等のテストを 1 年間にわたって定期的に実施し、調査時の年齢グループ別に結果を比較しました。その結果、学習開始直後については総じて 12 〜 15 歳グループおよび成人グループの成績が高いこと、1 年経過時で見ると、発音はどの年齢グループもほぼ同じレベルになること、音素聴解は 12 〜 15 歳グループが最高で成人グループが最低になること、文法 (形態変化／文法性判断) は 12 〜 15 歳グループが最高で 3 〜 5 歳グループが最低になることなどが明らかになりました。この結果は、(1) 学習初期においては全般的な認知能力が備わっている青年ないし成人のほうが学習速度が速い、(2) あらゆる面で幼少期に学習を開始したほうが有利とは言えない、(3) 言語能力の側面ごとに年齢影響の出方が異なる、といった可能性を示しており、若ければ若いほうが良いという単純な臨界期仮説を否定するものと理解されています。

2 つ目は、Patkowski (1980) です。この研究では、アメリカへの移民者 67 名 (学生・有職者) を対象に、15 〜 35 分間の英語インタビューを行い、そのうち 5 分間分の発話サンプルを書き起こし、英語母語話者教師 2 名に統語的熟達度を 5 点満点で採点させました。その結果、4+ 以上の評価になったのは、学習開始 (移民時) 年齢が 15 歳未満では 33 人中 32 人、それ以上の年齢では 34 人中 5 人のみでした。また、同時に行ったアンケート分析から、年齢要因以外、つまり、米国滞在期間や英語授業を受けた経験の有無等によるはっきりした影響はないことも示唆されました。Snow and Hoefnagel-Höhle (1978) と異なり、臨界期ないし敏感期仮説を支持する結果が得られたと言えます。Patkowksi 自身も「L2 において完全な統語操作を身に付ける能力が年

齢関連要因によって制約されるという仮説が支持された」と解釈しています。

　3 つ目は、Johnson and Newport (1989) です。この研究では、中国語や朝鮮語を L1 とするアメリカへの移民者 46 名（大学の学生・職員）に対し、各種の文法的誤りを含む文（例：複数形名詞の s 欠落、代名詞の格変化誤り等）と正しい文、あわせて 276 文を聞かせ、文法性判断を行わせました。その結果、学習開始（移民時）年齢が 3 〜 7 歳のグループは母語話者並みの成績になっていましたが、8 〜 10 歳、11 〜 15 歳、17 〜 39 歳と、学習開始年齢が上がるにつれ、成績は線形的に低下することがわかりました。また、出身国での英語学習経験やアメリカへの帰属意識等の要因はほとんど影響しないことも示されました。この結果もまた、文法習得における臨界期ないし敏感期の存在を示唆しています。なお、本研究のデータは後に再分析され、習得度が有意に変化する境界年齢は 20 歳前後と報告されています（Bialystok and Hakuta, 1994）。

　最後は、DeKeyser (2000) です。これは Johnson and Newport (1989) の検証としてなされたもので、ハンガリー語を L1 とするアメリカへの移民者 57 名を対象として、言語適性テストと文法性判断テストを行いました。その結果、学習開始（移民時）年齢が 15 歳以下であればほぼ全員が文法を完全習得していたのに対し、それ以上の場合は、文法感度（grammatical sensitivity）が著しく高い例外的な被験者を除くと、十分な文法習得がなされていないことがわかりました。やはり臨界期ないし敏感期仮説が支持されたと言えます。

■年齢の否定的影響の要因

　4 つの研究のうち、Snow and Hoefnagel-Höhle (1978) を除く 3 つは、学習開始時の年齢が高いことが、つまりは思春期を過ぎた成人学習者であることが、決定的とは言わないまでも、ある程度、L2 習得を阻害する否定的影響を持つと示唆しています。

　幼児と成人学習者の差異の原因に関しては、いくつかの説が示されています。たとえば、Bley-Vroman (1989) は、L1 習得と L2 習得が本質的に別物であるとする根本的相違説（fundamental difference hypothesis）を唱え、成人の L2 習得では、L1 習得時のように生得的な言語獲得装置にアクセスすること

ができなくなるとしています。Birdsong（1999）は、認知能力が発達した成人はL2インプットを余さず受け取れるため、結果として、言語要素に対する注意が減ると指摘しています。Newport（1990）もまた、成人の持つ認知的な分析能力が習得の阻害になっている点を指摘し、幼児が言語習得に有利なのは、特殊能力を「持つ」からではなく、認知能力を「持たない」ためだとしています。また、小柳（2004）は、自我が発達した成人はL1文化への帰属心を持つため、そのことが心理的障壁になりうる可能性を指摘しています（p.162）。

5.2.2　年齢研究の現状と課題

　すでに述べたように、L2習得における臨界期仮説をめぐってなされた海外の先行研究は、いずれも、十分な習得意欲・L2接触・L2言語圏への統合志向を備えた移民子弟等を対象とするもので、そこで得られた結果を、学校で外国語としてL2を学ぶケースに適用することはきわめて乱暴な議論です。

　しかし、にもかかわらず、臨界期仮説等を根拠として、「外国語教育の開始は早ければ早いほど良い」といった主張が世界中でなされてきたという現実があります。では、学校環境における早期L2教育に有用性はあるのでしょうか。ここでは、日本の小学校英語教育を例に取り上げ、いくつかの調査・研究を概観します。

■国内の研究

　日本の小学校では、2002年から「総合的な学習の時間」で英会話等の導入が可能になり、2011年から5-6年生の「外国語活動」が始まり、2020年からは「外国語活動」が3年生に引き下げられるとともに、5-6年生対象の指導が「教科」（教科書、評価を含む）に格上げされました。

　小学校英語教育の導入・拡大には反対・賛成の両論があります。戸澤（2009）によれば、反対派が外国語と第2言語の違いや環境の不備を主張しているのに対し、賛成派の多くが「早期から頭の柔らかいうちに学習を開始することで効果が得られる」という発想に立っているとしています。これが臨界期仮説に影響されていることは明瞭でしょう。

　では、日本の小学校英語教育はこれまでにどのような具体的効果を挙げてきたのでしょうか。経験者と未経験者を比較した過去の研究では、経験者のほうが少なくとも中学校 1 年時点の英語力が高いことや、リスニング力や動機づけの点で優位という報告があります。

　一方で、差が（ほとんど）ないとする研究も多く存在します。松宮（2014）は、経験者・未経験者を含む約 900 名の中高生を対象に 4 回のテストスコアを分析しましたが、どの時期、どの技能でも有意差は観察されませんでした。豊永・須藤（2017）は、小学校英語の効果を示唆した過去の研究の多くが児童の家庭背景・教育開始時期・教育内容等の変数を考慮していなかったと指摘した上で、2009 年に実施された中学校 2 年生約 3,000 名を対象とする大規模アンケートのデータを再分析し、小学校 1-2 年生から学び始めた群では中学校以降の英語力にプラスの影響がありうるものの、それを除くと、英語力・情意面とも差はないという結論を得ています。小島（2017）は内外の研究の緻密なレビューを踏まえ、小学生は文法習得面で不利で、音声面の有利性もほとんどなく、情意面の優位も早期になくなることから「コストに見合う成果は期待できない」と結論しています。

　かつては、ほとんどの日本人が中学入学後、およそ 13 歳で英語学習を開始していたわけですが、上記の報告は、学習開始年齢を数年程度引き下げても、はっきりした英語力の向上にはつながらない可能性を示しています。もっとも、その原因が、学校環境での外国語教育における早期学習の効果全般を否定するものなのか、今の指導の問題点（教師、教材、時間数等）を示すものなのか、あるいは、開始年齢のさらなる引き下げの必要性を示すものなのかは、現段階では、まだ、はっきりしていません。この点を科学的に議論していくためには、今後、応用言語学の枠組みをふまえた大規模な実証データの収集と分析が不可欠であると言えるでしょう。

■年齢研究の課題

　すでに見たように、L2 習得と年齢の関係をめぐる研究は、海外を中心に、一定の蓄積がなされてきているところですが、それらについては、方法論上の制約も指摘されています（白畑・若林・村野井, 2010, pp.173–174, p.181)。たとえば、臨界期仮説の反証とされる Snow and Hoefnagel-Höhle (1978) の研究では、1年間の継続調査では最終到達度に到っていなかったのではないか、分析的思考を要求する問題が多かったので年長者に有利となったのではないか、等の疑問があります。一方、臨界期仮説を支持する John-son and Newport (1989) の研究にも、最終到達度に到っていない被験者が含まれていたのではないか、問題数が多く被験者の集中力の良し悪しが結果に影響したのではないか、統計処理に問題があるのではないか、等の疑問があります。もっとも、年齢以外のすべての潜在的影響要因をすべて洗い出し、それらを完全に統制して調査を行うことは、望ましいとしても、実際にはきわめて困難です。

Scovel (2000) は、完全に証明されたとは言い切れない臨界期仮説が社会に負の影響をもたらしていると指摘した上で、臨界期仮説によって、L2 習得は「早ければ早いほど良い」という根拠なき「神話」が生まれ、幼児の L1 習得を安易に模倣する L2 教授法や、早期 L2 教育が広まったと述べています。実際、応用言語学の枠組みで見た場合、幼児の L1 習得を理想とする教授法や、早期教育の科学的根拠は必ずしも堅固なものではありません。

今後、L2 学習者特性の1つとして L2 習得と年齢の関係を検討する場合、重要なことは、十分に練られたリサーチデザインのもとで大規模な実証データの収集を行い、仮説からではなく、事実から議論を組み立ててゆくことでしょう。また、年齢特性を単独で扱うのではなく、他の多くの特性と併せて検討することも必要です。そうすることで、Bialystok and Hakuta (1999) も指摘するように、年齢要因と後天的な教育要因を総合的に議論し、より現実的な指針を導き出すことが可能になると期待されます。

5.3 適性

一般に、物事の習得には「向き不向き」があるとされます。外国語もその例外ではありません。同じように学んでいても、L2 習得に向いている人は、比較的短期のうちに L2 を流暢に使いこなせるようになります。一方、不向きな人は、努力してもなかなか習得が進みません。こうして、学習者の

言語適性 (language aptitude) が L2 習得の成否の個人差に関係すると考えられるようになりました。

5.3.1　適性と L2 習得

　応用言語学において、言語適性の問題は、L2 習得の向き不向きは本当に存在するのか、存在するとすればどのようなものなのか、それを事前に診断することは可能か、教育的介入で言語適性の不足を補うことは可能か、といった関心から研究されてきました。

■言語適性とは何か

　アメリカは、第 2 次大戦後の終結後も、治安維持の目的で世界各地に兵士を送っており、短期間で兵士に派遣先言語を習得させることが急務になっていました。この場合、もしも言語適性のようなものが存在するのなら、その構成要素を明らかにしてテストを行い、言語適性が高く、短期間で L2 を習得できる見込みの高い人だけを選抜して集中訓練を施したほうが合理的です。

　こうした社会的ニーズをふまえ、Carroll (1958) は、語彙記憶・音素認識・綴字認識・空所補充・数詞理解等、L2 習得の諸相に関係すると思われる 30 種以上の能力項目を調べるテストを作成しました。そして、アメリカ空軍の短期集中型中国語発音入門コース (5 日間で声調とその表記法および基礎的な語彙や会話を学ぶ) の 2 クラスの受講生にこのテストを受験させ、因子分析を行って潜在的な能力因子を抽出しました。コース教師が付けた成績と比較したところ、2 クラスに共通する因子として、成績への寄与が大きい順に、関連付け記憶力、言語への関心、帰納的言語学習能力、文法的感受性、音と記号の関連付け力、言語知識の 6 種が得られました。

　その後、Carroll (1962) は、検討する能力項目をさらに増やし、また、軍に限らず、各地の短期集中型外国語訓練コースでデータを取得することで、最終的に、音声符号化能力 (phonetic coding ability：音声を符号化して記憶し、想起・認識できる)、文法的感受性 (grammatical sensitivity：文中での語の働きがわかる)、外国語資料暗記力 (rote memory for foreign language materials：L2 語彙を L1 と結び付けて記憶できる)、帰納的言語学習能力 (inductive language learning ability：データからルールを見つけて新しい文を作れる）という、言語適性の4つの構成要素を特定しました（pp.128–130）。これらは、仮説や理論から導かれたものではなく、純粋にデータから導かれたものであるという点で（Winke, 2013）、実証的な信頼性を持っています。

　なお、ここで重要なのは、議論の前提となるデータがいずれも「短期集中型」の訓練コースから取られているように、Carroll が、L2学習の成否を、1週間程度の短期における習得の成否、つまりは、習得の速さの点でとらえていたということです。言語適性が高ければ、その学習者は、短期のうちにL2を一定のレベルまで習得できる可能性が高く、言語適性が低ければ、L2習得にはより長い時間がかかると見込まれます。しかし、適性が低いからと言って、L2習得がまったくできなくなるわけではありません。

■言語適性の測定

　その後、Carroll は、これまでの研究成果をふまえ、学習者による短期でのL2習得の成否を予測するテストを開発します。これを Modern Language Aptitude Test（MLAT）と呼びます（Carroll and Sapon, 1959）。

　MLAT は、Part 1（口頭説明に基づく数詞の理解）、Part 2（発音表記の理解）、Part 3（綴り字からの発音推測）、Part 4（文中の語の統語機能の理解）、Part 5（L2語の意味の暗記）の5種類の問題で構成されています。以下、サンプル問題（Language Learning and Testing Foundation, n.d.）に基づき、それぞれの概要を見てみましょう。なお、サンプル問題は実際よりかなり平易になっています。また、引用中の指示文は拙訳によります。

　まず、Part 1 は数詞理解テスト（number learning test）です。ここでは、「口頭説明を通して（未知語の）数詞を学び、それらを組み合わせた形式を理解する」ことを通して、「音と意味の連鎖に関連する聴覚能力と記憶力」が測定されます。はじめに、音声アナウンスが流れ、その後、問題が示されます。

（アナウンス）これから新しい言語の数詞を説明します。最初に1桁の数を覚えます。ba は1、baba は2、dee は3です。では、数の名前を言いますので…数字で書いてください。まず、ba です。答えは1です…次に2

桁の数字を覚えます。tu は 20、ti は 30 です。tu-ba は 21 です。tu は 20、ba は 1 なのでそうなります。ti-ba は 31 です。ti は 30、ba は 1 なのでそうなります。では問題です。聞き取った数を数字で書いてください。

a）ti-ba　　b）ti-dee　　c）baba　　d）tu-dee

　正解は順に 31、33、2、23 となります。アナウンスされた内容を覚えておき、かつ、a)、b)、d) では、10 の位と 1 の位を組み合わせて回答する必要があります。

　Part 2 は発音表記テスト（phonetic script test）です。ここでは、「発音と発音表記の対応を知る」ことを通して、「英語の発音表記システムを習得する能力」が測定されます。はじめに、以下のような発音表記リストが提示され、一通り、モデル発音が流れます。その後、1 〜 5 の各々について、どれか 1 つの発音が流れますので、その音に合致した発音表記を選びます。

1. bot but bok buk　　　2. bok buk bov bof　　　3. geet gut beet but
4. beek beev but buv　　5. geeb geet buf but

　たとえば、1 について [buk] という音声が示された場合は、buk が正解となります。

　Part 3 は発音手がかりテスト（spelling cues test）です。ここでは、「一般的な綴字法ではなく、実際の発音に合わせて綴字表記された語を読み取る」ことを通して、「音と文字を関連付ける能力および一定の英語語彙力」が測定されます。はじめに、特殊表記による偽装語（disguised words）が示され、その後に 5 つの単語が選択肢として並びます。偽装語がどんな語を表しているのかを判断し、その語と意味的に関連したものを選択肢から選びます。

1. kloz　　　A. attire　B. nearby　C. stick　D. giant　E. relatives
2. restrnt　　A. food　B. self-control　C. sleep　D. space explorer　E. drug

　問 1 の場合、偽装語である kloz の正体は clothes（衣服）ですので、同義語の attire（衣装）が正解となります。問 2 では restrnt の正体は restraint（抑制）ですから、self-control（自制）が正解です。

Part 4 は文中での語の働きを問うテスト（words in sentences test）です。こ
こでは、「文の中にあるキーワードを見て、別の文中で同じ働きをしている
語を選ぶ」ことを通して「文法構造への意識度」や「認知力・類推力・幅広
い統語構造の理解力」が測定されます。

---

1. MARY is happy. ／ From the ^(A)look on your ^(B)face, ^(C)I can tell that you
^(D)must have had a bad day.

2. We wanted to go out, BUT we were too tired. ／ ^(A)Because of our extensive
training, ^(B)we were confident ^(C)when we were out sailing, ^(D)yet we were al-
ways aware ^(E)of the potential dangers of being on the lake.

問 1 の場合、MARY は主語の働きをしていますので、第 2 文で同じく主
語となる（C）の I が正解です。問 2 の場合、BUT は接続詞ですので、第 2
文で同じく接続詞になる（D）の yet（しかし）が正解です。

最後に、Part 5 はペア語関連付けテスト（paired associates test）です。ここ
では、「ある言語の単語リストとその英語での意味を短期に暗記する」こと
を通して「外国語学習の 1 つの側面としての単純記憶力」が測定されます。
24 個の未知言語（以下の例ではマヤ語）の単語とその訳語を 2 分間で暗記し、
その後、未知言語の単語が示され、リストを見ずに適当な英訳を選びます。

Maya：	cʔon	siʔ	kʔab	kab	bat	⋯
English：	gun	wood	hand	juice	ax	⋯
1. bat	A. animal	B. stick	C. jump	D. ax	E. stone	
2. kab	A. juice	B. cart	C. corn	D. tool	E. run	
3. cʔon	A. story	B. gun	C. eat	D. mix	E. bird	

正解は順に D（ax［斧］）、A（juice）、B（gun）となります。

■適性テストの予測精度

MLAT をはじめとする言語適性テストは、アメリカ軍だけでなく、各種
の政府機関や国際機関、海外で布教する宣教師を抱える教会、言語学習障碍
（language learning disability）の診断や支援を行う病院、各種学校等において

幅広く使用されるようになりました。現在では、主として成人対象の
MLAT に加え、小学生 3 〜 6 年生用の MLAT-Elementary、7 〜 12 年生（中
学生〜高校生）用の Pimsleur Language Aptitude Battery（PLAB）（Pimsleur,
1966）等も開発されています。

　このように社会的影響力が高まってくると、言語適性テストによる L2 習
得予測の精度が問題になります。前出の Carroll（1962）は、アメリカ軍の外
国語訓練コースの参加者データに基づき、自身が使用した適性テストに含ま
れる下位セクションスコアを組み合わせることで、研修最終成績との間に
0.75 〜 0.84 の相関が得られたと報告しています（p.99）。このほか、同様の
検証において、言語適性テストの結果が、母語話者による L2 能力評価値
（0.22 〜 0.73）、L2 読解力（0.40）、L2 発話力（0.44）等とも相関することが報
告されています（Ehrman, 1998 他）。

　ただし、これらの結果を解釈する際にはいくつかの点に注意が必要です。
1 点目は、報告されている相関係数はばらつきが大きく、テスト結果と L2
習得の成否を短絡的に結び付けるのは危険だということです。実際、
MLAT の得点は聴解・読解力とは関係するものの、口頭発話力とは相関が
なかったという報告もあります（Brecht, Davidson, and Ginsburg, 1993）。2 点
目は、言語適性テストの問題の多くは言語の分析力を問うもので、コミュニ
ケーション型の L2 能力観と必ずしも整合しないということです。小柳
（2004）は、MLAT が「文法訳読法やオーディオリンガル全盛の時代に開
発」されたもので、「現代の教授法にそぐわなく」なってきていると述べて
います（p.171）。3 点目は、言語適性テストが前提にするのは習得の速度で
あって、一般の学校で行われる長期の L2 学習や、学校外での自然な言語接
触による L2 習得を念頭に置いたものではないということです。Spolsky
（1995）は、イスラエルの学習者による MLAT の Part 1（数詞理解）の成績
が、外国語であるフランス語の成績とは相関していたものの、公用語である
ヘブライ語の成績とは相関していなかったと述べています。教室外での自然
な L2 インプットが期待できるような場合には、MLAT による習得予測の
信頼性は弱まる可能性があります。4 点目は、言語適性テストで測定されて
いるものが、実際には一般的な知能や認知能力かもしれないということで

す。Carroll (1962) 自身は、言語能力が一般知能から独立した「特殊能力」であり、それゆえ、言語適性の調査が必要であるとしていますが (p.89)、Wesche, Edwards, and Wells (1982) は、MLAT と知能テスト (Primary Mental Abilities Test) の得点の相関が 0.67 という高い値を示したと報告しています。また、Ehrman (1998) も、MLAT の一部、たとえば、Part 3 の発音手がかりテストはパズル的な推理力を問うもので、MLAT が一般知能を間接評価している可能性があると指摘しています。

5.3.2 適性研究の現状と課題

すでに述べたように、文法中心・言語形式中心のドリル型 L2 指導が下火になり、コミュニケーション型の L2 能力観が広まる中で、MLAT のような言語適性テストの影響力は、一時と比べると、弱まってきています。しかし、学習者の選抜や選定に使うのではなく、学習者の学習状況の診断や実態把握に使うという方向性であれば、言語適性テストには、今なお、利点が少なくないと言えるでしょう。海外だけでなく、国内でも言語適性テストを用いた研究が行われています。以下では、そのいくつかを概観します。

■国内での研究

L2 英語学習者に関係する研究として、福富 (2014) は、中学 2 年生 48 名を対象として、英語力 (筆記テスト＋リスニングテスト)、音声記憶能力 (MLAT の Part 1 を日本語化したもの)、言語音識別能力 (未知言語である中国語の声調・ルーマニア語の独自音素の声調聞き分け)、楽器音識別能力 (和音の高低・音色聞き分け) の関係を調査しました。その結果、MLAT で測定された音声記憶能力は、英語力 (筆記) と 0.33、英語力 (リスニング) と 0.34、言語音識別能力と 0.69 〜 0.81、楽器音識別能力と 0.18 の相関を示すことがわかりました。MLAT の成績が未習外国語の言語音識別能力と高い相関を示したことは興味深い結果と言えます。

また、L2 日本語学習者に関係する研究として、向山 (2012) は、37 名の中国人日本語学習者を対象として、言語適性の構成要素とされる言語分析能力 (人工言語の統語的ルールを推測)、音韻的能力 (3 〜 6 拍の日本語の未知語

を復唱発音)、記憶力(日本語ワーキングメモリテストを中国語版にしたもの)を調べ、L2 会話能力(日本語口頭能力試験(OPI)の成績)と比較しました。3 種類の言語適性能力の段階に応じて被験者を 5 群に分けて会話能力との関係を見たところすべての適性能力が高い群は会話能力も高く、すべての適性能力が低い群は会話能力も低いこと、また、その他の群の会話能力にはほとんど差が見られないことがわかりました。この研究もまた、言語適性(の下位要素)が、ある程度 L2 能力と関連していることを示唆しています。

　なお、L2 日本語学習者の言語適性調査に関しては、MLAT や PLAB を日本語用に改変した「日本語習得適性テスト」(日本語教育学会, 1991)が開発されています。このテストは 1981 年に名古屋大学で開発されたもので、4 版では、文法抽出問題、視覚情報処理問題(視覚識別＋視覚記憶)、聴覚情報処理問題(聴覚識別＋聴覚記憶)、複合学習問題(音・形式の連合記憶、音節表記)の 4 セクション、115 問構成となっています(酒井, 1997)。ただし、最近ではあまり使用されていないようです。

■適性研究の課題

　このように、L2 習得と言語適性の関係をめぐる研究は一定の蓄積が得られつつあるところですが、言語適性を論じる場合、すでに MLAT の予測精度に関して述べた諸点に加え、いくつかの検討すべきポイントがあります。

　1 点目は、言語適性があるとして、その可変性をどう見るか、ということです。一般的な文脈で「適性」と言えば、生得的で不変的な特性を指すのが普通ですが、言語適性もそうした性質を持つのか、あるいは、学習や経験を経て比較的容易に変化しうるものなのか、という点については、研究者間でも見解の一致が見られていません。現在、MLAT の実施を管理している Language Learning and Testing Foundation (n.d.) は、TOEFL 等の外国語能力試験のスコアの有効期限が 2 年であるのに対し、MLAT のスコアの有効期限は「最低 5 年」で、試験が適切に行われた場合は「理論的には生涯有効である」としています。そして、「MLAT で測定される言語適性は、訓練コースを終えたり、いくらか経験を積んだりすることですぐに変化・上昇するものではなく、安定した特性であるとみなされる」と述べています。

　2点目は、言語適性調査が潜在的に内包する排除性に十分な配慮を行うべきだということです。当初、MLATが目指していたように、学習に先立って実施する言語適性テストのスコアによって外国語プログラムの受講者を決定するということは、学びたい人から学ぶ機会を奪ってしまうという側面があります。兵士や宣教師のための高度に職業的なL2訓練であればある程度理解できるとしても、学校教育の文脈において、安易な選抜や選定の目的で言語適性テストを使用することはきわめて問題だと言えます。

　もっとも、以上のような制約は、応用言語学における言語適性研究の意義をすべて否定するものではありません。Wen and Skehan (2011) は、Carrollらの業績が、(1) 言語適性を制度的言語指導における習得の速さ（習得に要する時間の短さ）とみなした点、(2) 学校での学習をモデル化し、言語適性関連変数間の相互関係を解明し、教室環境下での学習成果予測につなげた点、(3) 外国語発話能力の個人差の一部を測定する道具としてMLATを開発した点、(4) 外国語適性を構成する複合要素を明らかにしたという点で、応用言語学に多大な貢献を果たしたと述べています。そして、最近の言語適性研究が、Carrollの枠組みを拡張しつつ、測定法を改善し（MLATの改良版の開発）、構成要素の解明（因子分析の拡張）を進めているだけでなく、教育的処遇（学習者の言語適性プロフィールの研究）、年齢（記憶にすぐれる幼児と分析にすぐれる成人の比較研究）、一般知能（適性と知能の相関研究）、L1／L2能力（心的な習得能力と非文脈的な言語操作能力の適性への影響の研究）等の観点を考慮に入れるようになっていると付け加えています。

　また、Dörnyei and Skehan (2003) は、言語適性の下位要素がL2習得に関わる認知的な情報処理過程に関わっている点を指摘しています。たとえば、音声符号化能力はL2のインプットに対する気づきやパタン認識等に、文法的感受性や帰納的言語学習能力はL2パタンの認識・再構成・操作に、各種の記憶力はL2パタンの統御や統合に関わっています。この点をふまえると、言語適性研究を記憶やワーキングメモリの研究としてとらえなおすことができるかもしれません。さらに、近年では、文字と音の結合処理を苦手とする読字障碍（dyslexia）の学習者支援の目的で、MLATの音韻関連項目に再び注目が集まっています（小柳, 2020, pp.50–51）（11.2.2節）。

5.4　性格

　一般に、社交的で明るく物怖じしない人は、外国人にも積極的に話しかけたりして、L2 でのコミュニケーションに有利であるように思えます。一方、物事を丁寧にきちんとこなす人は、L2 の文章を正確に読み取るという点で有利かもしれません。こうして、学習者の性格(personality)が L2 習得の成否の個人差に関係すると考えられるようになりました。

5.4.1　性格と L2 習得

　応用言語学において、性格の問題は、L2 学習者はどのような性格タイプを持つのか、どのような性格タイプが L2 習得に有利なのか、性格タイプを考慮した教材や教授法の開発は可能なのか、といった関心から多角的に研究されてきました。

■性格とは何か

　Allport (1961) は、性格(personality)を「心的・身体的体系によって動的に作り上げられるもので、個人に内在し、個人の特徴的行動や思考を決定するもの」と定義しています (p.28)。性格は遺伝的要因・環境的要因・個人的心情等が混合したもので、ほとんど変化しません。Soldz and Vaillant (1999) は追跡調査の結果、20 代と 60 代の性格がほぼ同一だったと述べています。以下、鹿取・杉本・鳥居 (2015) 他に基づき、主な性格分類を概観します。

　心理学における性格研究には、類型論 (typology) と特性論 (trait theory) という 2 つの立場があります。類型論とは、性格を特定のタイプに分類するもので、Kretschmer (1931) は、循環気質 (社交的で善良)、統合失調気質 (非社交的で内気)、粘着気質 (誠実で几帳面) の 3 種を区分し、Jung (1921) は、思考・感情・直観・感覚の各々について、外向性 (外的客体を重視) と内向性 (内的主観を重視) の 2 種の分類があるとしています。類型論は個人を 1 つのタイプに振り分ける点でわかりやすいものですが、性格の多様性を説明するには不十分です。

　これに対し、特性論とは、いくつかの根源特性があり、それらが様々な強

度で組み合わされて表面的な性格が構成されているという考え方です。たとえば、5つの根源特性があり、それぞれが5段階の強度を持つとすると、性格のタイプは理論上3,000種以上となり、個人の性格を詳細に分析することができます。このように、根源特性ごとの尺度を一覧にしたものを性格プロフィールと呼ぶことがあります。

　特性論で重要になるのは、根源特性をどう決めるか、ということです。多くの場合、特性論の研究者は、辞書や先行文献等から性格に関連する膨大な語彙を拾い出して調査票を作成し、各々についてどの程度あてはまるかを多数の被験者に尋ねます。そして、被験者の回答データを因子分析にかけて全体に共通する潜在因子を抽出し、それらを根源特性とみなします。

　Goldberg (1990) は、性格に関する各種の特性が5つの因子に集約できるとするBig Five論を提唱しました。一般には、神経症傾向 (neuroticism)、外向性 (extraversion)、開放性 (openness to experience)、協調性 (agreeableness)、統制性 (conscientiousness) の5つとされます。英語の頭文字を取って、NEOACやOCEANと呼ぶこともあります。最近の研究では、Big Fiveには一定の生理学的裏付けがあり、世代間での遺伝率が25〜60%に達することや、新奇なものへの挑戦にはドーパミン、危険の認識にはセロトニン、行動の維持にはノルエピネフリン等の神経伝達物質が関わっている可能性も示されています (伊坂, 2014, pp.143–146)。

■性格テスト

　性格テストとして最も一般的なのは、質問紙テストです。「私はどちらかと言えば一人でいるのが好きだ」「私は友達といるときに喜びを覚える」といった質問項目に対して、自分自身がどの程度あてはまるかと思うかをYes/No、もしくは段階で答えていきます。個々の質問項目はあらかじめ何らかの基準特性に関連付けられており、被験者の回答全体を分析することで、被験者の性格プロフィールが完成するようになっています。

　主要な性格テストとして、国内では、矢田部・ギルフォード性格検査、ミネソタ多面人格目録 (MMPI)、辻の5因子性格検査 (FFPQ) 等が使用されています。また、海外では International Personality Item Pool (IPIP) や、Revised NEO Personality Inventory (NEO-PI-R) 等があります。NEO-PI-R は Big Five の各々について 6 種の下位特性を設定し、設問を作っています。

表 1　NEO-PI-R の設問構成

基準特性	下位特性
神経症傾向(N)	不安・敵意・抑鬱・自意識・衝動性・傷つきやすさ
外向性(E)	温厚・社交・断行・活動・刺激希求・肯定
開放性(O)	空想・審美・感情・行為・発想・価値
協調性(A)	信頼・実直・利他性・応諾・謙虚・優しさ
統制性(C)	能力・秩序・良心・達成希求・自己訓練・慎重

■性格と L2 習得

　では、こうしたテストで診断される個人の性格特性のうち、L2 習得にはどのタイプが有利なのでしょうか。以下、Dewaele (2013) のレビューに基づき、Big Five 特性と L2 習得の関係について見ていきましょう。

(1)神経症傾向(N)

　まず、神経症傾向の強い人は、心配性で、神経質で、感情的で、不安感が強く、適切な対応が取れず、些細なことに悩みがちです。神経症傾向は、L2 習得の阻害要因になると思われがちですが、実際には阻害の証拠はほとんど示されておらず、L1 フラマン語話者を調査した研究でも、L2 への態度や L2 成績との間にはっきりした相関は示されませんでした (Dewaele, 2007)。技能別では、神経症傾向の強い学習者が、口頭技能・ライティング技能の両面で成績が良かったという報告もあります (Robinson, Gabriel, and Katchan, 1994)。

　なお、Chastain (1975) は、神経症傾向を特徴付ける不安に注目し、不安度の強い学習者は、L2 の口頭運用力は低くなるものの、訳読式授業での成績はむしろ向上すると報告しています。不安が学業成績の低下に向けられた場合、学習者は普通以上に学習に取り組むことになるので、訳読式テストの得点が上昇すると考えられます。また、不安が完璧主義 (perfectionism) と相

まって、L2産出における誤用の抑制に働くこともあります。このように、肯定的に働く不安を学習促進不安(facilitative anxiety)と呼びます。

　不安には、定常的な特性不安(trait anxiety)と、特定の状況下で起こる状態不安(state anxiety)があります。一般に、性格論では前者を論じますが、応用言語学では、外国語使用や外国語学習という特定の状態に起因する外国語不安(foreign language anxiety)、外国語教室学習不安(foreign language classroom anxiety)、コミュニケーション不安(communication apprehension)等も広く研究されています(八島, 2004, pp.17–44)。これらの不安が強いと、L2学習を途中で断念してしまう場合もあります。

(2)外向性(E)

　次に、外向性の強い人は、ストレス耐性が高く、活発に行動し、多くの対人関係を築き、リスクを恐れずに多くの刺激を求めます。こうした人は、社交的で、活発で、話し好きで、人好きで、楽天的で、愛情豊かです。外向性はコミュニケーションにおけるリスクテイキング(risk-taking)の態度に通じ、L2習得の促進要因になると思われますが、実際には、神経症傾向の場合と同様、L2習得へのはっきりした影響は明らかになっていません。Dewaele and Furnham (1999)は外向性がL2口頭産出における流暢性に寄与すると指摘していますが、Naiman, Fröhlich, Stern, and Todesco (1978)は外向性とL2能力の相関が認められないとしており、Ehrman (2008)は外向性よりもむしろ内向性がL2成績全般やL2語彙力に寄与すると述べています。なお、外向性と内向性を対比する場合、後者が否定的にとらえられがちですが、心理学では、前者が「他者からの承認を得ることで自我や自己評価を高めようとする性格」であるのに対し、後者は「他者に照らし合わせることなく自己を確立でき、内面的に強さを持った性格」を指すとされ、優劣の差はありません(小柳, 2004, p.189)。

(3)開放性(O)

　また、開放性の強い人は、好奇心が強く、創造的で、独創的で、発想豊かで、因習にこだわらず、幅広い関心を持っています。開放性は、一般的に言

えば他者に対する関心や共感に通じますので、L2 習得の促進要因になると思われます。Verhoeven and Vermeer（2002）は開放性が語彙・統語・談話等に関わる構成能力、語用論的能力、モニタ（自己修正）能力に関与するとしています。Ehrman（2008）は開放性が高いと直観力が高く、結果として、読解力や自己表現力が高くなる可能性を指摘しています。ただ、開放性は、L2 能力に限らず、広く一般的知性と相関するもので（Costa and McCrae, 1992）、L2 成績への肯定的寄与については慎重な解釈が必要です。

（4）協調性（A）

　協調性の高い人は、温厚で、人への信頼を持ち、助力を惜しまず、寛容で、飾らない人です。協調性は、他者との有効な関係構築に通じますので、基本的には L2 習得の促進要因になりえます。協調性はまた、最近、関心を集めている集団学習や協調学習への適応性としても解釈できます。ただし、リスクを取って自己主張を行うといった局面では、協調性が疎外要因になることもあります。

（5）統制性（C）

　最後に、統制性の高い人は、体系的に考え、信頼でき、勤勉で、自律性が強く、時間に厳格で、几帳面で、大望を持つ人です。統制性は、L2 学習への真面目な取り組みに通じますので、L2 習得の促進要因になりえます。Wilson（2008）は L2 カリキュラムの修了度と統制性が関係していたと報告しています。統制性は、自身の能力を不断に向上させる意志を包含し、目標設定、自己評価、自己管理といった学習管理能力にも影響します。技能面では、とくに、語彙・表現・文法の習得に肯定的に寄与すると考えられます。なお、統制性は前述の外国語学習不安と連動して働くこともあります。

　以上で、5 つの特性と L2 習得の関係を概観してきましたが、上記のレビューでわかるのは、何らかの性格ないし性格特性と、L2 習得の成否を短絡的に結び付けることが適当でないということです。外向性が産出の流暢性を促進しうる一方、場合によって、その正確性を阻害しうるというように、

同じ性格特性が、L2 能力の異なる面に対して、肯定・否定、両様の影響を及ぼすことも珍しくありません。性格と L2 習得の成否を考える際には、こうした要因を考慮に入れることが不可欠と言えるでしょう。

5.4.2　性格研究の現状と課題

　性格研究は、心理学において古くから取り組まれてきたこともあり、L2 習得の成否における性格の影響や、それぞれの性格に適した L2 教授法の開発を目指す研究も内外で行われています。以下では、国内の研究例を概観します。

■国内の研究

　L2 英語学習者に関係する研究として、Karlin and Nishikawa (2008) は、9人の大学生を対象として、短期留学の前後に実施したインタビューテストにおける発話の流暢性（発話量、長文使用率、質問者発話量に対する比率）の変化と性格の関係を調べました。その結果、Big Five に関して、統制性・開放性が低く、神経症傾向・協調性・外向性が高い学習者の長文使用率と、外向性が高い学習者の発話量に向上が見られたと述べています。

　荒木 (2012) は、日本人英語学習者 320 名、外国人日本語学習者 102 名を対象に、情動要素（自尊心、リスクテイキング、不安、共感、抑制、外向性、内向性、寛容性）と Common European Framework of Reference for Languages (CEFR) に基づく L2 能力の自己診断値の相関を調べました。その結果、自尊心と不安が自己診断値と有意に相関することが確認されました。また、日本人学習者は自尊心が低く、不安感が強く、これらの 2 要素が自己診断値にとくに強く影響していることがわかりました。

　藤井 (2020) は、大学生を対象に外国語不安尺度 (FLCAS) (Horwitz et al., 1986) を用いた調査を実施し (33 項目を 5 段階自己評価。不安度が 33 ～ 165点で示される)、高不安者は英語力の低さ・自信のなさ・恥をかく恐怖を感じているものの、不安解消を狙った指導（ペアワーク・ペアプレゼン・教師による個人助言等）で不安度が下がることを明らかにしました。

　松永 (2022) は、小学生にウェアラブルカメラを装着させ、性別・性格タ

イプ別の英語学習行動パタンを分析した結果、外向性の低い女子には自己
ペース学習が、外向性の高い女子には友人との共同学習が、外向性の低い男
子には ICT 活用学習が、外向性の高い男子には明確な目標設定に基づく学
習が有効であるという知見を得ました。

　また、L2 日本語学習者に関連する研究として、池田 (1997) は、アメリカ
の成人日本語学習者 32 名を対象として、前述の外国語不安尺度 (改訂版)
(Horwitz and Young, 1991) の得点と、3 か月の日本語学習プログラム終了時
に実施した 3 種類のテスト (発話、文法、語彙) 成績の関係を調査しました。
その結果、不安度は発話の正確性 ($r=-0.88$) および流暢性 ($r=-0.66$) とは
強い負の相関を示し、文法 ($r=-0.37$) とも中程度の負の相関を示しました
が、語彙との相関は確認できませんでした。この結果をふまえれば、外国語
学習に対する不安感が低いことは、発話能力の習得にある程度有利に働くと
言えるかもしれません。

■性格研究の課題
　性格研究については、Big Five の分類が単純すぎるという批判がありま
す。この点に関して、たとえば、Myers–Briggs Type Indicator (MBTI) (Myers
and Myers, 1995) は性格要素を 8 種に分け、組み合わせによって 16 種の性
格パタン (建築家、冒険家といった典型的職種で表現) を分類しています。
　また、性格と L2 成績の関係を科学的に証明するのは困難です。Saville-
Troike (2006) は、不安と L2 成績の関係について、(1) 曖昧な因果性、(2) 環
境影響、(3) 個人・集団差、(4) 不安と付随要素の不可分性、の 4 点を指摘
していますが(p.90)、性格研究についても同じことが言えます。
　前出の Dewaele (2013) は、性格研究の歴史をまとめたレビューの結論部
で、次のように述べています。

　　性格は L2 の習得および産出に影響するのか、仮の答えは「yes」であ
　　る。だが、単一の心理変数を取り出しても、L2 習得という目的変数の
　　分散を説明する上で大した意味はないだろう。主な理由は、心理変数同
　　士が、また、心理変数と社会的・教育的変数が相互に影響しあっている

からだ。この影響関係は、文脈によって無限で予測もできない多様性を見せる。こうした幅広い文脈における多様性があるため、類似した性格プロフィールを持つ L2 学習者であっても、学習の進展ぶりや最終到達度が大きく異なることもありうる。ゆえに、性格特性を 1 つ取り出して L2 習得の成否を予測することはできない。いくつかの特性を組み合わせることで、うまくいけば、L2 学習の成功の可能性程度は示せるかもしれないが、そうした可能性は、学習者自身が、自らの決意により、努力と練習を行うことで高めていけるものだ。

　今後の性格研究の進むべき方向性は、Dewaele (2013) の上述の言葉に要約されていると言ってよいでしょう。つまり、性格だけでなく、社会的・教育的・環境的変数も含め、L2 学習の成否に関連しうるデータをできる限り多く集め、それらを巨大な説明変数のプールとした上で、目的変数となる L2 習得度との関係を多角的に考察していくという方向です。今後、こうした方向での性格研究の展開が期待されます。

5.5　発展学習のために

5.5.1　文献ガイド

　L2 習得と学習者特性全般に関しては、Dörnyei and Ryan (2015) が定評ある教科書です。同書は、1 章で学習者の個人差研究の歴史を概観しており、2 章では性格、3 章では言語適性について、先行研究が詳しく紹介されています。また、7 章では、不安・創造性・コミュニケーション意欲・自尊心・学習信条等、従来の研究で手薄になりがちであった学習者特性についても充実した解説があります。

　このほか、年齢(臨界期)の問題については、バイリンガリズムの観点から問題を考察した植松 (2006)、読みやすい入門書である榊原 (2013) 等があります。また、言語適性については向山 (2012) にも簡潔なまとめがあります。性格と L2 習得そのものをテーマとした日本語の単行本はほとんどありませんが、性格心理学 (パーソナリティ心理学) の入門書としては、詫摩・鈴

木・瀧本・松井 (2013)、鈴木 (2012)、小塩 (2020) 等があります。併せて、感情心理学の入門書として、大平 (2010) 等もあります。

5.5.2　研究のヒント

(1) L2 以外にも、習得時期が「早ければ早いほうがよい」とされている分野はあるだろうか。たとえば、音楽・スポーツ・料理等の分野では、どのように考えられているだろうか。

(2) 早期英語教育について、賛否両方の立場や海外での動向等を調べ、自分の意見をまとめてみよう。また、ディスカッションで意見を交換してみよう。

(3) Big Five については、簡易なオンラインテストが多数存在します。10人程度の協力者を集め、L2 能力を自己診断 (5 段階評価等) してもらった後で、性格テストを受験してもらい、得られたデータに基づき、性格特性と L2 能力の関係性を検証してみよう。

第6章　学習者特性 II

6.1　本章で学ぶこと

　前章では、同じような指導を受けていても、L2 習得の程度が人によりさまざまであることを指摘し、そうした個人差の要因となりうる学習者特性として、年齢、適性、性格の3点を論じました。本章では、引き続き、学習スタイル、学習方略、動機づけの3点を扱います。学習スタイルは L2 学習時の認知的な情報処理に、学習方略は L2 学習時の様々な工夫に、動機づけは L2 学習に対する基本的な態度に関わります。

　以下、6.2 節では学習スタイルについて、6.3 節では学習方略について、6.4 節では動機づけについてそれぞれ概観していきます。

6.2　学習スタイル

　L2 学習を行うとき、学習者は様々な情報を受け取って処理しています。たとえば、新たな構文を説明するために、教師が何らかの例文を示した場合を考えてみましょう。このとき、例文の中から抽象的な構文をうまく抜き出せる人もいれば、例文の全体的な意味や内容のほうに注意が向かってしまい、構文がうまく意識できない人もいます。こうした違いは、多くの場合、1回限りの偶然ではなく、ある程度、安定した傾向性であると考えられます。こうして、個々の学習者は、L2 学習において、それぞれ好みとする認知的志向性、つまりは学習スタイル（learning style）を持っており、それが L2 習得の成否の個人差に関係していると考えられるようになりました。

6.2.1 学習スタイルと L2 習得

　応用言語学において、学習スタイルの問題は、L2 学習者が持つ学習スタイルにはどのようなものがあるのか、学習スタイルが異なれば教授や教材の効果が変わりうるのか、L2 習得に有利な学習スタイルはどのようなものか、といった関心から研究されてきました。

■学習スタイルとは何か

　学習スタイルは、L2 に限らず、「個人が学習タスクに取り組む際に、学習行動と性格が入り混じる形で現れる安定的で全般的な特徴」(Garger and Guild, 1984, p.11) と定義されます。学習スタイルは、「学習タスク」に特化したものであるという点で、認知一般の志向性を表す認知スタイル(cognitive style) (Allport, 1937) と区別され、「安定的で全般的」である点で、後述する学習方略と区別されます。ただし、これらの概念間の垣根は低く、一体的に扱う研究も少なくありません)。

　学習スタイルは、多元的要因が関与するものとされ、Dörnyei (2005) は、知覚・認知・情動・行動の全てに関わるものとみなしています (p.124)。このため、学習スタイルの下位区分については様々な分類観点が提唱されており、たとえば、Riding and Cheema (1991)、Oxford (1993)、Oxford and Anderson (1995)、Messick (1996)、Grotjahn (2003)、Ehrman and Leaver (2003) 等がそれぞれの立場に基づき、学習スタイルの分類の枠組みを提案しています。もっともそれぞれの分類には重複も多く、Oxford and Anderson (1995) は、分類の基礎となる原理として、認知(心的作用における嗜好的ないし習慣的傾向性)・実行(学習過程の意識的統制の度合い)・情意(価値観・信念)・社会(他者関与の度合い)・生理(分析・知覚上の傾向性)・行動(学習上の好みを実現する積極性)の 6 点を挙げています。

　以下では、多くの先行研究で引用されている Ehrman and Leaver (2003) の分類(EL 分類)を概観します。まず、EL 分類では、知覚系の学習スタイル(0)と認知系の学習スタイル(1–10)を区分します。前者は、情報を視覚的に取り入れるか(見て学ぶ)、聴覚的に取り入れるか(聞いて学ぶ)、触覚的に取り入れるか(体で学ぶ)、といった点での好みに関わり、後者は、情報処理時

表 1　学習スタイルの主な分類観点

提唱者	分類観点の一例
Riding and Cheema	(1)全体／分析　(2)イメージ／言語
Oxford	(1)視覚／聴覚／触覚　(2)外向／内向　(3)直観／具象・段階　(4)狭／広　(5)全体／分析
Oxford and Anderson	(1)全体／分析　(2)場依存／場独立　(3)感覚／思考　(4)衝動／熟考　(5)直観・無作為／具象・段階　(6)狭／広　(7)外向／内向　(8)視覚／聴覚／触覚
Messick	(1)場独立／場依存　(2)広角／鋭角　(3)情報探索／信号探索　(4)大／小　(5)単純／複雑　(6)差平準化／差強調　(7)推論／分析　(8)衝動／熟考　(9)分散／集約
Grotjahn	(1)分析／包括　(2)熟考／衝動　(3)曖昧耐性／曖昧非耐性　(4)嗜好(視覚／聴覚、運動／静止)　(5)文化的差異
Ehrman and Leaver	(1)場独立／場依存　(2)場敏感／場鈍感　(3)差平準化／差強調　(4)巨視／微視　(5)衝動／熟考　(6)統合／分析　(7)アナログ／デジタル　(8)具象／抽象　(9)非段階／段階(10)帰納／演繹

の好みに関わります。

　認知系の学習スタイルは 10 種に分類されています。(1) について、場独立型(field independent)は文脈内の重要要素に、場依存型(field dependent)は文脈全体に注意を向けます。(2)について、場敏感型(field sensitive)は周囲の環境全体から情報を得ようとし、場鈍感型(field insensitive)は特定の対象からのみ情報を得ます。(3)について、差平準化型(levelling)は個々の共通性に注目し、差強調型(sharpening)は個々の差異に注目します。(4)について、巨視型(global)は全体から細部に、微視型(particular)は細部から全体に向けて対象を把握します。(5)について、衝動型(impulsive)は考えながら同時に行動し、熟考型(reflective)は十分に考えてから行動に移ります。(6)について、統合型(synthetic)は情報をまとめ、分析型(analytic)は細分化して把握します。(7)について、アナログ型(analogue)は比喩や類推に、デジタル型(digital)は数字や事実の表層に注目します。(8)について、具象型(concrete)は具体的・知覚的な経験に依拠し、抽象型(abstract)は抽象的な理論や体系に依拠します。(9)について、非段階型(random)は自ら試行錯誤的に情報を

処理し、段階型 (sequential) は予め整理された情報を受け取ることを重視します。(10) について、帰納型 (inductive) は個別事例から法則をボトムアップで導出し、演繹型 (deductive) は法則をトップダウンで事例に適用します。なお、EL 分類では、これらの二項対立を統べる基本的区分があるとし、一連の対立要素の一方 (場独立・場敏感・差平準化…) を無意識処理系統 (synopsis)、他方 (場依存・場鈍感・差強調…) を意識処理系統 (ectasis) と呼んでいます (Ehrman and Leaver, 2003, p.395)。

このほか、EL 分類で言及されていない観点について言うと、「感覚／思考」(Oxford and Anderson) は、情報処理の際に知覚を基盤とするか、論理的推論を基盤とするかの別に関わります。「外向／内向」(Oxford 他) は外部的な周囲の環境に依拠するか、内的な自分自身の心理に依拠するかを指します。「狭・小・鋭角・信号探索／広・大・広角・情報検索」(Oxford、Messick 他) は、目標を定めて範囲を絞って検索するか、探索的に幅広く検索するかの別に関わります。「曖昧耐性／曖昧非耐性」(Grotjahn) は、曖昧な内容があった場合、それに妨げられずに情報理解を進めるか、曖昧な点が明確にならない限り情報理解に進めないかを指します。また、「文化的差異」(Grotjahn) は、日本語話者は感覚思考、英語話者は論理思考というように、母語や文化によって異なる認知的傾向性を指します。

■ L2 学習過程への影響

学習スタイル研究では、前述の EL 分類を含め、多くの質問紙調査票が開発されています。一例として、EL 分類に基づく調査票 (Ehrman and Leaver Learning Styles Questionnaire) では、対立特性を示す 2 つの文 (例：「すぐ反応を返す」「時間をかけて反応を返す」) が左右に並べて記載されており、被験者は 10 段階スケールに基づき、何れのほうをどの程度強く好むか回答します。こうしたスコアを集計することで、個々の学習者の個別的・全体的学習スタイルを量化することができます。先行研究は、こうした調査をふまえ、学習スタイルが学習タスクの遂行や後述する学習方略の使用に及ぼす影響を調査していますが、はっきりした結果は出ていません。

Littlemore (2001) は、ベルギーの L2 英語学習者 82 人に絵画描写課題を行

わせた結果、分析型学習者は対象の個別的特徴を記述的に説明するコミュニ
ケーション方略を多用し、全体(包括)型学習者は類似物になぞらえて説明す
る方略を多用したと報告しています。この研究は、学習スタイルが学習過程
や方略使用に一定の影響を及ぼしている可能性を示唆します。

　一方、Maftoon and Rezaie(2013)は、イランの L2 英語学習者 123 名に 4
種の構文をタスク学習させました。その後、EL 調査票で学習スタイルを、
頭に浮かんだことを口頭で報告させるシンクアラウド法(think-aloud method)
で学習時の注意水準を、さらに、構文理解・産出テストで構文の定着度を調
べた結果、学習スタイルは、学習時の注意水準・構文理解力・構文産出力の
いずれとも相関していなかったことがわかりました。この研究は、学習スタ
イルの影響がきわめて限定的であることを示唆しています。

　すでに述べたように、学習スタイルは、そもそもが知覚・認知・情動・行
動が入り混じった(Dörnyei, 2005)ものであり、また、性格・方略使用・動機
づけ等とも複合的に作用することから、特定の学習スタイルと特定の学習過
程を直接的に関連付けることは難しいと考えられます。

■場独立性
　様々な学習スタイルのうち、過去の研究で集中的に調査されてきたのは、
場独立性(field independency)と場依存性(filed dependency)です。これは、手
がかりのない中で人間が垂直をどう把握するかを研究していた心理学者
Herman Witkin らによって提唱されたもので、通例、埋没図形テスト(em-
bedded figures test)によって判定されます。被験者は、たとえば図 1 の左側
に示した図形が右側の図形の中のどこに埋め込まれているかを言い当てま

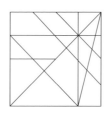

図 1　隠し絵テスト
(Ben-Soussan, Berkovich-Ohana, Glicksohn, and Goldstein, 2014 の Fig. 2 より転載)

す。

　こうしたテストで指定の図形をすぐに見つけ出せる人は、場から独立して個々の構成要素に注意を向ける傾向があり、場独立型とされます。一方、指定の図形を見出すのに苦労する人は、場を不可分の全体、つまり、心理学で言うゲシュタルト（gestalt）としてとらえ、場そのものに注意を向けがちであることから、場依存型とされます（※図1のテストの答えは右図の左隅でした）。

　先行研究は、場独立性と場依存性を基本的な学習スタイルの違いととらえ、様々な特性要因と結び付けています。関連研究をレビューした真嶋（1994）に基づき、両者の違いをまとめたものが表2です。

表2　場独立性・場依存性に関連するとされる特徴（真嶋, 1994 より）

	場独立性	場依存性
全般	分析的で認知的再構成力が高い 分析・再構築の過程を活用する 積極的学習態度で仮説を検証する 目立つ手掛かりにとらわれない 内的目標に従いタスクを遂行する 冷たく個人主義的 科学・医療職に多い 男性・大人に多い	包括的で社会的感受性が高い 分析・再構築の過程を活用しない 受身的な学習態度を持つ 目立つ手掛かりにとらわれる 人間関係・意味情報を重視する 温かく社交的 営業・広報・教師に多い 女性・子供に多い
L2学習	文法学習・語彙暗記を好む 系統的な教室指導・教材を好む 単独学習を好む 言語分析能力が高い 習得より学習向き	実践的な会話学習を好む 実際の言語使用体験を好む 他者と一緒に学ぶことを好む コミュニケーション能力が高い 学習より習得向き

　L2習得に敷衍すると、場独立型の学習者は、インプットの中に含まれる言語構造に注目しますが、場依存型の学習者はインプットの意味や文脈に注意を向けます。本来、L2習得に関して、いずれが良くていずれが悪いといった性質のものではありませんが、過去の研究の多くでは、場独立型の学習者のほうがL2成績が相対的に良いという結果が出ています。ただし、報告されている相関は弱く（平均0.3程度）（Dörnyei and Skehan, 2003）、単に、語彙や文法等、場独立型学習者に有利な問題がテストに出やすいことの反映

かもしれません。

　実際、場独立性・場依存性という概念には根強い批判もあります。最大の問題は、表 2 で示したような区別が実証データにおいて有意な形で裏付けられていないということです。Griffiths and Sheen (1992) は、場独立性・場依存性という概念は心理学では時代遅れのもので、L2 習得に適応しにくく、一般的な知性を別の角度で測っているにすぎず、意味のある結果も得られていないとしています。また、Ehrman and Leaver (2003) も、こうした区分が大ざっぱにすぎるとした上で、情報全体を効果的に活用できる場敏感性と情報に含まれる重要要素に注目できる場独立性を分けて論じる立場を打ち出しています。これにより、情報全体を活用しながら細部にも注目できる人（場敏感＋場独立）、情報全体を活用できるが細部に注目できない人（場敏感＋場依存）、情報全体を活用できないが細部に注目できる人（場鈍感＋場独立）、情報全体を活用できず細部に注目もできない人（場鈍感＋場依存）を分別することができます。

6.2.2　学習スタイル研究の現状と課題
　学習スタイルは、定義や分類が未確立であるという制約がありますが、学習過程に直結する特性として、重要な研究テーマとなりうる潜在性を備えています。このため、海外だけでなく、国内においても、学習スタイルと L2 成績や L2 習得過程の関連を調べた研究がなされています。

■国内の研究
　L2 英語学習者に関係する研究として、中村 (2003) は、場独立型および場依存型の学習者の英語リスニング成績の違いを調べました。この研究では、埋没図形テストによって 32 名の高校生を場独立型・場依存型に分類した上で、通常スピード音声（意味の切れ目にポーズ挿入有・無）、スロースピード音声（ポーズ有・無）の 4 種の聞き取りを行わせました。その結果、場独立型のほうが全般に成績が良いこと、スピードやポーズは成績に有意に影響しないことが確認されました。場依存型の学習者は「部分と全体の区別が難しく、うまくチャンキングできないために文意を理解できない」と考えられる

ため、ポーズを挿入することで聞き取り成績の向上が予想されたわけですが、この仮説は支持されませんでした。

佐藤（2007）は、依存欲求と場独立性という2つの特質が高校生の英語成績（入学直後テスト、2回の定期試験、模擬試験）に及ぼす影響を調査しました。場独立性については、先行研究で挙げられた特質をアンケート項目化し（例：「英文法の学習は退屈でつまらない（場依存）」－「英語の文法構造を分析するのは楽しい（場独立）」）、自己診断させました。その結果、他者への依存度が低く（自立性が高く）、場独立型の学習者のほうが好成績であったと報告しています（ただし、この調査では、場独立性を調べるアンケート項目中に曖昧耐性／曖昧非耐性等に関係するものも含まれています）。

一方、L2日本語学習者に関係する研究として、劉（2003）は、事前調査により学習者の個人特性のタイプを示す4因子（活動的外向性、分析的達成動機、直感的衝動型、思慮型）を抽出した上で、日本語CALL教材を学習している多国籍の中上級学習者25名を対象に、個人特性タイプとCALL学習履歴および学習成績との関係を調査しました。その結果、（1）外向型学習者は学習時間が長く、（2）分析型学習者は教材のヘルプ情報を活用し、（3）直感型学習者は当て推量で学習するので成績が低く、（4）思慮型学習者は教材の文字解説を好むことがわかりました。この結果は、それぞれの学習スタイルについて従来言われてきたことを裏付けているようにも思えますが、いずれの場合も、「弱い相関」しか確認されていない点にも留意すべきでしょう。

■学習スタイル研究の課題

学習スタイル研究については、多くの課題が残されています。ここでは2点に絞って言及します。

1点目は、すでに述べたように、定義や分類が定まっておらず、特に、後述する学習方略との差が曖昧だということです。このため、多くの研究が、それぞれの立場から関連のありそうなスタイルを「折衷的立場で際限なく書き出す」段階に留まっており（Dörnyei and Skehan, 2003）、異なる研究で報告された結果を相互に比較することがきわめて難しくなっています。

2点目は、学習スタイル全体を診断する標準的な手法が確立していないこ

とです。EL 調査票や埋没図形テストを使った研究もありますが、必ずしも
これらが、標準的と認められているわけではなく、研究ごとに様々な調査方
法が取られています。このことも、学習スタイルに関する基礎的なデータが
いまだ十分に蓄積されていないことの一因となっています。

　今後、学習スタイル研究が応用言語学の重要な研究テーマとして真に有益
な知見を生み出していくためには、認知スタイルや学習方略といった関連概
念を含めて定義や分類の整理を行い、とくにその教育的意味について実証
データの蓄積を進めることが不可欠であると言えるでしょう。

6.3　学習方略

　L2 を習得しようとする場合、何らかの具体的な方法を取ることで、習得
の効率を促進させることができます。たとえば、新出単語のリストを覚えな
ければならない場合、ただ漫然と眺めているよりも、手を使って書き写して
みたり、似た意味のものをグルーピングしてみたり、意味の語呂合わせを考
えたりすれば、その分だけ早く覚えられることでしょう。こうして、L2 習
得には学習を効率的に進めるための工夫、つまり、学習方略（strategy）とい
うものが存在し、それが L2 習得の成否の個人差に関係すると考えられるよ
うになりました。

6.3.1　学習方略と L2 習得

　応用言語学において、学習方略の問題は、学習者が使用する学習方略には
どのようなものがあるのか、学習方略の使用と L2 成績には関係があるの
か、学習方略を指導することで習得を促進できるのか、といった関心から論
じられてきました。

■学習方略とは何か
　学習方略について、O'Malley and Chamot（1990）は、Anderson（1983）等の
認知心理理論の立場から、情報の記憶や保持といった認知面を重視しつつ、
「新情報の理解・学習・保持を促進するために個人が活用する特別な考え方

138

や行動」と定義しています (p.1)。また、Oxford (1990) は、教育的実践面を重視し、「学習活動がより平易に、迅速に、楽しく、自律的に、効果的に、かつ、新しい状況に適用可能なものとなるよう学習者が行う特定の行動」(p.8) と定義しています。これらの定義に見られるように、学習方略は、情報を記憶し、内在化し、特定の技能や知識を身に付ける一連の過程に関わる幅広い概念と言えます。

学習方略の分類に関して、O'Malley and Chamot (1990) は3分類を提案し、Oxford (1990) は言語運用に関わる直接方略と言語学習を促進する間接方略を区分した上で6分類を提案しています。

表3 学習方略の分類

提唱者	学習方略のタイプ
O'Malley and Chamot	認知方略　メタ認知方略　社会・情意方略
Oxford	直接方略：記憶方略　認知方略　補償方略 間接方略：メタ認知方略　情意方略　社会方略

これらの分類はどちらかと言えば便宜的なものです。O'Malley and Chamot の場合、社会・情意方略は彼らが重視する心内の認知的処理過程とは言えません。Oxford の場合、補償方略 (わからない場合は質問する等) は言語運用過程だけでなく言語学習過程にも関わるものですし、記憶方略は認知方略の一部ともみなせるでしょう。もっとも、いずれにせよ、両者の分類はよく似ており、それらは、認知、メタ認知、社会、情意の4種に大別できます (Dörnyei and Skehan, 2003)。以下、大学英語教育学会学習ストラテジー研究会 (以下 JACET) (2005) 他の解説を参考にしつつ (pp.34–39)、それぞれの概要を見ていくこととしましょう。

まず、1点目の認知方略 (cognitive strategy) は情報の認知処理に関わり、記憶 (単語カード作成、語呂合わせ)、練習、資料の利用 (辞書、教科書、学習メモ)、分類 (順序付け、ラベル付け、チャンク化)、メモ、要約、強調 (重要箇所を意識する等)、映像化 (新語をイメージ化したり、実際に図表を描いたりする等)、音声化 (心の中で、あるいは実際に声に出す) 等が含まれます。

　2 点目のメタ認知方略(metacognitive strategy)は認知についての認知、つまり、認知行為の主体(自分自身)・課題(L2)・遂行(L2 学習)の意識的な把握に関わり、計画立案、焦点化(中心概念や中心語句に注意を絞る)、学習の自己管理(練習機会を自ら作る等)、モニタリング(誤りを自分で確認する等)、問題特定(タスクを遂行する上での障害を明確にする)、自己評価(進捗確認等)、優先順位の決定(こなすべきタスクの優先度を決める)、予測(学習内容をあらかじめ予測して筋道を立てる)等が含まれます。こうした過程には記憶の維持・強化を行うワーキングメモリが関与しているとされます。

　3 点目の社会方略(social strategy)は対人関係を構築して L2 への接触量を増加させることに関わり、質問(曖昧な点を人に聞いて明らかにする)、協力(グループ学習、友人や教師から助言を得る等)、母語話者への話しかけ等が含まれます。

　最後に、4 点目の情意方略(affective strategy)は自己の情動の統制に関わり、自己確認(self-talk)(タスクの遂行を自分に言い聞かせる等)、自己補強(self-reinforcement)(自分を褒めてやる気を引き出す等)、感情把握(学習日記等で情動を記録・把握)、自他評価(自己や自言語・文化、また、目標言語・文化への敬意を育む)等が含まれます。

　なお、これら 4 種の方略の使用頻度には差があります。O'Malley et al. (1985) は、L2 英語学習者の高校生 70 名が報告した 638 種の学習方略を分析した結果、認知方略(特に反復・ノートテイク・イメージ化)が全体の 53%、メタ認知方略(特に予復習・自己管理)が 30%、社会方略と情動方略(文脈化・質問)が 17% を占めていたと述べています。

■優れた言語学習者の学習方略使用
　学習方略研究では、L2 習得に成功している「優れた言語学習者」(good language learner)を対象として、彼らの特性と使用している学習方略を明らかにすることが目指されてきました。
　これまでの研究で、「優れた言語学習者」は、(1)コミュニケーションに積極的で、(2)言語の意味と形式(form)の両面に注意を払い、(3)十分な練習を行い、(4)自覚的に自他の発話をモニタすること等が示唆されてきまし

た（Rubin, 1975 他）。また、(5)学習方略を全般的に多く用い（Cohen, 1998）、
(6)初歩的な認知方略（反復、翻訳、転移）・情意方略（緊張自覚等）・補償方
略（身振り使用等）よりも高次の認知方略（推測等）やメタ認知方略（モニタ
等）を多用し（Chen, 1990；Chamot, 1996；O'Malley and Chamot, 1990）、(7)
意味関連方略から形式関連方略に移行し（Naiman, Fröhlich, Stern, and Todes-
co, 1978）、(8)各種の方略を自在に組み合わせる（Macaro, 2001）といった傾
向も認められます（JACET, 2005, pp.50–51 のレビューによる）。

　このように、「優れた言語学習者」の使用する学習方略がおよそ同定でき
たことをふまえ、それらを明示的に指導することで、L2学習を苦手とする
学習者を支援していくという方向性が模索されることとなりました。

■学習方略の調査法

　「優れた言語学習者」の使用する学習方略を特定し、その共有を進めてい
くためには、信頼できる形で、個々の学習者が使用している方略を調査する
ことが必要です。

　学習方略の調査法としては、Oxford（1990）に収録された Strategy Invento-
ry for Language Learning（SILL）という方略項目リストが有名です。SILL は
学習方略を知るためのリストとしてだけでなく、方略使用状況を振り返る自
己診断テストとしても使用できるようになっています。

　SILL には英語学習者を対象とする 50 種の方略が含まれています。各項
目は「私は…する」という形式で記載されており、学習者は、自分自身がそ
うした方略をどの程度使用しているかを考え、1 〜 5 の 5 段階で回答しま
す。50 種の方略は前述の 6 分類でまとめられており、A（記憶方略：効果的
記憶法）に 9 種、B（認知方略：認知過程の活用）に 14 種、C（補償方略：知
識の補填）に 6 種、D（メタ認知方略：学習の体系化と評価）に 9 種、E（情動
方略：情動の統制）に 6 種、F（社会方略：協同学習）に 6 種です。

　以下、カテゴリごとにそれぞれの方略を簡略化して示しておきます（表4）。

　SILL を診断テストとして使用する場合、カテゴリごとに得点を満点で
割って百分率にします。これにより、たとえば、A（記憶）は 75%、B（認知）
は 65%、C（補償）は 45%…というように、自分が使えている方略や使えて

表 4　SILL における方略の下位構成

	学習方略
A 記憶	既習事項と関連付けて覚える、語を文中で使って覚える、音とイメージを結び付けて語を覚える、使用場面を想起して語を覚える、韻で語を覚える、フラッシュカードを使用して語を覚える、体で表現して語を覚える、授業を復習する、出ていた場所を想起して語を覚える
B 認知	新語を書く・言う、母語話者のように話す、発音を練習する、多様な文脈で既知語を使う、英語で会話する、英語の映画や番組を見る、英語の本を娯楽として読む、英語でメモ等を書く、スキミング(大意把握)してから細部を読む、新語と似た母語の単語を探す、英語のパタンを探す、単語を分解して意味を理解する、逐語訳を避ける、英語で要約する
C 補償	新語の意味を推測する、会話で語が浮かばないとジェスチャーで代用する、逐語的に辞書をひかない、話者が次に何を言うか予測する、語が浮かばないと類義の語等で代用する
D メタ認知	英語を様々な形で使う、自身の間違いから学んで向上する、誰かが英語を使えば注視する、より良い英語学習者になろうと心がける、計画を立てて学習時間を確保する、英語の話し相手を探す、英語を読む機会を見つける、英語の技能を高めようとする目標を持つ、自身の進捗を振り返る
E 情動	英語使用に自信がなくてもリラックスする、間違いを恐れず英語を話す、うまくいくと自分を褒める、英語学習・使用時に緊張していないか意識する、学習日記に感想を書く、英語学習への感想を誰かと話す
F 社会	わからなければゆっくり話してもらったり聞き返したりする、母語話者に誤りを直してもらう、誰かと一緒に練習する、母語話者の援助を求める、英語で質問する、英語文化を学ぶ

いない方略がわかります。ただし、SILL をテストとして使用することについては、SILL の質問項目が心理測定尺度としては問題が多いことや、部分スコアと全体スコアの関係が曖昧であるといった批判も存在します。

■方略指導の意義

　Oxford(1990)は、SILL を単なる参照リストや診断テストとして用いるのではなく、L2 指導の一部として積極的に活用する意義を強調しています。というのも、学習方略は L2 学習で遭遇する問題への具体的対処法であり、性格や言語適性や学習スタイルと異なり、直接に指導することで良い方向に変化させられる可能性があるからです。

　具体的な指導例としては、まず、学習者に診断テストとして SILL を受験させて、今後の方略指導の指針を得ます。そして、結果を学習者にフィードバックして、学習者自身にディスカッションを行わせ、学習者の方略意識を高めます。Oxford は、万人向けの学習方略はないとしながらも、「どの方略が多く使われているか」、「それはなぜか」、「どの方略が一番有効か」、「これまで知らなかった方略はあるか」、「使ってみたい方略はあるか」、「男女では方略使用に差があると思うか」といった内容でディスカッションすることが有益だとしています。

　Oxford は、方略指導が L2 教育の根幹に関わるとした上で、これからの教師の役割は、単に L2 の内容を教えるだけでなく、「学習者の学習方略使用実態を明らかにし、その使用を訓練し、学習者の自立を促す」ことであると指摘しています。

■方略指導の実際の効果

　では、方略指導は本当に L2 能力を向上させるのでしょうか。この点についてまだはっきりした結論は出ていませんが、ここでは、一例として、肯定的な影響を示唆した研究を紹介します。

　Cohen, Weaver, and Li (1998) は、ミネソタ大学のフランス語・ノルウェー語学習者を対象に、方略中心教授法 (strategy-based instruction：SBI) を実践しました。SBI は、(1) 有用な方略の解説・模範提示・実例解説を行い、(2) 学習者側から同様の実例を報告させ、(3) 少人数ないしクラス全体で方略についてのディスカッションを行わせ、(4) 幅広い方略を使用してみるように促し、(5) 方略使用を埋め込んだ教材・タスクを行わせて文脈の中で方略使用を実践させる、という内容を含みます。10 週間の SBI を受講した学生と、通常授業を受講した学生に対して、指導の事前・事後にスピーキングテスト（自分自身の描写、物語要約、町の描写）と SILL を行わせた結果、SBI 群は、3 種のテストのうち、町描写タスクで成績が有意に向上し、自信・文法・語彙という 3 つの評価観点の中で文法の正確性が向上した（有意傾向）と報告されています。

6.3.2　学習方略研究の現状と課題

　学習方略研究は、現場の L2 教師の関心に適合するもので、日本においても様々な実践・理論研究が行われています。特に、学習の目的がはっきりしており、成果が測定しやすい語彙学習における方略の研究が盛んです。

■国内の研究

　L2 英語学習者に関係する研究として、森（2020）は、大学生対象の読解授業において、読解方略（単語の意味推測、品詞活用、文法活用、推測、要約、背景知識活用）を明示的に指導した上で、各自が使用した方略を含む自己省察作文を書かせました。作文分析により、15 週の授業終了時までに対象群全体における使用方略数が 11 種 75 回から 20 種 177 回に増えること、2 回の読解テストがともに好成績で、かつ、2 回目のスコアが上昇している群が最も多く方略を使用すること、が示されました。

　また、SILL を使った研究も数多くあります。たとえば、占部（2009）は、高等専門学校の英語学習者 36 名を対象に読解テストと SILL を行いました。その結果、上位群は、下位群に比べて、6 種の方略すべてを多用し、とくに補償方略（未知語推測等）を多用することが明らかにされました。

　もっとも、SILL の結果と L2 成績との関係は必ずしもはっきりしません。Takeuchi（1993）は、78 名の女子大学生の英語習熟度（CELT 得点）を目的変数、SILL の項目別の得点を説明変数として回帰分析を行った結果、テスト全体得点と相関する方略は 50 種中 8 種で、そのうち正相関は 4 種（英語でメモ、逐語訳しない、単語を分解して意味推測、人が話している時は注目）、残り（フラッシュカードで新語覚える、英語使用の方途を見つける、学習日記つける、英語で質問）は負相関だったことを報告しています。

　また、遠藤・木村（2007）は、4,373 名の大学生（英米文学専攻）に SILL を受験させ、2 種のテスト得点（TOEFL、CELT）の関係を調べました。その結果、50 種の方略中、少なくとも一方のテストと正相関だったものは約 30 種で、いずれのテストとも無相関が 7 種（イメージ結合、韻活用、元の場所想起等）、いずれのテストとも負相関が 8 種（復習、新語を書く・言う、パタンを探す、ジェスチャーでの代用、計画立案、自分を褒める、緊張を意

識、言い直してもらう）であったという報告がなされています。

　こうした SILL の制約をふまえ、語彙学習方略に限定して、統計的に信頼性の高いリスト作成を目指す研究も行われています。Mizumoto and Takeuchi（2009）では、まず、先行研究および大学生へのヒアリングをふまえ、89種の語彙学習方略を収集しました。次に、専門家のチェックによってそれを47種に精選し、さらに、410人の大学生による使用度調査の結果をふまえ、25種まで絞り込みました。その後、283名の大学生に英語力（TOEIC スコア）と 25 種の方略使用度調査を行い、その妥当性を確認しました。25 種の方略は、「自己管理」（定期的に見直す、単語帳を携帯する、ノルマを決めて覚える等）、「インプット探索」（英語に触れる量を増やす等）、「イメージ化」（イメージや語呂合わせで覚える）、「書き取りによる反復」（書いて覚える）、「音声利用による反復」（声に出して覚える）、「関連化」（関連語をまとめて覚える）という 6 種の下位尺度に整理できました。また、方略的語彙学習のTOEIC スコアへの寄与（パス係数）は 0.41 であり、方略的語彙学習に対しては、認知・メタ認知に関わる「インプット探索」や「自己管理」等の寄与が相対的に高いことがわかりました（0.77 〜 0.81）。

　一方、L2 日本語学習者に関係する研究として、西谷（2009）は、中国とベトナムの学習者それぞれ約 100 名を対象として、外国語不安・動機づけの調査とともに、14 種の学習方略使用状況を調べました。因子分析を行ったところ、各方略は「日本語に触れる機会を作る」「学習方法の工夫」「推測」という 3 因子に要約され、方略平均、および、「推測」以外の方略因子はベトナムの学習者のほうが高かったと報告されています。

　伊東・楠本（1992）は、来日留学生 20 名に SILL を実施し、日本語既習者は、未習者に比べ、認知方略の使用が多い一方、補償方略と情意方略の使用が少ないことを明らかにし、既習者は既習知識が活用でき、情意も統御できるため、これらの方略に頼る必要が少なかったのではないかと結論しています（朴, 2010 のレビューより）。

■学習方略研究の課題
　学習方略研究は、関連する論文が内外で多く書かれていることにも示され

るように、応用言語学で扱う個人差研究としては最もポピュラーなものの 1
つです。しかし、課題もないわけではありません。ここでは、2 点を指摘し
ておきます。

　1 点目は、学習方略の定義が曖昧で、その範囲が際限なく広がりつつある
ことです。Dörnyei and Skehan（2003）は、当初、学習方略を具体的な「行
為・行動」（behaviours and actions）に限定していた Oxford が、にもかかわら
ず、そこに認知的・情意的な方略を含め、後には学習方略を「手段」（steps）
全般に拡張してしまっている点を批判しています。こうした拡張により、研
究の幅が広がったことは事実ですが、概念定義が曖昧になったという側面も
否定できません。Ellis（1994）は、学習方略の定義が「その場限り（ad hoc）で
非理論的」だと述べています（p.533）。また、Tseng, Dörnyei, and Schmitt
（2006）は、学習方略を論じる際には、L2 学習の多くの側面を取り混ぜるの
ではなく、1 つに絞って行うほうが望ましいと述べています。

　2 点目は、方略指導の効果を示す根拠が曖昧だということです。仮に「優
れた言語学習者」が方略を多く使用しているという事実があるにせよ、それ
は、成績と方略使用度が相関していることを示すだけで、方略を指導し、方
略使用度が高まれば、成績も向上することを示しているわけではありませ
ん。相関と因果は異なる概念です。

　宮崎（2003）は、SILL を中心に発展してきた学習方略研究への疑問とし
て、(1) なぜ学習方略研究の出発点がいつも SILL なのか、(2) なぜ方略目録
に重なりがあるのか、(3) なぜ直接方略と間接方略という階層性があり、分
類されている項目が不均衡なのか、(4) なぜ習得の必然性が高い方略とそう
でない方略が混在しているのか、(5) なぜ意図の異なる矛盾した方略が混在
しているのか、(6) なぜある特定の学習者を想定した編成になっているの
か、(7) なぜ類型化を中心とする研究が多いのか、(8) なぜ言語管理理論（言
語習得は本人と周囲の共同管理によるという考え方）からの視点が弱いの
か、(9) なぜ学習方略の複合領域を見据えた研究が少ないのか、という 9 点
を挙げています。これらはいずれも本質的な批判で、今後の学習方略研究の
方向性を考える上で避けて通れない問題です。

　もっとも、こうした課題は乗り越えられないものではないでしょう。語彙

学習方略、リーディング学習方略等、扱う範囲を明確に絞りつつ、具体的・個別的な学習者の「行為・行動」に集中して実証データを集めることで、研究全体の信頼性を高めることは可能だと考えます。その際、SILL だけでなく、日記法、シンクアラウド法 (think-aloud method)、エスノグラフィックアプローチ (グループ観察) 等の併用も重要です。今後、学習方略研究がそうした方向で発展していくことが期待されます。

6.4 動機づけ

何であれ、何か新しい知識や技能を学ぶ場合、その内容に興味を持ち、その習得に高い意義を見出し、自ら進んで学ぼうという強い気持ちがあれば、習得は順調に進むでしょう。一方、興味も関心もなく、無理やりやらされていると感じている場合には、いくら時間をかけても習得は進みません。L2 習得についてもまったく同じことが言えます。こうして、個々の学習者が持つ L2 習得への動機づけ (motivation) が、L2 習得の成否の個人差に関係していると考えられるようになりました。

6.4.1 動機づけと L2 習得

応用言語学において、動機づけの問題は、学習者の動機づけにはどのようなタイプがあり、それらが実際の習得にどのように影響するのか、L2 習得に有利な動機づけはどのようなタイプなのか、といった観点から、理論・実証の両面において幅広く研究されてきました。動機づけは、L2 習得の前提に関わるもので、各種の学習者特性の中で最も精力的に研究されています。

■動機づけとは何か

Dörnyei (1998) は、動機づけ (motivation) についての展望論文の中で、次のように述べています。

動機づけは、教師・研究者の双方によって、外国語／L2 学習の速度や成否に影響する主要要因の 1 つであるとみなされている。動機づけは

L2 学習を始める主要なきっかけとなり、また、長々と続き、しばしば単調なその後の学習過程をやりきる原動力ともなる。実際、L2 習得に関係する他のすべての要素は一定の動機づけが備わっていることを前提にしている。十分な動機づけがなければ、きわめて高い能力を持つ者でも長期の目標を達成することはできないし、適切なカリキュラムや良い指導があってもそれだけでは生徒の目標達成にとって十分ではない。一方、強い動機づけがあれば、言語適性と学習環境の両方において相当の問題があったとしてもそれを帳消しにできる。

　もっとも、Dörnyei (1998) は、同じ論文で、動機づけのとらえ方は研究者によってさまざまで、満足のいく定義を行うことは難しいとしています。実際、動機づけについては、様々な構成概念モデルが提案されてきました。以下、それらを順に見ていくこととしましょう。なお、「動機づけ」というのはいくぶん耳慣れない日本語ですが、国内の応用言語学系の研究では、状態を指す motive（動機）と区別するため、変化の過程を含意する motivation に「動機づけ」という訳語を当てるのが慣例となっています（林, 2012, pp.6–7）

■動機づけ研究の系譜
　動機づけの定義の難しさは、半世紀を超える研究史の中で、そのとらえ方が段階的に変化してきたことによります。Dörnyei (2005) は、先行研究を概観し、動機づけ研究の変遷を以下の 4 段階で整理しています。この分類は最近の研究でも幅広く受け入れられているものです（たとえば、西田・安達・カレイラ松崎, 2014）。

表5　動機づけ研究の変遷史

年代	主要な動機づけ研究タイプ
1960 年代〜	社会心理学的アプローチ（統合的・道具的志向性）
1990 年代〜	教育心理学的アプローチ（内発的・外発的動機づけ）
2000 年代〜	過程志向アプローチ（過程モデル）
2010 年代〜	社会的・動的アプローチ（L2 自己モデル・複雑性理論）

動機づけは、本格的な研究が始まった 1960 年代当初は、英仏 2 言語を公
用語とするカナダ等、バイリンガル社会での言語習得に関わる心理学的問題
として研究されていました。しかし、1990 年代に入ると、より一般的な教
育現場における動機づけのありようが検討されるようになり。さらに、
2000 年代に入ると、教育実践とからめ、動機づけを変化の過程としてとら
える立場が主流になります。現在では、動機づけを従来以上に多元的で可変
的なものとみなす立場が主流になりつつあります。

このように、動機づけのとらえ方は複雑な変遷を遂げていますので、以下
では、新たな節を立てて、動機づけの分類の枠組みを概観していきます。

6.4.2　動機づけの分類
6.4.2.1　社会心理学的アプローチ（統合的・道具的志向性）

動機づけ研究は心理学において長い歴史を持ちますが、L2 学習の動機づ
け研究は、カナダの社会心理学者である Gardner（1958）の論文に始まったと
言えます。Gardner の研究の特徴は、社会教育モデル（socio-educational
model）を打ち出し、L2 の習得を社会的にとらえようとした点にあります。
以下では Gardner（2006）の回顧論文に即して概観を行います。

■バイリンガル社会における動機づけ

Gardner が研究対象としたカナダには、L1 英語話者と L1 フランス語話者
が混在しており、国民の融合を促進する観点から、英語とフランス語の 2 言
語学習が推奨されています。この場合、多数派である L1 英語話者がフラン
ス語を学習することは、L2 文化の要素を取り込むことと深く関係してお
り、フランス語使用者やフランス語地域への情意的態度によって学習の成否
が大きく影響されることが予想されます。

Gardner and Lambert（1959）は、L1 英語話者で、学校でフランス語を学ん
でいるカナダの高校生 75 名を調査対象として、彼らのフランス語習熟度指
標と、13 種の説明変数の関係を調べました。説明変数には、7 種の能力系
指標（言語適性・言語知能指標）と、6 種の態度系指標（学習理由、フランス
語地域への態度、動機づけ、権威志向、不安、性別）が含まれていました。

統計的なデータ分析を行った結果、(1) 言語的類推力 (verbal analogies)、動機づけの強度 (motivational intensity)、動機づけの志向性 (orientation) という 3 つの因子が L2 習熟度に影響していること、(2) 動機づけ志向性については、就職等の実利目的でフランス語を学ぶ学習者よりも、フランス語圏に同化したいという気持ちからフランス語を学ぶ学習者のほうが良い L2 成績を収めていることがわかりました。

■統合的志向性と道具的志向性

　ここで、L2 を道具とみなして実利目的で学ぶことを道具的志向性 (instrumental orientation) と呼び、L2 文化や社会に参画・融合すること、つまりは、「L2 共同体で尊重される構成員のようになりたい」(Gardner and Lambert, 1959, p.271) という思いから L2 を学ぶことを統合的志向性 (integrational orientation) と呼びます。Gardner の研究は、動機づけの内部構造を明らかにしたものとして、また、統合的志向性の重要性を示したものとして注目を集めました。

■社会教育モデル

　Gardner の研究は、一見、特殊なバイリンガル社会を対象にしたもので、かつ、動機づけを単純な二元論でとらえたモデルとみなされがちです。しかし、Gardner の以後の研究では、「社会文化的な環境が個人差要因の仲介を経て、形式的・非形式的という異なる外国語習得環境の中で、種々の習得結果を生む」過程を説明するモデルとして (林, 2012, p.1)、動機づけをより多面的にとらえるようになり、とくに、統合的動機づけの構成が詳しく調べられるようになります。

　Gardner (1985) で提唱された Attitude Motivation Test Battery (AMTB) という調査票には表 6 で示す構成概念が含まれます。AMTB の受験者は、各種の項目に関して、自分にあてはまるかどうかを 7 段階で回答します。たとえば、L2 フランス語学習者に学習理由を尋ねる質問では、統合的志向性に関係するものとして「フランス語話者カナダ人とより楽につきあえるから」「多くの多様な人々と出会ったり会話したりできるから」「フランス系カナダ人の芸術や文学作品をよりよく理解・鑑賞できるから」「他の文化集団

の活動により自由に参加できるから」等、また、道具的志向性に関係するものとして「将来の仕事に必要だから」「より知的な人間になれるから」「良い仕事を得るのに有用だから」「他者に尊敬されるから」等の項目が用意されています。なお、児童の L2 習得を論じる場合には、保護者督励（parental encouragement）という構成概念が加わります。

表 6　Gardner（1985）による Attitude Motivation Test Battery の測定対象

構成概念	尺度
動機づけ（motivation）	動機づけ強度、対象言語習得意欲、言語学習態度
統合的志向性（integrativeness）	統合的志向性、外国語への興味、対象言語共同体への態度
学習環境評価 （attitudes toward the learning situation）	教師評価、教授コース評価
言語不安（language anxiety）	教室不安、言語使用不安
道具的志向性（instrumentality）	道具的志向性

　図 2 は初等教育の段階にあるスペインの L2 英語学習者データを分析した結果です。

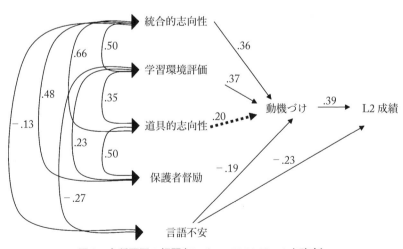

図 2　各種要因の相関（Gardner, 2006, Fig. 4 を改変）

　図 2 において、係数は影響度の大きさを示しています。これを見ると、動機づけは何らかの単一要素で説明されるのではなく、教師や教材といった学習環境への満足度が高く（.37）、統合的志向性（.36）や道具的志向性（.20）が高く、かつ、言語学習への不安が低い（−.19）ことが、全体として高い動機づけにつながっていることがわかります。こうした点をふまえ、Gardner（2006）は、志向性のタイプよりも「行動的・認知的・情意的側面を包含する広義の動機づけの強度（intensity）こそが重要である」と強調しています。

　Gardner（2006）はまた、動機づけのありようについて、社会文化的要素と教育的要素の両面を取り込んだ図 3 のモデルを提示しています。ここでは、道具的志向性は主要な構成要素としては明示されていません。

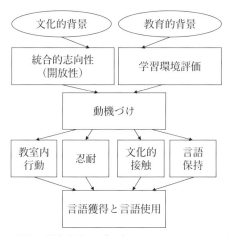

図 3　L2 習得の社会教育モデル（Gardner, 2006, Fig.2 を改変）

　図 3 を見ると、動機づけと L2 習熟度（言語熟達と言語使用）の関係が、社会文化と教育の両面に根差す複雑な構造を持っていることがわかります。一連の Gardner の研究により、動機づけの社会心理学的側面がかなりの程度まで解明されたと言えます。

6.4.2.2　教育心理学的アプローチ（外発的・内発的動機づけ）

　Gardner の初期研究は、社会的文脈における動機づけの構造解明を目指し

152

たものとして一定の成果を挙げましたが、そのまま一般的なL2教育の文脈に適用するには問題もありました。そこで、1990年代に入ると、教育心理学における有力理論であった自己決定理論（後述）等を取り込み、より幅広い教育環境における動機づけのあり方についての研究が増えてきます。

■外発的動機づけと内発的動機づけ

　教育心理学的アプローチに基づく動機づけ研究の嚆矢であるDeci and Ryan（1985）は、統合的志向性と道具的志向性に代わる概念として、内発的動機づけ（intrinsic motivation）と外発的動機づけ（extrinsic motivation）という区分を提唱しました。前者は「それ自身が面白かったり楽しかったりする」のでL2を学ぶことを言い、後者は何らかの「別の結果」を達成するという目的のためにL2を学ぶことを言います。

　これらは対等な位置付けにあるとされ、Ryan and Deci（2000b）は、創造性に通じる内発的動機づけが「学習と習得をもたらす自然な源泉」であるとする一方、従来、「脆弱で劣位の動機づけ」とみなされてきた外発的動機づけもまた主体的な役割を果たすことがあるとしています。

■自己決定理論

　内発的動機づけは、自律性（自律的に行動したい）、有能性（やればできると示したい）、関係性（他者と関わりたい）という人間の三大欲求と関係します。また、外発的動機づけは、学習における自己決定の度合い、つまりは他律的統制（control）からの自由度によって下位区分されます。基本になっているのは、無理やりやらされている（自己決定度が低い）場合には動機づけは低くなり、自ら進んでやっている（自己決定度が高い）場合には動機づけが高くなるという自己決定理論（self-determination theory）（Ryan and Deci, 2000a；Ryan and Deci, 2002）です。

　図4に示すように、このモデルでは、まず、学習への動機づけが存在しない無動機（amotivation）、学習とは別個の外部要因に基づく外発的動機づけ（extrinsic motivation）、学習そのものの要因に基づく内発的動機づけ（intrinsic motivation）の3つを区別します。

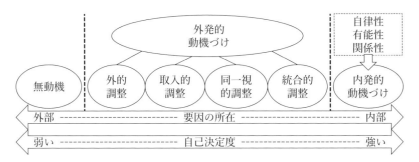

図4　Deci and Ryan（1995）のモデル（Ryan and Deci, 2000b, Fig.1 を改変）

　このうち、外発的動機づけは、学習者の自己決定度の高低により4つに
下位区分されます。ここで重要なのが調整（regulation）という概念です。調
整とは、学びたくないという気持ちと、学ばなければならないという強制性
の間で、心理的な折り合いを付けることを意味します。

　自己決定度が低く、報奨や懲罰等の外部要因によって自己調整されるのが
外的調整（external regulation）、他者・自身からの承認等、学習者自身が取り
入れた外部要因よって調整されるのが取入的調整（introjection）、学習内容の
重要性を自分自身にとっての重要性と同一視した上で調整がなされるのが同
一視的調整（identification）、そして、自身の価値観や信条と統合される形で
調整がなされるのが統合的調整（integration）となります。ごく単純な例を示
せば、「やりたくないからやらない」のが無動機、「怒られたくないのでや
る」のが外的調整、「言われたのでやる」のが取入的調整、「一般的にやるべ
きだと思うのでやる」のが同一視的調整、「自分にとってやるべきだと思う
のでやる」のが統合的調整、さらに、「やりたいからやる」のが内発的動機
づけ（内的調整）と言えます。なお、内発的動機づけについては、知りたいか
らやる、やりとげたいからやる、知的刺激を得たいからやる、といったタイ
プが存在すると考えられています（Vallerand, Blais, Brière, and Pelletier,
1989）。

　こうしたモデルにより、たとえば、統合的志向性か道具的志向性か、と
いった二項対立的な枠組みではなく、より精緻な連続体の枠組みに基づいて
動機づけのありようを議論することが可能になったのです。

■動機づけの向上

　動機づけを向上させる方法についても、教育心理学を背景として、いくつかの関連理論が提唱されています。

　原因帰属理論(Weiner, 1986)は、ある行為の原因の帰属先として、能力(安定した内的要因)・努力(不安定な内的要因)・課題難度(安定した外的要因)・運(不安定な外的要因)の4つを措定します。そして、行為が成功した場合は能力に原因があり(能力があったからできた)、失敗した場合は努力不足に原因がある(努力が足りなかったので失敗した)ととらえることで、動機づけの向上につながると考えます。

　期待価値理論(Atkinson, 1964；Wigfield and Eccles, 2000)は、成功への期待(できそうという気持ち)と取り組もうとする課題の価値(やりがい)によって動機づけが影響されるとする考え方です。また、価値は多面的なものであって、獲得価値(自分にとって意義があるか)・内発的価値(内容を楽しめるか)・外発的価値(実利があるか)・獲得負荷(獲得は容易か)等の観点で総合的に決定されます(八島, 2004, pp.48–52)。

　目標設定理論(Locke, 1968；Locke and Latham, 1990)とは、ある程度努力すれば達成でき、成果を測定でき、自分自身が深く関与でき、うまくいけば報酬が得られるような目標を設定した場合に動機づけが向上するという考え方です。

6.4.2.3　過程志向アプローチ(過程モデル)

　2000年代になると、動機づけを不変のものと見るのではなく、様々な状況の中で不断に変化していくものととらえる立場が出てきます。静的な状態を含意する動機(motive)と区別して、あえて動機づけ(motivation)という用語を使用しているのもこのためです。この立場では、動機づけは決まった形で存在するものではなく、様々な教育的手立てによってより良い形に作り上げていくべきものとみなされます。

■3つの過程

　社会心理学的アプローチでは、動機づけは、態度・信条(belief)・価値観

等、どちらかと言えば一般的・安定的なもので、L2 学習開始前の学習者の
心理（L2 を学びたいと思うかどうか）に関わるものと考えられていました。
これに対し、Dörnyei (2001) はいわゆる過程志向アプローチ（process-oriented
approach）を提唱し、動機づけを、学習前（pre-actional）、学習中（actional）、
学習後（post-actional）の 3 つの過程にまたがるものと位置付けました。

　まず、学習前段階において重要になるのが選択的動機づけ（choice motiva-
tion）です。これは、どの L2 を選択して学ぶのか、L2 の教育プログラムに
参加するのかどうか等、目標設定、新たな学習意思の形成、学習の開始等に
関係します。この動機づけは、目標の特性（関連性・具体性・近接性）、学習
過程や成果に関わる価値観、L2 や L2 話者に対する態度、習得成功への期
待度、学習者の信条や方略、学習環境、また、前述の目標設定理論等に影響
されます。

　次に、学習中に重要になるのが実行的動機づけ（executive motivation）で
す。これは、特定の学習プログラムや学習タスクの実行、つまり、各種の下
位タスクの遂行、継続的評価、学習行為の統制等に関係します。この動機づ
けは、学習経験の質（快適性・ニーズ・能力活用・自己イメージ・社会的イ
メージ）、自律性、教師や親からの影響、教室内環境（競争的か協調的か）、
学習者グループからの影響、自己管理方略の知識や使用（目標設定・学習・
自己動機づけ方略）、また、目標設定理論等に影響されます。

　最後に、学習後に重要になるのが振り返り動機づけ（motivational retro-
spection）です。これは、学習後の振り返りによる因果関係の形成、基準や方
略の改良、現行の学習意思のリセットと新たな計画策定に関係します。この
動機づけは、属性要因（属性スタイル・バイアス）、自己概念に関わる信条
（自信・自尊心）、周囲から受けるフィードバック・賞賛・評価、また、原因
帰属理論等に影響されます（吉田, 2009 のレビュー参照）。

■コミュニケーション意欲（WTC）
　「変化する過程」としての動機づけに深く関わるのが、コミュニケーショ
ン意欲（willingness to communicate：WTC）です。WTC は当初 L1 で提案さ
れました。L1WTC はコミュニケーション不安とコミュニケーション能力

の知覚で決まり、コミュニケーション頻度に影響するとされます。その後、L2 に拡張され、L2WTC は「特定の時点に特定の個人・集団と L2 で談話を行おうとする意思」と定義されます（MacIntyre, Clément, Dörnyei, and Noels, 1998）。L1/2 ともに、WTC は時間や環境によって容易に変容します。

L2WTC は 6 層モデルになっており、最下層に社会的個人的文脈（集団間関係、性格）があり、上に向かって、情動的・認知的文脈（集団への態度、場の社会的状況認識、言語能力）、動機づけ傾向（個人への接触動機づけ、集団への接触動機づけ、自信）、状況要因（特定の個人とのコミュニケーション意思、特定の場におけるコミュニケーションへの自信）、コミュニケーション行動意思（WTC）が置かれ、最上層に実際のコミュニケーション行動（L2 使用）が位置付けられます。このモデルでは、動機づけを含め、各種の特定の社会的要因や個人的要因がないまぜになって、最終的に実際の L2 使用が決定付けられていると考えます（八島, 2004, p.13）。

たとえば、日本では、英語学習への動機づけは決して低くないのに、学習者は教室内外ともに L2 を使おうとしません（Lightbown and Spada, 2013, pp.66–67）。こうした状況を説明する際にも WTC モデルは有効に機能します。Yashima（2002）は、日本の英語学習者を前提として、WTC を予測する統計モデルを検討しました。このモデルでは、国際的志向性（異文化友好志向性、国際的職業や活動への関心、海外の事象や問題への関心、異文化との接触・回避性）→ L2 学習意欲（動機づけの強さ、学習意欲）→ L2 運用能力 → L2 コミュニケーションへの自信（コミュニケーション不安、L2 能力の自己認識）→ L2WTC という段階的な影響関係が示唆されています。また、八島（2004）では、これらに L2 異文化接触を加えた 6 因子による「循環モデル」を提案し、異文化の相手とのコミュニケーション量が増え、それが肯定的にとらえられることで不安が緩和され、学習意欲が亢進し、国際的な関心も高まり、結果として WTC が高まって L2 習得が進むという解釈を加えています（p.87）。

6.4.2.4　社会的・動的アプローチ（L2 自己モデル・複雑性理論）

教育心理学的アプローチや過程志向アプローチにより、教育場面における学習者の動機づけのモデル化が進みました。初期の動機づけ研究が、個人の

心内に議論の焦点を絞り、動機づけを静的で固定的にとらえていたのに対し、過程モデルやコミュニケーション意欲（WTC）は、動機づけの時間的変異や、社会的要因との関連にも注意を払うようになっています。

　応用言語学では、2000 年前後に、いわゆる「社会的転向」（social turn）が起こり（馬場・新田, 2016, p.71）、幅広い社会的環境要因の影響や、それに伴う差異や変動をより重視するようになりました。動機づけ研究においても、2010 年代以降、学習者が自身に対して抱く複層的な自己イメージを議論に取り込み、動機づけを差異と変動の点からとらえ直す、社会的・動的アプローチが広がっています。

■ L2 自己モデル

　社会的・動的アプローチの中で、とくに研究が進んでいるのが、L2 自己モデルまたは L2 セルフシステム（L2 motivational self system）と呼ばれる新しい動機づけのモデルです（Dörnyei, 2005；Dörnyei, 2009）。これは、L2 可能自己（future possible L2 self：将来の自分像）が、L2 理想自己（ideal L2 self：なりたい自分像）、L2 義務自己（ought-to L2 self：なるべき自分像）、L2 学習経験（L2 learning experiences：教室での学習の経験）の 3 者によって決定されるという考え方です。L2 学習の動機づけは、理想に近づくために学びたいという内発的・統合的な志向性と、強制や義務を果たすために学ぶべきであるという外発的・道具的な志向性と、周囲からの期待や支援を含む学習環境への思いがないまぜになって形成されます。このとき、理想自己と義務自己を明確に認識することで、動機づけが高まります。

　L2 自己モデルでとくに重要なのは、理想自己という考え方です。すでに述べたように、Gardner の初期モデルでは、たとえば、カナダの L1 英語話者が身近にいるフランス語話者のようになりたいと感じたり、フランス語話者圏に同化したいと願ったりする気持ちを統合的志向性と呼び、L2 学習の動機づけの有力なタイプとしました。しかし、カナダのような特殊環境を除けば、L2 学習における理想の人物像や L2 話者共同体を具体的にイメージすることは容易ではありません。そこで、L2 自己モデルでは、L2 母語話者やその共同体に限らず、「憧れの L2 教師」や「海外で活躍している未来の

自分」等、自分自身のこうなりたいというイメージを幅広く理想自己として定式化したのです(今野, 2013)。L2 自己モデルは、従来の統合的志向性に比べ、多様な L2 学習環境に拡張しやすい枠組みであると言えます。

■複雑性理論

一方、動機づけに関わる影響要因の多面性と、動機づけそのものの可変性をさらに強調し、高度に複合的で流動的なモデルとして動機づけをとらえようとするのが、最近、注目され始めている複雑系アプローチ(complex dynamic systems approach：CDST)です。

複雑系アプローチとは、人間の心理的発達を「分子レベルから文化レベルに及ぶあらゆる階層が複合的・相互的・連続的に相関」する「入れ子状の過程」ととらえ、それが「ミリ秒単位から数年単位に及ぶ多様な時間的枠組みの中で次第に明らかにされる」と考える立場を指します (Thelen and Smith, 2006, p.258)。動機づけに即して言えば、影響要因として、学習者の内面だけでなく、学習者を取り巻く友人・グループ・学校・地域・国家等の幅広い環境特性(さらにはそれらの相互影響)を考慮に含めます。また、時間的枠組みに関して、動機を長期にわたって不動のものととらえず、相対的に短い時間で変化しうるものとみなします。たとえば、1 つの教育プログラムであれば初期・中期・後期で、1 つの授業であれば導入部・展開部・まとめ部で、それぞれ動機が変化しうると考えるのです。

このような観点で調査を行えば、従前の研究と比べ、圧倒的に大量のデータが収集されますが、それらは、原因と結果が線的につながる単純な予測モデルに還元されるのではなく、あくまでも「非直線的関係」として解釈されます(廣森, 2014)。複雑系アプローチの発想に立てば、もはや、(特定の)学習者の動機づけはこういうタイプであるといった単純な概括化はできないことになります。複雑なデータを単純化・概括化・一般化することを目指すのではなく、複雑性そのものを動機づけの本質的な特性とみなして、そのありようを質的に検討していこうとするのが複雑系アプローチに基づく動機づけ研究の基本的な方向性です。

Nitta and Asano(2010)の研究では、大学で英語を学ぶ 6 つのクラスを研

究対象とし、それぞれのクラスで 1 年間にわたって毎回動機づけ調査を行い、結果を分析しています。得られたデータは、画一的な動機づけのパターンを示すものではなく、教授法・グループ内関係・グループ内の交友強度といった多くの社会的・対人関係的要因に影響を受け、クラスにより、時期により、異なる反応が出たことが報告されています。

　複雑系アプローチで使えるデータや手法は多岐にわたります。たとえば、日記を書かせる、個人発話をビデオ撮影してそれを見ながら本人に時々の思いを語らせる、個人特性の変化を成長モデルで統計処理する、行為者(actor)の関係性をネットワークグラフで分析する、個人や集団といった自律的行為単位(agent)とシステムの関係をコンピュータシミュレーションする、といった提案がなされています(Hiver and Al-Hoorie, 2019)。これらはいずれも魅力的なものですが、一方で、複雑系の研究アプローチは定まりにくく、いまだ萌芽期を脱していないという見方もあります(菊池, 2015, p.23)。

6.4.3　動機づけ研究の現状と課題
　動機づけは、社会心理学→教育心理学→過程志向アプローチ→社会的・動的アプローチといった様々な枠組みで研究が蓄積されてきました。

■国内の研究
　国内に限っても、関連する研究は膨大な量に上るため、ここでは、(1)一般の学習者が実際にどのような動機づけを持っているのか、(2)どのような動機づけが L2 習得に有利なのか、(3)どのようにすれば学習者を望ましい動機づけに誘導できるのか、という 3 点に即して、過去の研究の一部を概観します。

　まず、(1)学習者の動機づけの実態に関して、小磯(2005)は、日本版総合的社会調査(Japanese General Social Surveys)における成人日本人 1,957 名の調査データの分析をふまえ、英語学習の動機づけとしては内発的動機づけと道具的動機づけの双方の性質を持つ中間的動機づけ(例:視野を広めたいから、海外旅行のため)が多かったとしています。

　堀越(2010)は、台湾の日本語専攻大学生 836 名を調査した結果、動機づ

けは、日本文化、サブカルチャー、有能感、日本理解と日台貢献、ポップカルチャー、道具（就職・昇進）、日本語重要性、学位取得、上昇志向の9因子に整理でき、それらは報酬期待型動機づけと理解享受型動機づけの2因子に集約されたとしています。

　成田（1998）は、タイの日本語学習者44名を調査した結果、文化理解志向、統合的志向、道具的指向、利益享受志向（将来に有用）、国際性志向、誘発的志向（他者・成績）の6因子が抽出されたとしています。

　小林（2008）は、日本の大学で学習している中国人留学生33名の動機づけタイプを調べた結果、道具的志向＞学習興味＞文化興味＞日本理解＝誘発志向の順であったとしています。

　次に、（2）習得に有利な動機づけに関しては、前述の3つの研究がいくぶん異なる知見を示しています。小磯（2005）は、中間的動機づけよりも、はっきりした内的動機づけ（例：英語を学習するのが楽しいから）または道具的動機づけ（例：仕事上役立つから）のほうがL2習得に寄与していたと報告しています。堀越（2010）は、9種の動機因子のうち、成績と有意な正の相関を示すのは上昇志向のみであったとしています。成田（1998）は、統合的志向（例：日本人と友達になりたい）が日本語成績に正の影響を及ぼしていたのに対し、利益享受志向（例：将来何かよいことがありそうだから）や誘発的志向（例：親や友人に言われたから）は負の影響を及ぼしていたとしています。

　最後に、（3）望ましい動機づけへの誘導に関して、大畑（2012）は、日本人高校生1,146名を調査した結果、海外修学旅行への参加や、修学旅行先での交流行事への参加によって内発的動機づけが有意に上昇したとしています。

　加藤（2006）は、日本人大学生英語学習者42名にリプロダクション（センテンスを聞き取って直後に口頭再生）、シャドーイング（パラグラフを聞き取りながら同時に口頭再生）、グループワーク（授業内容に関する討論）を行わせ、3週目、9週目、14週目に動機づけを調査したところ、いずれの活動を行った場合も、動機付けは3週目から9週目にかけて上昇するものの、それ以降は上昇しないことを明らかにし、「学習者がこれらの活動に飽きてきた頃、それまでとは違う手法を導入」すべきだとしています。

　廣森（2003）は、日本人高校生英語学習者275名を対象として、自律性・

有能性・関係性という 3 つの心理的欲求と、主要な動機タイプ（無動機、外的調整、取入的調整、内発的動機づけ）の関係を検証した結果、有能性が内発的動機づけと同一視的調整に正の寄与を、外的調整と無動機に負の寄与を行うこと、関係性が内発的調整と同一視的調整に正の寄与を行うこと、一方、自律性は動機タイプに直接に寄与しないことを明らかにし、有能性の欲求を満たすことが L2 授業においてとくに重要であると結論しています。

　小湊（2019）は、学習者の動機づけの減退と回復の過程を観察するため、大学生 1 名（再々履修で英語授業の単位取得）に長時間のインタビューを行いました。その結果、当該学生は、分からないことを叱責された経験や、授業内容を理解できない経験を抱えて大学に入学し、当初は低い自己効力感と分からない辛さを受容する恐怖から学習動機が大きく減退したものの、親切に教えてくれる友人の存在が動機を取り戻すきっかけとなり、教えてもらう重要性に気づき、分からない自分を受け入れるようになったことで学習意欲と成績向上につながったことが明らかになりました。

■動機づけ研究の課題
　ここでは動機研究の課題として 2 点に限って言及します。1 点目は、動機づけと L2 習得の成否の関係が今なおはっきりしないことです。過去の動機づけ研究で紹介されたデータ（全体で 10,489 名分）を再分析した Masgoret and Gardner（2003）によれば、動機づけと L2 学業成績の相関は $r=.37$、L2 テスト成績との相関は $r=.29$、L2 能力自己評価値との相関は $r=.39$ だったと報告されています。これらは、L2 能力の 8 〜 15%（相関値の 2 乗）が動機づけによって説明しうることを意味するもので動機づけの L2 成績への寄与は一般に考えられているほど強いものではありません。
　2 点目は、動機づけをどの程度柔軟にとらえるかということです。仮に固定的に見る場合、いかに分類を細かくしようとも（あるいは分類を細かくすればするほど）、ある学習者の（ある時点の）動機づけをいずれかのタイプに割り当てるのは困難になります。一方、動機づけを、無数の要因間の複雑な相互関係によってごく短い時間単位で連続的に変化し、定常状態に至らないものと見る場合、それをどのようにして実証的な科学研究の対象となしうる

162

のかははっきりしません。後者の見方に立てば、動機づけ研究の出発点にあった、L2習得の成否を予測ないし診断するという方向性自体も根本的に再考されることになるでしょう。

　もっとも、世界的にL2学習のすそ野が広がりつつある状況の中で、「外国語／L2学習の速度や成否に影響する主要要因の1つ」(Dörnyei, 1998)としての動機づけの研究の重要性は高まることこそあれ減じることはありません。動機づけは、応用言語学の主要な研究テーマの1つとして、今後も幅広い観点から研究が続けられていくものと予想されます。

6.5　発展学習のために

6.5.1　文献ガイド

　前章でも触れたDörnyei and Ryan (2015)は、4章で動機づけについて、5章で学習スタイルについて、6章で学習方略について、それぞれ詳細なレビューを行っています。

　また、学習スタイル(認知スタイル)研究の概要を知るには、杉山・堀毛(1999)等が読みやすい入門書です。心理学的な調査方法の実際については、大村(2000)等も有益です。

　学習方略については、Oxford (1990)を邦訳した宍戸・伴 (訳) (1994)が読みやすい入門書と言えます。邦訳書には方略の体系を一覧でまとめたとじ込みシートや、邦訳版のSILLの質問用紙がついており、研究や教育実践に有益です。ただ、原著の7章や一部の練習問題等は割愛されています。あわせて、大学英語教育学会学習ストラテジー研究会(2005)もバランスのとれた入門書として推奨できます。本書は理論編と指導編の2部構成となっており、理論編には内外の関連研究が手際よく整理されています。このうち、指導編の部分を拡充させたのが同研究会(2006)で、この本には、中学校・高等学校の英語科授業で活用できる豊富なレッスンプランが紹介されています。たとえば、ハンバーガーショップでのやりとり表現を教える中学の英語授業であれば、指導に先立ち、学習者自身のハンバーガーショップでの経験をふまえ、どのような発話が出てくると思うか「予測シート」に記入させま

す。これにより、「予測」や「計画」といった方略を効果的に使用させることができます。また、竹内 (2003) は、この分野の一人者によって書かれた重要な入門書です。3 章「学習方略とは何か」および 4 章「先行研究の示すもの」を読めば、この分野のこれまでの研究の流れがよくわかります。また、本書は、海外の研究の紹介にとどまらず、インタビューや L2 学習成功者による著作分析等の手法で、学習方略の問題を立体的に論じています。巻末には、読解方略に絞って著者が開発した質問紙も掲載されています。

　L2 の学習動機づけに関して、八島 (2019) の 4 章では教育心理学や社会心理学から始まる動機づけの研究の系譜が分かりやすく整理され、日本の L2 学習環境の特殊性をふまえた研究の方向性が示されています。また、5 章では WTC 研究にも触れられています。林 (2012) の 1 章と 2 章では教育心理学・社会心理学をふまえた動機づけ研究の流れが概観されています。菊池 (2015) の 2 章は過程志向アプローチおよび社会的・動的アプローチを紹介しています。馬場・新田 (2016) の 8 章は動機づけのミクロレベルでの変化を、10 章は複雑系理論の考え方をエピソードを交えて分かりやすく解説しています。小柳・向山 (2018) の 4 章では、海外の研究を丁寧にレビューしつつ、動機づけ研究の変遷と展望がまとめられています。

6.5.2　研究のヒント

(1) Oxford (1990) を邦訳した宍戸・伴 (訳) (1994) の巻末に掲載されている日本語版の SILL を参考にして、独自の学習方略調査アンケートを作成してみよう。

(2) 下記は、Gardner (1985) の Attitude Motivation Test Battery (AMTB) に示された動機づけ・統合志向性・学習環境評価・言語不安・道具志向性の 5 観点に基づき、筆者が作成した L2 英語学習者向けの簡易版の質問票です。

> 簡易版英語学習動機づけ調査票
> 下記について、自分に「強くあてはまる」場合は 5 点、「ややあてはまる」場合は 4 点、「どちらとも言えない」場合は 3 点、「どちらか

164

と言えば当てはまらない」場合は2点、「まったくあてはまらない」場合は1点をそれぞれ記入してください。

Q1：英語を学ぶのが好きだ。（　）点

Q2：英語を学んでイギリス人やアメリカ人の友達を作りたい。（　）点

Q3：学校の英語の授業は楽しい。（　）点

Q4：英語の授業で当てられるとうれしい。（　）点

Q5：英語を勉強していると将来の就職に役立つ。（　）点

Q6：自分は英語がある程度できるほうだ。（　）点

　上記のシートを使って、10人程度に調査を行い、Q1〜Q5の総点とQ6の自己評価点の間に相関があるかどうか調べてみよう。また、Q1〜Q5の中で、Q6の自己評価点ととくに強く関係していると思える項目はあるだろうか。

(3) Deci and Ryan (1995) で提唱された動機づけの6タイプを調査するのにふさわしいと思う質問項目を4つずつ日本語で考えてみよう。たとえば、外的調整であれば、どのような質問項目を作ればよいだろうか。

第2部 第2言語の教授と評価

第 7 章　言語教授法の確立

7.1　本章で学ぶこと

　幼児期に自然に身に付く母語（L1）とは異なり、第 2 言語（L2）は、多くの場合、一定の年齢になった後、教室等での指導を通して学んでいきます。この点をふまえ、応用言語学は、1940 年代の萌芽期から現在に至るまで、一貫して、言語理論や言語習得理論に裏打ちされた効果的な L2 教授法の研究を続けてきました。

　もっとも、応用言語学が誕生する前にも、現場の教師の体験を根拠とした様々な教授法が存在していました。最も古いものは、文法や翻訳を重視するグラマートランスレーションメソッドです。その後、19 世紀の後半頃から20 世紀にかけて、翻訳を介さない目標言語での直接指導を主張するダイレクトメソッドが提唱され、イギリスでは、音声重視・場面重視・言語材料の精選を特徴とするオーラルアプローチなどが実践されました。

　そして、1940 年代に入ると、萌芽期の応用言語学研究の成果として、音声や構造の機械的反復を重視するオーディオリンガルメソッドが開発され、世界の L2 教授に大きな影響を及ぼします。オーディオリンガルメソッドはやがて下火になりますが、その後も広義の応用言語学の枠組みの下で様々な教授法が提唱されて現在に至っています。

　こうした流れをふまえ、本章では、応用言語学の枠組みに基づく初の科学的教授法とされるオーディオリンガルメソッドが登場する 20 世紀中葉までの教授法の変遷を整理します（1960 年代以降の現代教授法については次章で扱います）。以下、7.2 節において教授法の定義を示した後、7.3 節において

20世紀前半までの教授法の変遷を概観し、7.4 〜 7.6節において主要な教授
法を紹介します。

7.2 教授法とは何か

　一口に教授法と言っても、そこには多様な要素が包含されています。
Cook（2016）は、理念に関わる「教授スタイル」（style）と学習者に関わる「教
授技術」（technique）を区分しました。また、Anthony（1963）は、言語指導や
学習に対する仮説や信念に関わる「教授理念」（approach）、何をどのような
順序で教えるかに関わる「教授方法」（method）、教室でどう教えるかに関わ
る「教授技術」（technique）の３つを区分しました（pp.63–67）。

■理念、設計、過程
　Richards and Rodgers（2014）は、Anthonyの３分類を基本的に踏襲しつつ
も、Anthonyの言う教授方法の内容が曖昧で、教授理念と教授方法の関係も
明確でないことを問題視し、新たに、教授の理論に関わる「教授理念」（ap-
proach）、教授の体系化に関わる「教授設計」（design）、教授の実践に関わる
「教授過程」（procedure）という３分類モデルを提唱しています。
　まず、教授理念としては、主として言語に関わるものとして、構造主義言
語理論（言語の本質は音韻的・統語的な構造であり、言語習得とは構造の習
得である）、機能主義言語理論（言語の本質はそれが伝達する意味や機能であ
り、言語習得とは言語の実際的意味・機能の理解である）、言語インタラク
ション理論（言語の本質は社会的・対人的な関係性の構築であり、言語習得
とは言語の対人関係機能の理解である）等があります。これらは、様々な言
語習得理論や学習理論と組み合わさって個々の教授法の基盤を形成します。
　次に、教授設計には主として５点が関わります。まず、（1）目標について
は、個別技能、総合的技能、認知思考、異文化精神の育成等が想定されます。
（2）教授内容については、通例、「特定の教育課程の教育内容、学習項目の選
択・配列を具体的に示した授業計画」であるシラバス（syllabus）で示されます
（白畑他, 2009, p.305）。シラバスは、理念において、総合的アプローチ（synthetic

approach）と分析的アプローチ（analytic approach）に区分されます（Wilkins, 1976）。前者は、言語を小項目（語彙・文法等）に分割して段階的に提示し、積み上げで総合化する考え方で、伝統的な文法中心指導等に見られます。後者は生の言語資料を丸ごと学習者に示し、学習者自身に分析させるというもので、コミュニケーション志向の指導に関係します（8.3.3/8.4.1 節）。シラバスはまた、その内容において、文法シラバス、語彙シラバス（8.4.3 節）、コミュニカティブ（機能）シラバス（8.4.1 節）等に区分されます。（3）タスク・課題については、文型練習ややりとり練習といった伝統的なものや、各技能を統合的に使って課題を解決するコミュニケーション型タスクがあります（8.3.3 節）。（4）学習者・教師関係については、伝統的な教師主導型、学習者の主体的学びを重視し、教師は学びの調整者（facilitator）として側面支援に回る学習者主導型、両者を組み合わせた折衷型の教授に区分されます。（5）教材には、印刷版教材に加え、コンピュータ教材や e-learning 教材も開発されています。

　最後に、教授過程として、総合的アプローチに基づく PPP 型授業であれば presentation（学習項目の提示）、practice（学習項目の練習）、production（学習項目を用いた産出）、分析的アプローチに基づく 4E 型授業であれば elicit（引出し）、engage（関与）、experience（経験）、explore（探究）の各段階が関わり、学習過程全体の管理や評価、フィードバックも含まれます。

　これまでに提唱されてきた教授法には、大まかな教授理念だけを示すもの、教授設計（たとえば、シラバス）の在り方だけを示すもの、教授過程の中の特定のタスクのみに関わるもの等が混在していますが、本書では、「教授法」という枠組みの中で、これらを区別せずに扱います。

■教授法を見取る上での留意点

　以下、個々の教授法を見ていくにあたって、留意すべき点がいくつか存在します。1 点目は、教授法の多くが明確に定義しにくいということです。前述のように、教授法を構成する要素としては、教授理念・教授設計・教授過程の 3 点が存在するわけですが、すべての教授法が 3 点すべてについて明確な指針を持っているわけではありません。また、すべての教授法に特定の提唱者が存在するわけでもありません。実際、長年にわたって、多くの人が

異なる議論の枠組みの中で結果的に似通った教授の方法を提案してきています。ゆえに、個々の教授法について、はっきりした根拠に基づいて、その提唱者・提唱年・提唱内容・名称を同定することは極めて困難です。L2 教授法を解説した書物の間でも、個々の教授法の名称や内容については少なからぬ記述のずれが存在しています。

　2 点目は、様々な教授法が時代の影響を強く受けているということです。ある教授法を理解するためには、当時の社会的背景や言語学・応用言語学の研究の潮流を合わせて考える必要があります。

> 言語教授の効率を高めようとしてしばしば教授法は変化してきた。どの時代においても、教授法の変化は…言語教授の目標そのものの変化を反映するものであり、言語理論や言語学習理論の変化を反映するものでもあった。　　　　　　　　　　　　　　　（Richards and Rodgers, 2014, p.3）

　つまり、教授法の歴史をたどることは、それぞれの時代において主流であった言語観・言語教育観・教師観・学習者観の変遷をたどることを意味しています。

　以下、本書では、L2 教授法を解説した教科書として内外で定評の高い Richards and Rodgers（2014）を中心として、東（1992）、田崎（1995）等の各種の国内文献も参照しつつ、記述を行っていきます。ただし、前述のように、教授法の見取りには、これに関わらず、様々な視点があることに注意が必要です。

7.3　初期の教授法の変遷

　19 世紀以前においては、L2 教授に即して、何らかの方法論を明確に意識し、教授の過程を定式化しようとする発想はあまりなく、当時は、L2 を L1 に翻訳するグラマートランスレーションメソッドが広く実践されていました。しかし、19 世紀末になると、従来の教授へのアンチテーゼとして、L2 は L2 で教えるべきであるとするダイレクトメソッドが提唱されるようにな

ります。ただ、これは教師の信念や哲学を示したもので、現代的な意味における教授法と呼べるものではありませんでした。

　20 世紀に入ると、教授法はより明確な形を取るようになってきます。イギリスでは、当時の言語学者によって、音声重視、場面重視、言語材料の精選を特徴とするオーラルアプローチが提唱され、これは、後にシチュエーショナルランゲージティーチングに発展します。また、指導で扱う語彙や文法を精選するグレイディッドダイレクトメソッドも提唱されます。これらは、教授の過程をある程度明確化したという点で現代教授法に近いものですが、根拠とする言語理論や言語習得理論が必ずしもはっきりしていないという点で、応用言語学の枠組みで言う現代教授法とは区別されます。

　一方、アメリカでは、1940 年代に入り、萌芽期の応用言語学研究の成果として、構造主義言語学や行動心理学を基盤として、音声や構造の機械的反復を重視するオーディオリンガルメソッドが開発されました。オーディオリンガルメソッドは、狭義の応用言語学の誕生を示すものとされ、現代教授法の嚆矢とみなされています。

7.4　19 世紀の教授法

　19 世紀の教授法の変遷は、L1 重視のグラマートランスレーションメソッドから、L2 重視のダイレクトメソッドへの転換として整理することができます。

7.4.1　グラマートランスレーションメソッド

　グラマートランスレーションメソッド（grammar translation method：文法訳読教授法）は、L2 テキストの翻訳・解釈を通じて、L2 の語彙や文法を教える教授法の総称です。

■背景

　グラマートランスレーションメソッドの歴史は中世ヨーロッパのグラマースクール（grammar school）（主として聖職者や学者の養成のために古典ラテ

ン語文法指導を行う学校)における言語指導に端を発します。古典ラテン語とは古代ローマにおいて2世紀後頃まで使われていた難解な書き言葉のことで、中世以降においてはすでに一般に使用する人もいなくなっていました。つまり、グラマースクールでは、そもそも会話のためではなく読解のために古典ラテン語を学んでいたのです。このため、授業では、音声は扱わず、文法や語彙を指導し、聖書を初めとする教養的に価値の高いテキストを正確に翻訳させ、文法理解を深め、教養に親しませることに力点が置かれました。

その後、古典ラテン語に限らず、現代の外国語も同様のスタイルで指導されるようになり、とくに18世紀末から19世紀のプロイセンではこうした指導が隆盛を極めました。ゆえに、アメリカでは、グラマートランスレーションメソッドのことをプロイセン式教授法(Prussian method)と呼んでいました。

■理念と特徴

グラマートランスレーションメソッドは、明確な言語理論や言語習得理論に基づくものでなく、現場で生まれた経験的な教授のやり方で、(1)学習者のL1によってL2の文法や構造を詳しく解説する、(2)L2テキストの分析的読解を重視する、(3)センテンス単位の翻訳練習を行う、(4)文法や語彙の理解と暗記を目指す、(5)読み書きに特化する、(6)文献読解を通して教養の開発や精神修養を目指す、といった特徴を持ちます。

Cook(1991)は、教室での文法学習や翻訳を通して思考力・異文化理解力・その他の教育的価値の育成を図る一連の指導を「アカデミック教授スタイル」(academic style)と総称し、知的水準の高い年長者にはこうした指導が有効であると示唆しています。

■利点と制約

グラマートランスレーションメソッドは、(1)文法を効率的に学べる、(2)学習者が一定の成就感を得やすい、(3)学習者の知的好奇心に合致したレベルの教材を扱いやすい、(4)非母語話者教師にも教えやすいといった利点を

持ちますが、一方で、(1′) 話し言葉の指導に適応しにくく、口頭能力を伸ばせない、(2′) 授業が単調なものになりがちである、(3′) L2 インプットの量が限定される、といった制約もあります。

　グラマートランスレーションメソッドは「理論なき方法論」であり、現代の応用言語学において、積極的に「擁護する人は存在しない」とされますが (Richards and Rodgers, 2014, p.7)、にもかかわらず、現在でも幅広い教育現場において使用されています。

7.4.2　ダイレクトメソッド

　ダイレクトメソッド (direct method：直接教授法) は、グラマートランスレーションメソッドのように、学習者の L1 を用いて L2 を教えるという間接的手順を踏まず、L2 を教授言語として L2 を直接指導する教授法の総称です。

■背景

　19 世紀の終わりから 20 世紀の冒頭にかけて、ヨーロッパでは国を超えた人的交流が広まり、読み書きだけでなく、L2 による口頭での交渉の場面が増大しました。これに呼応して提唱されたのがダイレクトメソッドです。ダイレクトメソッドは各種の経験的指導法の総称で、L2 による直接教授を基盤として、音声学をふまえた発音指導が重要だとする Wilhelm Viëtor (1850–1918) のフォネティックメソッド (phonetic method：音声教授法)、心理的に自然なつながりとなるよう言語材料を配列すべきだとする François Gouin (1831–1896) のサイコロジカルメソッド (psychological method：心理的教授法)、聴解を中心とする自然な言語習得が重要だとする Maximilian Berlitz (1852–1921) のナチュラルメソッド (natural method：自然教授法) 等が含まれます。

　ダイレクトメソッドの多くは、文法訳読の限界を感じた L2 教師の個人的体験に根差しています。たとえば、フランスでラテン語を教えていた Gouin は、自分自身が外国語の習得に長く苦労してきたのに対し、2 歳の甥が周囲の大人の話を聞き覚えて、ごく短期間のうちに、きちんとした内容的連鎖に

基づいてフランス語を話せるようになったことを目の当たりにし、これにヒントを得て、新しい教授法を考案しました。また、アメリカの外国語学校で英語を使ってフランス語やドイツ語を教えていた Berlitz は、英語の出来ないフランス語教師の指導により、生徒が短期間で流暢にフランス語を話せるようになったことを知り、いわゆるベルリッツメソッド（Berlitz Method）を考案したとされます。

■理念と特徴

　ダイレクトメソッドもまた、何らかの言語理論や言語習得理論に基づくものではありませんが、(1) 幼児の L1 習得をモデルとする、(2) L2 の母語話者教師が L2 で教授を行う、(3) 文字よりも音声を重視する、(4) 文法解説や L1 翻訳を行わない、(5) 自然な L2 使用環境を重視する、といった共通特徴を持ちます。

■利点と制約

　ダイレクトメソッドは、(1) L2 の音声に習熟させやすい、(2) L2 のインプット量を確保しやすい、(3) 聞く・話す活動を主とすることで授業が活性化するといった利点を持ちますが、一方で、L1 による説明を行わないため、(1′) 文法知識が定着しにくい、(2′) 読み書き能力が伸長しにくい、(3′) 知的に水準の高い内容を扱いにくい、(4′) 非母語話者教師には教えにくく、また、母語話者教師は確保しにくいといった制約もあります。

　ダイレクトメソッドは主としてヨーロッパで盛んになり、イギリスでは、20 世紀以降、後述するオーラルアプローチに発展していきます。一方、アメリカでは、ダイレクトメソッドの影響は限定的でした。

7.5　20 世紀中葉のイギリスの教授法

　本格的な応用言語学の研究はアメリカで始まったこともあり、イギリスの L2 教授法は、20 世紀前半にあっては、アメリカとは別の独自の展開を遂げていました。この間のイギリスの教授法で注目に値するのは、オーラルアプ

ローチとグレイディッドダイレクトメソッドです。正確性を重んじたドリル
訓練を中心とするオーラルアプローチと、テキスト読解を重視するグレイ
ディッドダイレクトメソッドはそれぞれ異なる方向性を持ちますが、両者に
共通するのは、指導する内容を精選し、整理しようとする視点です。これ
は、後で見るアメリカの教授法にはあまりない視点で、実証主義・実践主義
を旨とするイギリス（およびヨーロッパ）の L2 教育の 1 つの特徴と言えるも
のです。

7.5.1　オーラルアプローチ

　オーラルアプローチ（oral approach：口頭教授法）は、話し言葉を優先しつ
つ、話し言葉・書き言葉の両面において、モデルの観察・模倣・定着練習か
らなる体系的な学習を行わせる教授法です。オーラルアプローチは、それま
での経験的なダイレクトメソッドに一定の方法論的原則と体系性を与えたも
ので、1920 〜 1960 年代にかけてイギリスで広く実践されました。また、提
唱者が訪れた日本でも 1920 〜 1940 年代にかけて広く実践されました。

■背景

　オーラルアプローチは、イギリスの文法・音声学者 Harold Palmer（1877–
1949）が 1921 年に出版した *The Oral Method of Teaching Languages* で紹介した
教授法で、辞書学者の Albert Sydney Hornby（1898–1978）らも同様の指導法
を提唱しています。Palmer は 1922 年に来日し、英語教育改革顧問として日
本の英語教育を指導しました。Hornby も 1924 年に来日し、英語教育に従
事しました。Hornby は帰国後、日本での教授経験をふまえ、SVO、SVOC
等の詳細な文型分類を特徴とする外国人向け英語辞書を執筆したことでも知
られます（現在の *Oxford Advanced Learner's Dictionary* の前身）。

　L2 学習に体系的な手順を与えたオーラルアプローチは、イギリスだけで
なく、イギリス連邦に属するオーストラリア等でも広がりました。そこで
は、文型練習を行う際に具体的な「状況」を設定する点に着目して、シチュ
エーショナルランゲージティーチング（situational language teaching：状況重
視教授法）という名前で呼ばれていました。

　本書は、Richards and Rodgers (2014) に基づき、イギリスにおいて Palmer らが提唱した教授法をオーラルアプローチと呼び、後で見るように、アメリカにおいて Charles Fries が提唱した教授法をオーディオリンガルメソッド (audiolingual method) と呼びますが、日本では前者を「オーラルメソッド」、後者を「オーラルアプローチ」と呼ぶ場合もあるので注意が必要です（たとえば、高橋, 2000）。

■理念と特徴

　オーラルアプローチは、Palmer と Hornby の学問的関心をふまえ、音声重視、文型構造重視等の基本理念を持ちます。その主張は、結果として、後述のオーディオリンガルメソッドと重なる部分が少なくありませんが、特定の言語理論や言語習得理論と明示的に関連付けられたものではありません。オーラルアプローチは、(1) 話し言葉（第 1 次能力）を書き言葉（第 2 次能力）に優先して指導する、(2) 指導過程を段階モデルとして示す、(3) 聴覚イメージを重視する、(4) 指導項目を精選し、段階的教授を重視する、といった方向性を持ちます。

■指導の実践

　オーラルアプローチでは、話し言葉であれ、書き言葉であれ、心内に聴覚イメージを持つことが重要であると考えます。これをふまえ、授業過程・学習過程を表 1 のように定式化します（高橋, 2000, pp.29–30）。

　話し言葉の指導を例にすると、授業では、まず、教師が L2 を使って授業の流れや目的を説明し、学習者の L2 への注意力を高めます（口頭導入：oral introduction）。その後、モデルの発音を慎重に聞き取らせます（耳観察：auditory observation）。今度は同じ音が出せるよう自身で発音させ（口模倣：oral imitation）、さらに、複数の音素や語を連鎖（catena）としてつなげて反復させます（口慣らし：catenizing）。その後、意味を意識しながら文を読み上げることで聴覚イメージと意味を連結させ（意味付け：semanticizing）、文要素を入れ替えて読み上げることで文構成力を養い（類推構成：composition by analogy）、教師の命令や指示に答えさせたり、教師と定型のやり取りを行わ

表 1　オーラルアプローチの授業過程と学習過程

話し言葉の指導		書き言葉の指導	
授業過程	学習過程	授業過程	学習過程
［口頭導入］	（準備）	［口頭導入］	（準備）
聴覚訓練	耳観察	視認訓練	目観察
発音練習	口模倣	筆写練習	手模倣
反復練習	口慣らし	転写練習	筆慣らし
再生練習	意味付け	素読、無意味口述	聴視覚結合
置換練習	類推構成	音読、黙読、意味口述	視聴覚結合
命令練習、定型問答	（即時反応）	自己口述	即時反応

せたりすることで即時反応力を高めます。

　このうち、最後の即時反応を除く 5 つの学習活動を、Palmer は発話の 5 段階学習過程（five speech-learning habits）と呼んでいます。また、こうした授業の構成方法は、presentation（学習項目の提示）、practice（学習項目の練習）、production（学習項目を用いた産出）の頭文字を取って、一般に、PPP と言われています。

■利点と制約

　オーラルアプローチは、(1)指導の手順を明示化している、(2)L2 音声の聞き取り・発音能力を伸ばしやすい、(3)受容能力を段階的に発信能力に転換しやすいといった利点を持ちますが、一方で、(1′)音声以外の指導手順が曖昧である、(2′)活動が単調になりがちで学習者が飽きやすい、(3′)非母語話者教師には教えにくいといった制約もあります。

　もっとも、オーラルアプローチは後代の一部の教授法のように極端な主張を行うものではなく、提唱された活動は言語教育の観点から見てどれもごく穏当なものです。このため、オーラルアプローチの要素は、現代の L2 教授法にも広く取り入れられています。高橋(2000)は日本の英語教育に関して、後述するオーディオリンガルメソッドが戦後になって一気に普及したのは、オーラルアプローチという「下地」があったためとしています(p.31)。

7.5.2　グレイディッドダイレクトメソッド

　グレイディッドダイレクトメソッド (graded direct method：段階式直接教授法) は、教授内容を精選して段階化した上で、L1 を介在させずに L2 で直接指導する教授法です。

■背景

　イギリスの文芸批評家として知られる Ivor A. Richards (1893–1979) は、自身の中国での英語教授の経験と、親交のあったイギリスの哲学者 Charles K. Ogden (1889–1957) が提唱していた、少数の英単語と簡易な文法であらゆる内容を表現する Basic English の発想を組み合わせて、新たな教授法を提案しました (Richards, 1945)。グレイディッドダイレクトメソッドは、当初は英語のみを対象にしていましたが、その後、フランス語、スペイン語、ヘブライ語等にも拡張され、それぞれ教本が出版されています。

■理念と特徴

　グレイディッドダイレクトメソッドは、(1) Basic English の枠組みを援用し、扱う語彙と文法を精選する、(2) 精選された語彙や文法を難度・重要度の段階別に提示する、(3) 個々の語や構文を断片的に扱わず、状況と一体化させて提示する、(4) L1 での説明を介在させず、イラストを補助として L2 と概念の直結を目指す、といった方向性を持ちます。このうち、(2) ~ (3) の点は、オーラルアプローチにも通底するもので、イギリスの L2 教授法の特徴となっています。

■指導の実践

　ここでは、上記の 4 つの方向性に即して、グレイディッドダイレクトメソッドの指導の特徴を概観します。

　1 点目は Ogden が提唱する簡易英語である Basic English の使用です。Basic とは、L2 としての英語を学ぶ際に不可欠な、イギリス英語・アメリカ英語・科学英語・国際英語・商用英語 (*British/ American/ Scientific/ International/ Commercial English*) の 5 要素をあらわしており、語彙は生活レベル

の基本語、わずか850語に限定されています。

　一般に成人英語母語話者の語彙量は数万語と言われていますが、Basic English は 850 語（付加的語彙を加えると 1,500 語）だけですべてのことを正確に表現できると主張しています。たとえば、動詞について言えば、操作語（operation word）と呼ばれる 16 種の基本動詞（go, come, give get, take, put, make, keep, let, see, say, send, be, do, have, seem）と、前置詞等の不変化詞（particle）を組み合わせることで、あらゆる動作が表現されます。

　下記は、リンカーンの有名なゲティスバーグ演説の冒頭部です。左は原文で、右は Ogden 自身が Basic English に翻訳したものです（Ogden, 1937）。

原文	Basic English 訳
Fourscore and seven years ago our fathers brought forth upon this continent a new nation, conceived in liberty, and dedicated to the proposition that all men are created equal.	Seven and eighty years have gone by from the day when our fathers gave to this land a new nation—a nation which came to birth in the thought that all men are free, a nation given up to the idea that all men are equal.

図 1　Basic English によるゲティスバーグ演説の書き換え

　原文の動詞は、操作語と不変化詞の組み合わせに置き換えられたり（例：brought forth upon → gave；conceived → came to birth）、意味を変えない範囲で省略されたりしています（all men are created equal → … are equal）。副詞句等を説明的に言い換えたりしているため、全体の語数は増えていますが、Basic English 訳も英語として不自然なものにはなっていません。

　この例でも明らかなように、語彙統制は文法統制に通じます。英語の文法上の難しさの大半は文型に起因し、文型は個々の動詞に結びついているからです。語彙全体、とくに動詞を圧縮することで、Basic English は語彙のみならず文法の難しさを大幅に軽減しています。

　2 点目は指導内容の段階化（grading）です。グレイディッドダイレクトメソッドは、語彙と言語構造（文型）の両面について、扱う内容が有用性の高いものから低いものへ、単純なものから複雑なものへ、明瞭なものから抽象的

180

なものへと整然と並ぶよう、緻密な段階化を行います。また、先に学んだ内容が後で学ぶ内容の準備となり、後で学ぶ内容が先に学んだ内容の補強となるよう、後で学ぶ内容が先に学んだ内容の理解を混乱させないように全体的な配列が決められます。このように言語構造の各部を順に積み上げていく教授設計を構造シラバスと呼びます(8.4.1 節)。

　3 点目は言語と状況の統合です。グレイディッドダイレクトメソッドでは、語や文法が断片的に扱われないよう、センテンス(sentence)と状況(situation)を一体化させた SEN-SIT という単位で指導を行います。たとえば、There is an apple on the table. というセンテンスは「机の上にリンゴがある」という状況があって生み出されたものです。ここで学習者が I will take the apple off the table. というセンテンスを発話すれば、今度は状況の側が変化し、リンゴはテーブルから取り去られてなくなります。このように、センテンスが状況に導かれたり、逆に、状況を導いたりすることを、Richards (1968)はセンテンスの受動的機能ないし能動的機能と呼んでいます。このように、言語と状況を一体化させることで、効果的な習得が可能になると考えられています。

　最後に、4 点目は学習者の理解を助けるイラストの使用です。Richards が出した教本のタイトルは *English Through Pictures* であり、たとえば英語において、「私」と「あなた」という概念を導入しようとする場合、グレイディッドダイレクトメソッドでは、下記のようなイラストを手掛かりとして、学習者が自分自身を指さしながら I と発声し、あるいは、相手を指さしながら you と発声します。これにより、L1 やそのほかの説明等を介在させず、語彙と概念を直結させることができるのです。

図2　グレイディッドダイレクトメソッドで使用されるイラスト例
(www.ibcpub.co.jp/learning/)

■利点と制約

　グレイディッドダイレクトメソッドは、(1)語彙を中心とする教授システムで初級の学習者にも学びやすい、(2)段階的に配列されているので限られた学習であっても最適の効果が得られやすい、(3)イラストを利用することでL2の聞き取り能力が高くない場合でもL1の介在なしでL2の理解を深めていきやすいといった利点を持ちますが、一方で、(1′)研修を受けていない教師には指導しにくい、(2′)当初は教材の黙読が推奨されていたこともあり、音声指導との組み合わせの方法が必ずしも明瞭でない、(3′)学習活動が単調になりがちで飽きやすい、(4′)段階的配列の妥当性が実証されていないといった制約もあります。現在も一部で精力的な研究・実践が続けられていますが、幅広い普及には至っていません。

7.6　20世紀中葉のアメリカの教授法

　第2次大戦後のアメリカでは、萌芽期の応用言語学研究をふまえ、オーディオリンガルメソッドが提唱され、一世を風靡します。話し言葉を重視し、正確性を重んじたドリル訓練を中心とするオーディオリンガルメソッドは、実は、すでに見たイギリスのオーラルアプローチ（シチュエーショナルランゲージティーチング）と酷似したものですが、言語理論や言語習得理論と密接に関係付けられている点、また、場面重視や言語材料の精選が強調されていない点で、イギリスの教授法と区別されます。

7.6.1　オーディオリンガルメソッド

　オーディオリンガルメソッド（audiolingual method）は、アメリカにおいて、萌芽期の応用言語学研究の成果として提唱されたもので、当時の主流であった言語理論や心理学理論に立脚した初の科学的な教授法です。オーディオリンガルメソッドは、「習うより慣れろ」「考えるより反応せよ」といった基本理念の下、徹底的な反復訓練によるL2での正しい習慣形成を目指すもので、1950年代から1960年代にかけてアメリカをはじめとする各国で広く実践されました。

■背景

20世紀に入り、アメリカでも、Berlitz等によって音声を重視するダイレクトメソッドの先駆的実践が行われましたが、母語話者教師の確保の難しさもあり、一般に広く普及するには至りませんでした。こうした中、訳読への揺り戻しも起こり、1929年には、学校教育での会話指導は非効率的であるため、読解中心指導に帰るべきであるとするColeman Report (Coleman, 1929) が出され、1930年代には平易なテキストの黙読を中心とするリーディングベーストアプローチ (reading-based approach) が実践されました。

しかし、1940年代に入ると、第2次世界大戦の影響により、高度な外国語の口頭能力を備えた人材養成が急務となりました。1942年には、アメリカ陸軍外国語特別訓練プログラム (army specialized training program) が始まり、複数の大学において、口頭反復練習を中心とした集中型訓練が企画・実施され、大きな成果を挙げました。これは、毎日10時間の学習を2〜6週間にわたって行う短期集中型の指導で、アーミーメソッド (army method) と呼ばれました。そして、1945年には、応用言語学の祖とされるCharles Carpenter Fries (1887–1967) が、ミシガン大学の同僚であったRobert Lado (1915–1995) らと共に、口頭での反復練習を重視する新しい教授法を開発・提唱しました (Fries, 1945; Lado, 1964他)。Friesの教授法は言語の音声面・構造面を重視することから、当初は、（アメリカ版の）オーラルアプローチ (aural-oral approach)、ないし、構造アプローチ (structural approach) 等と呼ばれていましたが、後にオーディオリンガリズム (audiolingualism) という名称が作られ (Brooks, 1964)、一般にはオーディオリンガルメソッドと呼ばれるようになります。

1950年代に入ると、1957年のスプートニクショック（アメリカと対立関係にあった旧ソビエト連邦による宇宙ロケット実験の成功）を経て、1958年に教育の近代化・科学化を目指すNational Defense Education Actが施行され、全米で教育改革の動きが急速に強まります。この動きにうまく乗る形で、オーディオリンガルメソッドは、1950年代から1960年代にかけて、アメリカのL2教育の標準教授法としての地位を確立しました。

■理念と特徴

　オーディオリンガルメソッドに直接的な影響を及ぼしたのは、構造主義言語学、行動心理学、対照分析仮説（3.2 節）の 3 つの理論でした。まず、言語の本質を音韻・形態・語彙・句・節・文の各階層にまたがる整然とした構造の体系とみなす構造主義言語学に基づき、音韻を始点として、言語を構成する各々の段階ごとにその構造を理解することが L2 習得の中核であるという理念が生じました。次に、刺激と反応の反復強化によってあらゆる行動が習得されるとする行動心理学に基づき、L2 習得には L2 の言語刺激を聞き取って反応を返す練習を徹底的に反復すべきであるという理念が生じました。そして、L1 と L2 の構造的差異が L2 習得を妨げるとする対照分析仮説に基づき、L1 と異なる点を集中的に反復練習すべきだという理念が生じました。

　オーディオリンガルメソッドはまた、音韻面の徹底的な訓練を重視する前述のアーミーメソッドや、構造主義言語学で広く実践されていたインフォーマントメソッド（informant method）からも間接的な影響を受けています。インフォーマントメソッドとは、当時の言語学者が未知の少数言語の調査を実施する際に行っていた訓練方法のことで、当該言語のインフォーマント（母語話者）の発話を音韻的に正確かつ完全に書き起こすことで言語の基本構造の習得を目指すというものでした。

　こうした経緯を経て誕生したオーディオリンガルメソッドには、(1)L2 の音声を聞いて発音する過程を徹底的に反復することで L2 の習慣形成を目指す、(2)用意された対話文を完全に暗唱することで基本表現を内在化する、(3)習得した構文を変化・拡張させて産出力を高める、(4)基本的に個人単位で学習を進める、という基本的な方向性があります。

■指導の実践

　オーディオリンガルメソッドは、言語単位としては、音素から始め、語彙、句、文の順に学習を進めます。また、技能としては、リスニングから始め、スピーキング、リーディング、ライティングの順で学習を進めます。

　通例、学習内容は、店頭での店員とのやりとりといった短い対話文の形で提示されます。対話文の中の新出語彙の数は制限されています。学習者は、

まず、教師もしくは録音による対話文のモデル発音を正確に聞き取ります。その際、light と right、big と pig 等、発音中の1部のみが異なるミニマルペア (minimal pair) を使って音素の正確な定着を目指します。その後、1文ずつ模倣して発話し、これを反復することで、暗唱します。この過程を一般にミムメム (mimicry memorization：模倣暗唱) と言います。ここで、対話文の暗唱は、L2 における反応の習慣化・内在化を意味します。したがって、誤りが習慣化されないよう、誤りがあれば、教師はその場で明示的に矯正します。

　続いて、パタンプラクティス (pattern practice) によって、文型の理解と内在化を進めます。パタンプラクティスとは、イギリスのオーラルアプローチで提唱された置換練習と同様のもので、暗唱済みの文について、その一部を入れ替える文型練習のことです。通例、教師 (T) が言い換えの鍵になる言葉 (キュー) を提示し、学習者 (L) はそれに基づいて文構造を部分的に変化させます。たとえば、以下のようなやりとりがなされます。

T："I eat an apple." L："I eat an apple."　　　　　　　　(単純反復)

T："It."　　　　　L："I eat it."　　　(名詞の言い換え：代名詞に)

T："Mike."　　　 L："Mike eats an apple."　 (活用変形：3単現に)

T："Yesterday." 　L："I ate an apple yesterday." (活用変形：過去形に)

　パタンプラクティスには、単純反復 (repetition) のほか、単語置換 (replacement：名詞を別の名詞や代名詞に入れ替える等)、活用変形 (inflection：名詞を複数形にする等)、言い直し (restatement：間接疑問文を直接疑問文に変形する等)、文完成 (completion：言いさし文の後をつなげて文を完成させる等)、語順変更 (transposition：文を倒置変形する等)、拡張 (expansion：副詞を追加する等)、短縮 (contraction：名詞節を代名詞に置き換える等)、変形 (transformation：能動文を受動文に変形する等)、結合 (integration：2文をつないで1つの文を作る等)、応答 (rejoinder：指示に応じた反応を返す等)、復元 (restoration：与えられた語群をつないで文を作る等) があります (Brooks, 1964, pp.156–161)。

■教授設備

　音声を重視するオーディオリンガルメソッドにとって、母語話者教師をど
のように確保するかは悩ましい問題でしたが、アメリカでは、1958 年の
National Defense Education Act 以降、学校設備の拡充が進み、多くの学校に
語学訓練に特化したランゲージラボラトリ（language laboratory：LL）が設置
されました。これにより、母語話者教師がいなくても学習が可能になり、
オーディオリンガルメソッドの普及がさらに進みました。

　ランゲージラボラトリは、集中して学習できるよう、通例、個人席（ブー
ス）になっており、ブースごとに、モデル音声を流す再生装置、マイク付き
ヘッドフォン、自分の発話を記録する録音装置等が用意されていました。こ
れにより、学習者は、聞く・発音する・反復するといったプロセスを完全に
個人だけで遂行できるようになったのです。ランゲージラボラトリは、その
後、日本を含む各国で整備が進みます。

図 3　1960 年代の LL 教室（www.e-konan.net/history/ 内の画像を加工）

　なお、1990 年代以降になると、コンピュータが一般に普及したことで、
かつてのランゲージラボラトリの多くがコンピュータ援用型言語学習教室
（computer assisted language learning room：CALL room）に置き換わりまし
た。最近では、同様のトレーニングが可能な個人用のスマートフォンアプリ
も各種出ています。

186

■利点と制約

オーディオリンガルメソッドは、(1)教授の流れが体系化されていて教えやすい、(2)やるべきことが決まっているので学びやすい、(3)自分のペースで自律的に学びやすい、(4)反復訓練によって基本構文や基本語彙が定着しやすい、(5)パタンプラクティスの中身を入れ替えることで同じ枠組みで多様な学習内容に拡張できるといった利点を持ちますが、一方で、(1′)オウム返しの反応はできても実際に L2 を使えるようにならない、(2′)練習内容が単調で長期学習が行いにくい、(3′)即時反応が強調されるためにじっくり考える機会が持てない、(4′)他者とのコミュニケーション機会がほとんどないといった制約もあります。

オーディオリンガルメソッドは、時代の求める「科学的」な教授法として、アメリカだけでなく世界各地で導入され、1950 年代から 1960 年代にかけて一世を風靡しました。しかし、1950 年代後半に Noam Chomsky が普遍文法の考え方を提唱したことで、オーディオリンガルメソッドの理論基盤であった構造主義言語学や行動心理学への信頼性が大きく揺らぎました。Chomsky (1966) は、「言語は習慣化された構造などではない。一般的な言語行動を特徴付けるのは、抽象的で複雑な［文法］ルールに基づき、新たな文やパタンを創造・形成することである」と述べています (p.153)。また、一般の教育現場では、オーディオリンガルメソッドを行っても、期待されたような効果は得られず、加えて、単純な機械的反復を学習者に強要することも問題視されるようになりました。こうして、オーディオリンガルメソッドは、1960 年代以降、次第に下火になっていきます。

7.7 発展学習のために

7.7.1 文献ガイド

教授法については Richards and Rodgers (2014) が定評ある教科書です。同書の 2 版 (2001) についてはアルジェイミー・高見澤 (訳) (2007) による邦訳があります。日本語で書かれた教授法の入門書の多くは対象言語別になっており、英語教授法に関しては、東 (1992) の第 3 章がコンパクトにまとまっ

ています。このほか、岡田・ハヤシ・嶋林・江原 (2015)、佐藤・笠原・古賀 (2015)、高梨他 (2023) 等にも教授法の紹介があります。日本語教授法については、石橋 (2018)、小林 (2019)、深澤 (2021) が有益な入門書です。個別教授法のうちグレイディッドダイレクトメソッドについては片桐・吉沢 (編)(1999)、伊達 (2021) が参考になります。

7.7.2　研究のヒント

(1) グラマートランスレーションメソッドについては、近年、全面的に否定するのではなく、制約を理解した上でうまく使っていこうとする意見も出されています。金谷・高知県高校授業研究プロジェクトチーム (2004) を読み、そこで提唱されている「和訳先渡し法」の内容についてまとめ、その是非についてディスカッションしてみよう。

(2) オーラルアプローチの発想に基づき、学習の 5 段階と PPP の配列に注意を払いながら、中学生に英語の進行形を教える授業の教授案を考えてみよう。また、作成した授業案を他の人と交換し、それぞれの共通点を探してみよう。その上で、L2 教授法としてのオーラルアプローチの利点と問題点を話し合ってみよう。

(3) オーディオリンガルメソッドで実施されるパタンプラクティスを参考に、I play tennis.（私はテニスをする）という文を言い換えさせる問題を作ってみよう。また、どのようなキューを与えれば、意図した変形をうまく行わせることができるか考えてみよう。

第 8 章　現代の言語教授法

8.1　本章で学ぶこと

　20 世紀中葉までの言語教授法は、グラマートランスレーションメソッドからダイレクトメソッドに移行し、その後、イギリスではオーラルアプローチが、アメリカではオーディオリンガルメソッドが広く実践されました。特に、オーディオリンガルメソッドは、一時は世界の L2 教授法の標準とみなされるに至りましたが、1960 年代に入ると、その有効性に疑問が付され、以後、これに代わる新たな教授法が次々に提唱されることとなりました。これらの現代教授法の多くは、オーディオリンガルメソッドの問題点の解消を目指すものとなっています。

　本章では、8.2 節において 1960 年代以降の主な現代教授法を概観し、それらを 4 つのタイプに区分した上で、8.3 ～ 8.6 節において各々の内容を整理します。また、8.7 節で多様な現代教授法を整理する視点についてまとめます。

8.2　現代教授法の変遷

　1960 年代以降の教授法は、ある意味で、どれもオーディオリンガルメソッドに対するアンチテーゼとなっています。オーディオリンガルメソッドには、あえて図式的に言えば、(1) 即時応答に力点を置いて L2 の十分な理解を軽視する、(2) 訓練に力点を置いて実際の言語使用場面を軽視する、(3) 言語そのものに力点を置いて言語が表出する内容を軽視する、(4) 教師の側

表1 本章で扱う現代教授法の一覧

基本観点	言及する教授法
理解志向 (8.3 節)	・トータルフィジカルレスポンス（口頭反応でなく身体反応を行わせることでL2の理解力を伸ばす） ・ナチュラルアプローチ（発信を求めず、聴解・読解に専心させることで、意味のあるインプットの理解を促す） ・フォーカスオンフォーム（言語の意味と形式に意識を向けさせることで、L2の理解力を伸ばす） ・ホールランゲージ（言語を総体的にとらえ、興味に基づく読解を行わせることでL2の理解力を伸ばす） ・テキストベーストインストラクション（社会的文脈を踏まえたテキスト読解を通してL2の理解力を伸ばす）
コミュニケーション志向 (8.4 節)	・コミュニカティブランゲージティーチング（シラバスや教授過程を工夫し、L2コミュニケーション力を伸ばす） ・コンピテンシーベーストランゲージティーチング（実社会で求められるL2技能を精選して伸ばす） ・レキシカルアプローチ（文法ではなく、実用性の高い語彙を切り口としてL2全体を指導する）
内容志向 (8.5 節)	・イマージョンプログラム（L2で一般教科を指導することで、内容理解力とL2力を同時に伸ばす） ・コンテントベーストインストラクション（L2指導と内容指導を一体化させる）
学習者志向 (8.6 節)	・サイレントウェイ（教師が「沈黙」して過度の介入を避けることで、学習者に自律的に学ばせる） ・コミュニティランゲージラーニング（カウンセリングの手法を応用して学習者に自律的に学ばせる） ・サジェストペディア（暗示を利用して学習者の潜在能力を引き出す） ・多重知能理論（学習者の持つ多様な能力プロフィールを考慮することで学習効果を高める） ・コーパラティブランゲージラーニング（競争に偏らず、学習者間の協同を重視する）

に力点を置いて学習者の主体性を軽視する、といった問題点があります。

　これに対し、現代の教授法は、(1′)L2による反応の強制を止め、L2インプットの聴解や読解を重視する（理解志向）、(2′)言語を使った実際的コミュニケーションを重視する（コミュニケーション志向）、(3′)言語によって伝達される内容を重視する（内容志向）、(4′)学習者の自律性や潜在的能力を重視

する（学習者志向）、といった基本的方向性を持ちます。以下では、これらの4点を軸として、主要な現代教授法を整理し、順に論じていきます。

　もっとも、上記の4分類は、筆者による便宜的なもので、4分類の間の垣根はそれほど明確ではありません。たとえば、理解志向と学習者志向を同時に備えた教授法や、コミュニケーション志向と内容志向を同時に備えた教授法も珍しくありません。実際、現代教授法は、相違点以上に、共通点も多く、基盤となる言語理論としては、従来の構造主義言語学に代えて、言語が文脈の中で持つ生きた意味や機能を重視する機能主義言語学や、対話・会話の中での言語活動を重視する言語インタラクション理論が主流となっています。また、基盤となる言語習得理論や学習理論についても、従来以上に、学習者の自律性や心理面を重視する立場が一般的になっています。

8.3　理解志向型教授法

　オーディオリンガルメソッドは、インプットに対する即時の口頭反応を要求するもので、「考えずに反応する」ことで刺激と反応の関係を無意識レベルで習慣化することを目指したものでした。しかし、L2で口頭反応することに気を取られていると、肝心のインプットの理解（comprehension）や取り込み（intake）がおろそかになる可能性もあります。

　そこで、現代教授法の一部は、オーディオリンガルメソッドが前提としたインプットとアウトプットの機械的結合を再考し、少なくとも学習の初期においては、インプットの理解を最優先することが重要であると考えるようになりました。こうして、負荷のかかる即時の口頭応答に代えて、体を使って応答させるトータルフィジカルレスポンス、意味のあるインプットの理解を重視し、アウトプットの直接指導を否定するナチュラルアプローチといった一連の教授法が提唱されました。

　また、近年では、理解の質を高めることの重要性が広く認識されるようになり、学習者の注意力を言語の意味や形式に適切に向けさせることで言語理解を深化させるフォーカスオンフォーム、言語を総体としてとらえ、学習者の興味をふまえた多読を通してL2の理解力を育成するホールランゲージ、実際の社会的コンテキストをふまえて多様なテキストに対する理解の深化を

目指すテキストベーストインストラクション等も提唱されています。

8.3.1　トータルフィジカルレスポンス

　L2 インプットの理解を重視する場合、インプットに対して負荷のかかる反応を求めることは逆効果になりかねません。トータルフィジカルレスポンス（total physical response：全身反応法）は、L2 指示に対して、学習者に口頭反応ではなく、身体反応を求めることで、L2 の理解と取り込み（intake）を促進させる教授法です。

■背景

　L2 教授では、多くの教授法が、幼児の L1 習得をモデルにしています。産業心理学の専門家である James J. Asher は、幼児が聴解から始めること、幼児が受ける L1 インプットの多くが親からの命令の形を取っていること（〜しなさい、〜してはいけません）に注目し、L2 で同様の命令を与え、学習者に身体的反応を行わせるトータルフィジカルレスポンスを提唱しました（Asher, 1965）。トータルフィジカルレスポンスは、現在でも、児童対象のL2 教育等で使用されています。

■理念と特徴

　トータルフィジカルレスポンスもまた、刺激・反応の習慣形成を重視する行動心理学の影響を受けたもので、(1)L2 指示に対して言語ではなく体で即時に反応させる、(2)L2 指示の理解と取り込みを重視する、(3)L2 での反射的な対応力を高める、といった特徴を持ちます。

　たとえば、教師が L2 で Touch your nose（鼻を触りなさい）と指示を出すと、学習者はすぐに自分の鼻を触ります。最初の段階では、手本を示すため、教師も一緒に体を動かしますが、やがて、学習者だけが体を動かし、最後は学習者同士で指示を出し合います。この過程において、指示に対する言語的な応答は一切要求されません。これにより、学習者はインプットの聴解に集中することができインプットが深く取り込まれます。また、言語と行動の一体化によって両者の間の連想関係が強化され、記憶として定着しやすく

なります。

　心理学では、左脳が分析・計算・推論等を、右脳が感覚や反射を担うとされています。我々が L2 を聞くと、通例、左脳で分析的に処理して L1 に翻訳しようとしますが、これでは母語話者のような即時の理解・反応はできません。そこで、あえて間髪を入れない身体反応を要求することで、L2 の反射的処理を身に付けさせようとするのです。

■利点と制約

　トータルフィジカルレスポンスは、(1) 体を使うことで授業にメリハリがつく、(2) 楽しい雰囲気の中で練習できる、(3) 言語応答を要求しないのでストレスがない、(4) 学習者の L2 への注意力・集中力が自然に高まるといった利点を持ちますが、一方で、(1′) 成人学習者には使いにくい、(2′) 導入期以降の指導の過程がはっきりしない、(3′) 文法や読み書き等の指導の過程が示されていないといった制約もあります。

　トータルフィジカルレスポンスは、L2 音声になじませる手段として、主として児童対象の L2 指導の現場で実践されています。しかし、Asher は、トータルフィジカルレスポンスでは、高度に集中した状態で L2 指示を聞くため、指示文の音声だけでなく、語彙や文構造についても自然に習得できると述べています。指示文の言語的内容をうまく調整すれば、成人学習者向けの語彙指導や文法指導に応用できる可能性もあると言えるでしょう。

8.3.2　ナチュラルアプローチ

　L2 の理解を深める上で最も重要なことは、L2 における刺激を十分に受け取ることです。ナチュラルアプローチ（natural approach：自然教授法）は、L1 を学ぶ幼児と同じ「自然」なやり方で、つまりは、大量の L2 インプットの理解を通して L2 習得を行わせる教授法です。負荷のかかる発信（話す・書く）をあえて行わせないことで、L2 インプットの取り込み（intake）が進み、習得が促進されると考えられています。

■背景

　ナチュラルアプローチは、カリフォルニアでスペイン語の教育に長く従事してきた Tracy D. Terrell (1943–1991) が根幹部を開発し、後に、Stephen Krashen が提唱するモニタモデル (Krashen, 1982) の枠組みを組み込んだ教授法です (Krashen and Terrell, 1983)。19 世紀のダイレクトメソッドの一端を占める Berlitz のナチュラルメソッド (7.4.2 節) と同様、幼児の L1 習得に即した「自然」な L2 習得をモデルとしていますが、ナチュラルメソッドのように、L2 で反応を返すことは重視されていません。

■理念と特徴

　ナチュラルアプローチは、生得的な言語能力観に立っており、機械的な反復訓練で L2 を身に付けることができるとしたオーディオリンガルメソッドを明確に否定しています。Krashen and Terrell (1983) は、冒頭で、オーディオリンガリズムに明示的に言及し、(1) 習慣形成は短期間では起こりえない、(2) パタンプラクティスは内容理解なしに反復させるだけで、文の意味にも文法ルールにも注意が向けられない、(3) 反復ドリルはメッセージを伝達しておらず、真のコミュニケーションとなりえない、等の問題点を指摘しています (p.15)。その上で、モニタモデルという言語習得理論に基づき、各種の実践で効果検証がなされているナチュラルアプローチは、オーディオリンガルメソッドよりも大きな優位性を持つとしています (p.1)。

　ナチュラルアプローチの核となる考え方は、理解可能なインプット (comprehensible input) を十分に受けることによってのみ L2 が習得されるという Krashen の主張 (2.4.3 節) です。このため、ナチュラルアプローチは、モニタモデルの 5 大仮説に即して、(1)L2 の場合も文法の習得は段階的に進んでいく (自然順序仮説)、(2) 教室での文法指導だけで L2 は習得できない (学習・習得仮説)、(3)L2 習得には理解可能な i + 1 レベルのインプットが必要で、アウトプットは時期が来れば自然に出現する (インプット仮説)、(4) 緊張や不安を取り去ることが重要 (情意フィルタ仮説)、(5) 学習された明示的文法知識は産出の正確性の保証にのみ利用される (モニタ仮説)、といった理念を持っています。

■指導の実践

　一般的なナチュラルアプローチの授業では、初回は、原則としてインプットだけを行い、L2 による応答を求めません。この際、教師は、前述のトータルフィジカルレスポンスを使用して学習者に体を動かすよう促したり、「黄色い服を着ている人は誰ですか」のような平易な質問でクラスにいる生徒を当てさせたりする等、学習者にとって身近な話題・内容を扱うことで情意フィルタを下げることができます。また、同じ内容を易しい表現にパラフレーズして何度も言いなおす等して、学習者にとって理解可能なインプットの量を増やし、学習者にやっていけるという自信を与えることが重要です。こうした活動を行うことで、学習は意味理解だけに集中し、ついには「外国語を学んでいることすら『忘れる』」という心理状態に至ります（p.76）。これが望ましい情意フィルタの水準です。

　その後、2 回目以降の授業では、必要な量のインプットが取り込まれてくる中で、無理強いせずとも、自然と簡単な発話が出てきます。このタイミングは状況によって変化しますが、成人では早い人で 1 ～ 2 時間、遅い人で 10 ～ 15 時間、子供の場合は 1 ～ 6 か月でごく簡単な応答が出てくるとされています（p.78）。この段階に入ると、yes/no 型質問、either A or B 型質問、what is this 型質問、オープンエンド型発話（例：I am wearing a ___）、オープンエンド型対話（例：Where are you going? / To _____）等を順番に組み込んでいきます。これにより、聞くことに集中させつつ、発話も自然に引き出せるのです。重要なことは、アウトプットはインプットから「自然にかつ自発的に」生じるもので（p.78）、個人を指名してアウトプットを求めるようなことは避けるべきです。

　なお、ナチュラルアプローチは読むことの指導にも対応したものとされます。そこで重要なのは、やはり、書き言葉における「理解可能なインプット」、つまり、未知語が少なく、統語的に適度な複雑さを持ち、なによりも内容上の面白さを備えたテキストを十分に読ませることです。その際、内容のおおよその理解に重点を向けさせるべきで、細部まですべて理解することを目標にすべきではありません。この時、スキャニング（scanning）、スキミング（skimming）、速読等の技法を活用することができます。また、一定の

テーマを決めた上での「限られた範囲での多読」もインプットを増やす上では効果的であるとされます。

■利点と制約

ナチュラルアプローチは、(1) 大量の L2 インプット機会が保証される、(2) アウトプットを最初から強制しないため、教室での緊張が軽減される、(3) 1 語応答から yes/no 応答等、アウトプットを段階的に伸ばしていきやすいといった利点を持ちますが、一方で、(1′) アウトプットへの転換がどのように起こるのか、仮に起こらなかった場合にどう対処すべきかがはっきりしない、(2′) 活動が聞くことだけに偏りがちで授業が単調になる、(3′) メッセージや意味に注目するだけでは発音や言語形式が身につかない可能性がある、(4′)「i＋1」という難度を決める基準が曖昧である、(5′) 習得が文法構造の段階的獲得に偏っている、(6′) 初級者には良くても、中上級者の指導への応用の方法がはっきりしないといった制約もあります。

もっとも、L2 習得において十分な量のインプットが不可欠であるというナチュラルアプローチの基本的主張については反論の余地が少なく、この点に限って言えば、ナチュラルアプローチは現代教授法の王道を行くものと言えます。

8.3.3　フォーカスオンフォーム

L2 インプットの処理においては、通例、意味の理解が強調されますが、大まかな意味理解だけでは、文法的正確性を身に付けることは困難です。フォーカスオンフォーム (focus on form) は、意味理解を優先しつつ、同時にインプットの言語形式 (form) にも注意を向けさせることで、L2 の流暢性と正確性を同時に伸ばす教授理念です。これにより、理解志向型教授法の弱点とされる文法的正確性の獲得が可能になると考えられています。

■背景

現代教授法の多くは、細かい文法ルールを覚えていくのではなく、十分な量の L2 インプットに触れ、その意味を理解 (comprehension) し、インプッ

トの取り込み(intake)を進めることでL2の習得がなされると考えています。

　しかし、意味を大まかに理解しているだけでは、L2が支障なく聴解・読解できたとしても、文法的に正確な産出ができない危険性があります。そこで、アメリカの応用言語学者 Michael Long が各種の L2 教授の指導効果の検証をふまえて提唱したのが、L2 の意味だけでなく形式にも同時に注意を向けさせるフォーカスオンフォームです(Long, 1991)。フォーカスオンフォームの理念を取り入れた教授法として、Long(1985)はタスクベーストランゲージティーチング(task-based language teaching：TBLT)という教授法も提案しています。TBLT は Long の想定を超えた形で普及し、コミュニケーションを重視する指導法として広く研究・実践されています(8.4.1 節)

■理念と特徴

　フォーカスオンフォームは、L2 習得には、インプットの意味理解と言語形式の理解がともに不可欠であるという基本理念に立脚しています。Long はこの点を明確にするため、フォーカスオンフォームズおよびフォーカスオンミーニングという関連概念と比較して、自身の提唱するフォーカスオンフォームの特徴を説明しています。

　まず、フォーカスオンフォームズ(focus on forms)は、グラマートランスレーションメソッドのように、無数の細かい具体的文法形式を直接の指導対象とするものです。これは文法的正確さを身に付けるには効果的ですが、(1)学習者のニーズに基づいていない、(2)初級者には文法を簡略化した教材しか使えない、(3)文法項目の自然な習得順序に沿っていない、(4)学習者による理解や定着を考慮していない、(5)指導が単調になる、(6)文法訳読学習は成功以上に失敗例が多いといった問題があります。

　次に、フォーカスオンミーニング(focus on meaning)は、ナチュラルアプローチや後述するイマージョンプログラムのように、意味理解を優先して文法を直接指導しないものです。これは流暢な L2 理解力を身に付けさせるには効果的ですが、やはり、(1)ニーズアナリシスに基づいていない、(2)幼児にはよくても成人には適さない、(3)受信能力は伸びても産出能力(文法的正確性)が伸びない、(4)正用例に触れるだけでは L2 の文法ルールが習得

できない、(5) インプットだけに頼るのは非効率的であるといった問題があります。

　これらに対し、Long が提唱するフォーカスオンフォーム (focus on form) は、自然な意味理解を優先するコミュニケーション活動の中で、学習者がたまたま言語的問題に遭遇した際、その点に意識を向けさせ、最低限の介入を行うことで、「コミュニケーション場面において文法形式を認識し、言語の形式・意味・機能の結合を理解」させるものです (p.53)。教師の介入は、問題の発生時に限られ、あくまでも受け身的 (reactive) になされます。

　フォーカスオンフォームは、フォーカスオンミーニングよりも習得が速く、フォーカスオンフォームズよりも定着度が高く、過剰般化（習得した文法ルールを過剰に広く適用する）が起こりにくいとされています（小柳, 2004, p.125）。また、Norris and Ortega (2000) は、様々な教授法の指導成果を検証した 49 本の先行論文を再分析（メタ分析）した結果、明示的な文法説明を行い、加えてフォーカスオンフォーム型で指導する場合が最も指導効果が高く、明示的な文法説明を行わず、かつ、フォーカスオンフォームズ型で指導した場合が最も指導効果が低いことを明らかにしました。

■指導の実践

　Long (2015) は、自身が考える TBLT におけるフォーカスオンフォームの実践について、次の例を挙げています。まず、学習者自身の現実的なニーズに基づいて「L2 で販売報告を行えるようになる」ことをターゲットタスクに定め、「日米の自動車生産台数比較」という教授タスクを設計します。タスクの中で学習者は資料の内容を読み取って報告しますが、その際、名詞の複数形の s を落として "Production of SUV in the US fell by 30%…"（米国のスポーツ汎用車生産は 30%減少しました）と言ったとします。伝統的な指導では、学習者の誤りが習慣化しないよう、誤りの箇所を具体的に指摘して修正します（明示的な修正フィードバック）。しかし、フォーカスオンフォームでは、やりとりの流れを止めず、さりげなく "Production of SUVs fell by 30%?" と確認質問を行います。これは暗示的フィードバックの一種であるリキャスト (recast) と呼ばれる手法です。この場合、学習者はやりとりに必要な事柄

を学ぶよう動機づけられており、相手の返答に注意を向けています。また、自分が言おうとしていることの意味も分かっています。それゆえ、相手の返答の言語形式にまで注意資源を配分することができ、複数形という形式に気づくことができます。さらに、"SUV" と発話した直後に "SUVs" という語形を聞くので、比較という認知処理が生じ、記憶が定着します(p.27)。

　もっとも、現在では、フォーカスオンフォームや TBLT は、Long の定義を大きく超えて拡張的に使用されており、教師が教えたい文法形式を設定し、それを意図的に含んだアクティビティを作り、計画的にフォーカスオンフォームの介入(文法練習等)を行うような指導も多くあります(8.4.1 節)。Long は、そうした実践は、丸ごとのインプットを与えて学習者に分析させる分析的アプローチでなく、断片的言語知識を積み上げていく伝統的な総合的アプローチに基づくもので(7.2 節)、従来型のフォーカスオンフォームズと同じだと述べています。また、それらは自身の理念を希釈した「偽造タスク」で、「小文字の tblt」として区別されるべきだと強調しています(p.6)。

■利点と制約
　フォーカスオンフォームは、(1) 意味理解と形式理解を同時に進めやすい、(2) 意味重視の授業なので興味を持ちやすい、(3) 検証研究で一定の効果が示唆されているといった利点がありますが、一方で、(1′) 学習者のニーズを重視するとしても、ニーズにばらつきがある場合、どのように授業を設計すればよいかが難しい、(2′) 言語形式に学習者の自然な注意を振り向けるための方法論が必ずしも具体的でない、(3′) 教師にとって教室内で繰り広げられるすべての対話をモニタすることはできず、全員に適切なフィードバックを与えることは難しいといった制約もあります。Long は共著の論文(Doughty and Long, 2003)において、こうした制約への対処として、コンピュータ援用型言語教育(computer-assisted language learning：CALL)とフォーカスオンフォームの融合の可能性を検討しています。

　なお、各種の教授法がある中で、フォーカスオンフォームは、アメリカの第2言語習得論の研究ではしばしば非常に好意的に取り上げられています。ただし、これは、フォーカスオンフォームズとしてのオーディオリンガルメ

200

ソッドか、あるいは、フォーカスオンミーニングとしてのナチュラルアプローチ（あるいは後述のイマージョンプログラムやコンテントベーストインストラクション）かという両極端の一方に振れることが多かったアメリカのL2 教育の特殊性を反映したもので、折衷的なアプローチが標準を占めてきた日本のような環境で、その主張を表面的に取り入れることには注意も必要です（佐々木, 2010, p.75）。

8.3.4　ホールランゲージ

　理解志向型教授法では、断片的な文法知識を積み重ねるのではなく、質の高い L2 インプットを丸ごと理解して取り入れる（inatke）ことが重要であるとされます。ホールランゲージ（whole language：総体的言語教授法）は、言語や言語技能を細分化して個別的に指導するのではなく、それらを不可分の「総体」としてとらえ、意味理解を優先しながら読み書きを教えていく教授法です。学習者の興味・関心を尊重しながら、「総体」として L2 に触れることで、テキストの深い理解が可能になると考えられています。

■背景

　ホールランゲージの発想の元となったのは、アメリカにおける L1 としての英語の読み書き指導、つまりは識字教育（literacy education）の方法論をめぐる議論でした。

　そもそも、L1 であれ L2 であれ、言語の教授には、言語の全体を細部に分割してパーツごとに指導し、再構成させるアプローチと、言語を不可分の総体とみなしてかたまりで指導していくアプローチがあります。前者のアプローチは分解主義的・還元主義的なもので、言語技能を 4 技能に分けてそれぞれ独立して指導したり、言語を音韻・形態・統語・語用論などの側面に分割して個別に指導したりします。音韻について言えば、語の発音を個々の文字の発音に分割して指導していきます。これは一般にフォニックス（phonics）と呼ばれるもので、たとえば、kid（子供）を発音させるには、k と i と d の個々の発音を練習させ、最後にそれを組み合わせます。

　こうした分解主義的アプローチは指導の効率を高めるように見えますが、

一方で、本来の言語の在り方から見ると極めて不自然なものです。アメリカの応用言語学者 Kenneth Goodman らは、同様の論点から分解主義的アプローチを批判し、フォニックスで読みを教えるのではなく、好きな本を自由に読ませ、全体の意味理解を優先させながら、出てきた語に即して綴りと発音の関係に注意を向けさせるべきだと主張しました。こうして、音韻を文字単位に分割したり、言語を要素に分けたり、言語能力を技能に分けたり、さらには、教える内容を教科に分けたりせず、すべてを総体(whole)として扱うべきだとするホールランゲージの理念が提唱されたのです(Goodman, 1986 他)。

　ホールランゲージは、ある種の教育理念ないし教育哲学と言うべきものですが、1980 年代から 90 年代にかけてアメリカの初等教育の現場で急速に広まり、L2 指導にも適用されるようになりました。

■理念と特徴

　L2 教授法としてのホールランゲージは、幼児の L1 習得を理想とする考え方に立脚しています。幼児は、周囲の大人の発話をかたまりとして聞き、それを理解することを通して、明示的なルールを教わることなく、言語能力を自然に発現します。Goodman は、同様に、学習者が好きな本を選び、わからない部分は推測で補いながら全体的に理解を深めていくことで読み書き能力が伸びるはずだと考えたのです。

　こうした基本的発想の下、ホールランゲージは、(1)読みたいもの(とくに本物の文学作品等)を読ませる、(2)推測による意味理解に重点を置く、(3)読みの機会を増大させる、(4)読みの体験を書く体験につなげる、といった方向性を持っています。

■指導の実践

　ホールランゲージの指導では、通例、あるテーマが設定されます。たとえば、「楽器」をテーマにした授業であれば、学習者に楽器に関する物語を自由に選ばせ、言語形式ではなく内容に注意を向けながら、学習者自身の興味や楽しみのために読むよう促します。あわせて、好きな楽器の絵を描いた

り、楽器の歴史や構造について学んだりする等、教科の枠を超えて多様な活動が融合されます。そして、学んだ内容をまとめて感想を書いたり、テーマに関連する新しい物語を作ったり、それらをまとめて本の形で出版したりします。

　ホールランゲージでとくに重視されるのはリーディング活動とライティング活動ですが、これらは有機的に結合されています。ライティングでは、いわゆるプロセスライティング（process writing）の観点が取り入れられ、完成物の良し悪しだけを評価するのではなく、立案し、草稿を書き、修正を重ねて最終作品に仕上げていくまでの過程全体が指導や評価の対象とされます。

　こうした指導において、教師は、断片的知識を教え込むことではなく、調整者（facilitator）として学習者の主体的な活動を補助・支援することが求められます。また、学習者は個人単位で作業を行うだけでなく、学習者同士、主体的に協力して活動を行うことが求められます。

■利点と制約

　ホールランゲージは、(1)楽しい雰囲気の中で学べる、(2)文法等を気にせず、内容理解を深めることができる、(3)関連する幅広い内容に触れることで興味を持続させやすいといった利点を持ちますが、一方で、(1′)実際の指導過程がはっきりしない、(2′)文法知識が十分に定着しない恐れがある、(3′)読み書き以外の指導過程がはっきりしないといった制約もあります。

8.3.5　テキストベーストインストラクション

　テキストの理解力の向上をうたう教授法は少なくありませんが、多くの場合、扱うテキストについては明確な言及がなく、慣習的に文学作品等が使われてきました。テキストベーストインストラクション（text-based instruction：テキスト中心教授法）は、ジャンルやタイプを異にする多様な書き言葉および話し言葉テキストの能動的解釈を通して、テキストの言語構造への理解を深める教授法です。

■背景

　テキストの文法的精読と L1 への翻訳を特徴としたグラマートランスレーションメソッドが否定された後、現代教授法は、テキストの全体的な意味理解を強調する一方で、どのようなテキストを教材に使うべきか、また、どのような手段でテキストの精緻な読み取りや聞き取りを行わせるかに関しては必ずしも有効な方策を提示していませんでした。こうした状況に一石を投じるべく、オーストラリアの応用言語学者である Susan Feez が提唱したのがテキストベーストインストラクションです（Feez, 1998）。その主張には、応用言語学の一領域である文体論（stylistics）の影響も認められます。

■理念と特徴

　テキストベーストインストラクションは、ジャンルやタイプを異にするテキストはそれぞれ別個の特性（目的、前提、対象、構造）を持つ独立した言語態であるという基本的理念に基づくもので、（1）多様なテキストに触れさせる、（2）テキストの構造や文法特徴を明示的に指導する、（3）テキストを実際の社会文化的文脈と関連付ける、（4）テキストに即して 4 技能の指導を行う、（5）多様なタスクによって学習者が段階的に独力でテキストを解釈できるように導く、といった特徴を持ちます。

　このうち、（1）に関して、テキストベーストインストラクションは、ジャンル（文学、社会、自然科学等）とテキストタイプ（解説文、説明文、意見文、事実描写文、個人描写文、報告文、物語、会話、看板・チラシ等）の両面において、できるだけ多様で、かつ、真正性（authenticity）を備えたテキストを用い、学習者がそれらの言語構造の違いに気付くよう促します。

■指導の実践

　テキストベーストインストラクションでは、テキストの表層レベルの意味を大まかに理解するだけでなく、社会文化的背景やジャンルやタイプの特性をふまえた総合的理解が求められます。

　たとえば、化粧品の広告文を素材にした授業であれば、まず、当該テキストを取り巻く社会的文脈について多角的な理解を深める指導がなされます。

この広告文は誰が誰に宛てて書いたものなのか(化粧品会社→潜在顧客)、どのような目的で書かれたものなのか(商品特性を理解させ購入を促す)、どのような言語的制約があるのか(短文で記憶に残る言語)、類似の他のテキストとはどのような違いがあるのか(車の広告との違い、化粧品のテレビコマーシャルとの違い)、L1 文化における化粧品の広告文とはどのような違いがあるのか(説明的 vs 感覚的)、といった点を、教師が主導するディスカッション等を通して、具体的に明らかにしていきます。

　次に、当該テキストに見られる構造パタン(問題提起、解決提案、購入勧誘)や言語特性(高級感を与える外来語使用、読み手を引き付ける疑問文使用等)を調査させ、その傾向性を理解させます。この段階では、個別のテキストサンプルの分析で明らかになった諸特徴を当該テキストが属するジャンルないしテキストタイプ全体の特性として一般化して理解させることが重要です。さらに、当該テキストや、それに関連する書き言葉・話し言葉テキストを素材として、不足した情報を質疑応答によって明らかにしていくタスクや、グループメンバーが共同で聞き取りを行うディクトグロス(dictgloss)等を行い、他者と協力して自らテキストの構築ができるようにします。その後、4 技能を用いた各種のタスクに取り組んだり、当該テキストに関連した発表活動を行ったり、関連テキストを自ら分析したりして、独力で当該のテキストタイプを扱えるようにトレーニングを行います。テキストベーストインストラクションの授業では、通例、書き言葉のテキストの読解が入り口となりますが、その後の授業展開においては、4 技能の総合的使用が促されます。

■利点と制約

　テキストベーストインストラクションは、(1)実社会で必要となるテキストの解釈能力を身に付けやすい、(2)多様なジャンルやタイプに触れることで言語的感受性を伸ばしやすい、(3)多様な内容に触れられるので興味を持続させやすいといった利点を持ちますが、一方で、(1′)話し言葉テキストの分析的解釈が困難である、(2′)教師自身にテキストに対する高度な解釈力が要求される、(3′)活動が多岐にわたるため評価が行いにくいという制約もあ

ります。テキストベースインストラクションは、実例からのボトムアップを重視しがちな現代教授法の中で、トップダウン的な言語形式の明示的指導を主張した点で独自性を持ちますが、世界の L2 教授の現場における普及度は現時点では限定的です。

8.4　コミュニケーション志向型教授法

　オーディオリンガルメソッドの授業では、通例、学習者はランゲージラボラトリ (language laboratory：LL) の中の仕切りの付いた個人用ブースを宛がわれ、ヘッドフォンから流れる音声をモデルとして個別にパタンプラクティスを行います。こうした指導は、個々の発音や文型の習得には一定の効果があるとしても、L2 を学んで多くの人と交流したいという一般の学習者のニーズに沿ったものにはなっていませんでした。

　そこで、現代教授法の多くは、言語を断片的な知識やルールの体系と位置付けるのではなく、学習者自身のニーズをくみ取って、実際の運用、つまりはコミュニケーションとして位置付け、それに沿った指導を提供するようになっています。こうして、学習者の実際のニーズを調べてシラバスを開発し、実践的なやりとりを中心としたタスクを核として授業を組み立てるコミュニカティブランゲージティーチング、学習者のニーズを踏まえた具体的な言語技能の獲得を行わせるコンピテンシーベーストランゲージティーチング等が広く実践されるようになっています。これらはいずれも、教師主導のシラバスから学習者ニーズに基づくシラバスへ、パタンプラクティスからコミュニカティブタスクへ、知識から運用へという変化を伴うものであったと言えます。

8.4.1　コミュニカティブランゲージティーチング

　コミュニカティブランゲージティーチング (communicative language teaching) は、言語を断片的な知識の集積ではなく、実際の運用、つまりはコミュニケーションとみなす言語観に立つ L2 教授の総称で、コミュニケーション志向のシラバス開発や、コミュニカティブタスクを中心とした授業実践など

が包含されます。コミュニカティブランゲージティーチングは現代の世界の
L2教授の標準となっています。

■言語学的背景

　コミュニカティブランゲージティーチングの普及には、1970年代以降の
言語学界の潮流の変化が影響しています。すでに述べたように、オーディオ
リンガルメソッドの基盤となった構造主義言語学は言語を構造とみなし、そ
の後を継いだ生成文法は言語を抽象的な統語知識とみなしていました。いず
れの場合も、具体的な言語使用(language use)は言語の本質を外れるものと
され、Noam Chomsky は、汎言語的な統語規則の知識、つまり、普遍文法
こそが人間の言語能力(competency)であって、実際の言語運用(perfor-
mance)は研究の対象にすべきでないと主張していました(2.4.2節)。

　こうした当時の一般的な考え方に反し、言語使用や言語運用に光を当てる
新しい言語研究を提唱した1人が Dell Hymes です(9.2.1節)。Hymes(1964)
は、コミュニケーション民族誌学(ethnography of communication)という概
念を提示し、言語研究は、抽象的な言語形式やルールだけでなく、発話共同
体の中でなされる実際のコミュニケーションに即して、その状況(setting/
scene)・参与者(participants)・目的(ends)・行為連鎖(act sequence)・全体的
基調(key)・形式(instrumentality)・社会的規範(norms)・種類(genre)を全体
的に解明していくべきだとしました。こうした言語研究のアプローチは、
個々の研究観点の頭文字を取って SPEAKING モデルと呼ばれます。

　Hymes(1972)はまた、Chomsky による言語能力と言語運用の区別を批判
し、「人間の行動の根底に存在する能力は一種の運用」であるとして、両者
を一体化させてコミュニケーション能力(communicative competence)と呼び
ました(p.282)。そして、L1幼児は、文法知識だけでなく、「いつ話してよ
いか、いつ話すべきでないか、いつ、どこで、どのように、何を誰と話すべ
きか、といった判断に関する能力を習得」しているとして(p.277)、コミュ
ニケーション能力には、文法的に言えるかどうかに関わる形式的可能性
(formally possible)、心的・環境的に言えるかどうか(話者の記憶力や情報処
理力の制約等)に関わる実行可能性(feasible)、文脈的に言えるかどうかに関

わる適切性（appropriate）、実際に言うかどうかに関わる実行性（performed）
の4点の判断が内包されると指摘しました。

　Hymes のコミュニケーション能力観は、観念構成、テキスト構成に加え
て対人関係の構築が言語の基本機能であるとする Halliday（1985）の選択体
系機能文法（systemic-functional grammar）や、後述する Canale and Swain
（1980）や Bachman（1990）の言語能力観とともに（9.2.2 〜 9.2.3 節）、知識よ
りも使用、形式よりも意味、構造よりも機能を重視するコミュニカティブラ
ンゲージティーチングの理論基盤にもなっています。

■言語教育学的背景

　コミュニカティブランゲージティーチングには、また、イギリスやヨー
ロッパにおける戦後の L2 教育の改革運動も影響しています。

　20世紀のイギリスでは、前述のように、ドリル練習を通して L2 の観察・
模倣・習慣化を目指すオーラルアプローチが広く採用されていましたが、同
様の発想に基づくアメリカのオーディオリンガルメソッドが下火になる中、
イギリスでも、オーラルアプローチに代えて、より実践的なコミュニケー
ションを志向した L2 教育の在り方が模索されていました。コミュニケー
ション志向型の教育を考える上で、問題となるのは、指導の対象とすべき言
語のコミュニケーション機能を具体的にどうとらえるか、ということです。
この点に関して、Reading 大学の David A. Wilkins は、コミュニケーション
の中で言語が表出する実際的な意味を、概念（notion）（時間・空間・頻度等）
と機能（function）（確信性・倫理と評価・説得・議論・論理的問い・個人的
感情・対人感情・対人関係等）という 2 つの観点で整理し、これらをまとめ
て概念シラバス（notional syllabus）として提唱しました（Wilkins, 1972；
Wilkins, 1976）。

　Wilkins の提案はヨーロッパでも受け入れられました。当時のヨーロッパ
では、域内の戦闘で大きな犠牲を出した第二次世界大戦の反省から、域内の
統合が多面的に進められており、政治的には、1958 年にヨーロッパ経済共
同体（European Economic Community：EEC）、1967 年にヨーロッパ共同体
（European Community：EC）、1993 年に現在のヨーロッパ連合（European

Union：EU）が創設され、教育の面でも、政府間国際機構であるヨーロッパ評議会（Council of Europe）によって、1971年より、域内学習者の実際的なニーズを踏まえた新たなL2教育プログラムの開発が行われていました。

　Wilkinsの提案は評議会の議論にも影響し、Wilkinsの枠組みを組み込む形で、コミュニケーション志向型のシラバスがまとめられました。オランダのGroningen大学のJan Ate van Ek（1925–2003）は、域内のすべての成人学習者に共通して必要となる共通基盤（common core）を定めた上で、それを、コミュニケーション基礎レベル（*Threshold Level*）と呼び、さらに、その簡易版として、「英語の一般的な基礎能力を身に着けたいが、*Threshold Level*への到達に必要な時間や労力」をかけられない学習者のために、コミュニケーション入門レベル（*Waystage*）を示しました（van Ek, 1975；van Ek and Trim, 1991a/b）。たとえば、「事実の伝達と確認」の中の「定義」という言語機能に関して言うと、基礎レベルは4分類（(1) this, that、(2) It is＋人、(3) the NP / this be NP、(4) 人 be NP）ですが、入門レベルは1分類にまとめられ、(2) の文型は言及されていません。学習者はまずは入門レベルを習得し、その後、基礎レベルを目指すべきだとされています。こうして、コミュニケーション志向型の教育で扱うべき内容が固まることとなりました。

■理念と特徴
　コミュニカティブランゲージティーチングの本質は、「何を教えるか」に関わるシラバス部分と、「どう教えるか」に関わる実践部分に分けられます。前者に関して、従来のL2教育で多用されていたのは構造シラバス（語彙シラバスや文法シラバス）でした。構造シラバスでは、初級者には平易な語彙や文法構造を教え、次第に扱う内容を難しくしていきます。しかし、この場合、平易とされる語彙や文法が学習者にとって真に必要なものかどうかは不明です。一方、コミュニカティブランゲージティーチングが立脚するコミュニカティブシラバス（概念シラバス）では、言語を使って行うコミュニケーション活動のタイプに焦点が当てられており、初級者にも必要に応じて様々な複雑さの語彙や構文を提示することができます。コミュニカティブシラバスでは、断片的な知識を積み上げることではなく、自身の言語運用を目

標とする言語運用に近づけていくことが目指されます。なお、Wilkins (1976) は、断片的知識を総合して言語能力を完成させる構造シラバスの原理を総合的アプローチ (synthetic approach) と呼び、学習者自身がインプットを分析して意味・機能の結合を発見していくコミュニカティブシラバスの原理を分析的アプローチ (analytic approach) と呼んで区別しています (7.2 節)。

　次に、後者に関して、コミュニカティブランゲージティーチングの授業実践では、Hymes らの言うコミュニケーション能力の育成が目指されます。もっとも、その具体的手法は明確に定められておらず、教授者の裁量に多くが委ねられているわけですが、一般には、(1) 教材・活動・言語使用の各側面において真正性 (authenticity) や現実性 (reality) を重視する、(2) 一方通行の言語使用にならないように双方向のインタラクション (interaction) を重視する、(3) 言語についての知識を教えるのではなく、言語を使ってタスクを遂行できる力を涵養する、(4) 教師は学習者のコミュニケーション活動を側面的に支援する、といった共通の方向性を持っています。

■指導の実践

　すでに述べたように、コミュニカティブランゲージティーチングについて、明確に定められた授業過程というものは存在しません。これは、コミュニカティブランゲージティーチングが抽象的な理念・哲学として様々な言語学的・言語教育学的背景を持つ研究者・実践者によって受け入れられ、それぞれ独自に解釈・実践されてきたためです (Richards and Rodgers, 2014, p.86)。ただ、各々の実践にはある程度の共通の方向性が存在します。

　上記の (1) については、実物教材 (realia) の使用、現実世界に即したタスクの設計、簡易化していない生の言語テキストの使用等が好まれます。(2) については、Long (1981) のインタラクション仮説に基づき、分からないことは相手に聞く等して自分の理解を深めていく交渉的意味理解 (negotiation of meaning) が重視され、ロールプレイ (roleplay) 等の手法も用いられます。(3) については、分かり切ったことを形だけ質問させるのではなく、インフォメーションギャップを下敷きにした中身のある問いや回答が重視されます。(4) については、教師は過度に学習者に介入せず、学習の調整者 (facilitator)

として一歩引いて側面支援することが推奨されます。

■拡張型 tblt

　すでに述べたように、Long（1991）がフォーカスオンフォームの実践とし
て考えた TBLT の概念は、その後、Long 自身の意図を超えて、伝統的な文
法シラバス型の授業実践にまで拡張されるようになりました。Long はこれ
らを小文字の tblt と呼んで批判したわけですが、tblt は従来の教室指導との
親和性が高いことから広く普及し、現代の応用言語学において、コミュニカ
ティブランゲージティーチングを実践する代表的手法の１つとみなされてい
ます。Ellis（2003）は、拡張型の tblt を、task-based ではなく、task-supported
な言語教授(TSLT)であると述べています。

　tblt の指導において、タスクは、意味に重点を置き、ギャップを含み、既
有の言語的・非言語的知識を活用し、明確に提示されたコミュニケーション
上の達成(outcome)に至るものと定義されます(Ellis, Skehan, Li, Shintani, and
Lambert, 2020, p.10)。文法を前面に出すことを認めない TBLT と異なり、
tblt では特定の文法項目に狙いを定めた焦点型タスク（focused task）も許容さ
れます。指導は、教師主導のプレタスク→学習者がグループで行うメインタ
スク（タスク・準備・発表）→ポストタスク（原稿や録音音声の分析、教師主
導の文法練習）の順で進み（Willis, 1996）、しばしば、「言語活動を文法説明
でサンドイッチする」形態を取ります（高島, 2011）。指導効果を上げるた
め、指導項目を大量に含むテキストを意図的に用いる「インプット洪水」
（input flood）や、指導項目を強く発音したり下線を引いたりすることで目立
たせる「インプット強化」（input enhancement）等のテクニックも使われます。

　tblt で使えるタスクには、インフォメーションギャップに基づくものか
ら、高次の認知的判断を促すものまで様々なタイプがあり、それらは描写型
と創案型に大別されます。松村（2020）は、描写型として、情報を伝える「絵
画複製」（相手が話す絵の説明を聞いて絵を再現）と「相違特定」（各自の絵を
紹介して違いを発見）、情報を合成する「物語復元」（各自が持つ物語の断片
を紹介して物語全体を再現）と「推理解決」（各自が持つ部分的情報を集めて
問題を解決）、情報を説明する「物語再話」（複数枚の絵から物語を完成）と

「実況描写」(動画を実況) の 6 種を、創案型として、問題を解決する「論理パズル」(分析や推論で問題に解答) と「文章完成」(文内の空所を復元)、意思を決定する「選択・順位付け」(相談して選択やランキングを実施) と「カウンセリング」(悩み事への回答を考案) の 4 種を挙げています。

　tblt の授業例として、鈴木 (2017) は、中学生に英語の形容詞の比較級や最上級を教える指導案を示しています (pp.22–25)。文法説明の後、復習として、形容詞を大量に含む読解文(形容詞には下線)を配布します。そして、読解文に関する発問や語彙解説をした後で、読解文を読ませ、最後に、形容詞を含む短文が本文の内容に合致しているか答えさせます。これはインプット洪水やインプット強化により、目標項目の定着を意図した授業です。また、高島 (2020) には、映画 *My Fair Lady* を使った大学英語指導の例が報告されています。背景知識を解説し、映画の一部を取り出して聞き取り練習を行った後、英国の競馬場に招かれたアジアの若者と、帽子デザイナーの役に分かれてロールプレイを行い、若者は自分の好みを伝え、デザイナーはそれに基づいて実際にデザイン画を描きます。最後に、完成したデザイン画が意図通りか確認した後、両者ともに、録音された自分の発話を書きおこし、自身の課題を考察します (pp.178–191)。これは、コミュニカティブランゲージティーチングの本来の方向性に沿った授業実践と言えます。

■利点と制約

　コミュニカティブランゲージティーチングは、(1) L2 でのコミュニケーションの体験を通して文法と言語機能を同時に学ぶことができる、(2) とくに発話能力を伸ばしやすい、(3) 学習者のニーズに即した L2 能力を育成しやすい、(4) 豊富なタスクによって授業に変化を持たせやすいといった利点を持ちますが、一方で、(1′) 文法・語彙等が体系的に定着しにくい、(2′) コミュニケーション活動を好まない学習者もいる、(3′) コミュニケーション能力の定義が難しく、納得感のある評価を行うことが難しいといった制約もあります。もっとも、制約はいずれも何らかの対処が可能なもので、コミュニカティブランゲージティーチングは、現代の社会的ニーズに沿うものとして、オーラルアプローチやオーディオリンガルメソッドに代わる新たな標準

的 L2 教授法の地位を獲得しています。

8.4.2 コンピテンシーベーストランゲージティーチング

　コミュニケーション志向の教授の問題点は、「コミュニケーション力」の定義が難しく、教育で身に付く能力の実態がはっきりしないことでした。コンピテンシーベーストランゲージティーチング（competency-based language teaching：能力中心教授法）は、L2 学習によって獲得される能力を明確に定義し、その確実な定着を重視する教授理念です。

■背景

　コンピテンシーベーストランゲージティーチングには、1980 年代以降の米欧の高等教育改革が強く影響しています。アメリカでは、1983 年に連邦教育庁の諮問機関が *A Nation at Risk*（『危機に立つ国家』）という報告書を刊行しました。この報告書は、アメリカの「17 歳の 13%（マイノリティグループでは 40%）が日常生活に必要な読み・書き・計算能力を持たない」「海軍の新兵の 25% が注意書きの文書が読めない」「高校生の学力は 26 年前より低下している」といった衝撃的なデータを示し、「我が国は今や危機の瀬戸際である。かつて絶対的優位を誇った商業・工業・科学・技術の革新は競争相手に奪われようとしている」として、抜本的な教育改革を提言しました。

　こうした流れの中で、初中等教育では統一シラバスによる教育内容の標準化と目標達成に向けた責任の明示化が進みました（9.3.2 節）。また、高等教育では、学生が在学中に身に付けた付加価値としてのラーニングアウトカム（learning outcome）を挙証することが説明責任（accountability）として各大学に課されるようになったのです。もっとも、通常の大学のカリキュラムでは、学習の成果を目に見える形で証明することは困難です。そこで、在学中に身に付けるべき能力を「コンピテンシー」としてあらかじめ明確に定めておき、その達成度を数値評価することが行われるようになりました。コンピテンシーとは、「知識や技能（スキル）そのものではなく、それらを駆使して業務上の課題を遂行・解決する能力」を意味します（文部科学省, 2013）。コンピテンシーは、通例、狭い学問分野を超えた汎用的で実践的な能力に関わ

り、たとえば、コミュニケーション力、分析力、問題解決力、価値判断力、対人関係力、芸術的能力等が含まれます。

　教育で身に付けるべき能力をコンピテンシーとして標準化する動きは世界中に広がっています。ヨーロッパでは、1999 年よりボローニャプロセス（Bologna Process）が進行中で、ヨーロッパ高等教育圏創設のため、欧州域内でまちまちであった大学・大学院の修学年数の統一が行われました（学士 3 年、修士 2 年、博士 3 年）。これに伴い、学位ごとに、ラーニングアウトカムに基づく Framework of Qualifications for the European Higher Education Area（欧州高等教育資質枠組み）が制定され、城内の大学で身に付けるべきコンピテンシーが明示的に定められました（川嶋, 2008）。

　コンピテンシーベーストランゲージティーチングはこうした発想を L2 教育に持ち込んだもので、具体的な教授過程を定めたものというよりは、L2 のカリキュラム開発の理念を示したものとなっています。つまり、L2 についてどれだけ多くの言語知識（語彙や文法）を持っているかではなく、「実際の社会の中で L2 を使って何ができるか」をコンピテンシーとして明確に定義した上で、その能力の着実な育成を図ることが強調されます。コンピテンシーベーストランゲージティーチングは、L2 を使ってできることを具体的な言葉で記述する能力記述文（can-do statement）の発想にも通じます。

■理念と特徴

　コンピテンシーベーストランゲージティーチングは、教授内容の標準化や教育目標の具体化・明示化という近年の教育界の動向をふまえ、語彙や文法の知識を教えるだけでなく、実社会で具体的に活用できる L2 能力の育成を目指すもので、(1) 現実社会のニーズを重視する、(2) 具体的なタスクの中で指導する、(3) 言語を使う活動（performance）や行動（behavior）に着目する、(4) 必要な言語技能を細分化し、モジュール方式で指導する、(5) ラーニングアウトカムを明示的に示し、教員と学習者が共同で達成を目指す、(6) 学習成果を継続的に吟味し、パフォーマンス評価を行う、といった方向性を持ちます。

　なお、上記の (4) に関して、Griffith and Lim (2014) は、「会社にクレーム

電話を掛ける」という例を挙げ、そこには、電話番号を読み取る、名を名乗る、相手を呼び出してもらう、相手が出てくるまで待つ、伝言を頼む、礼儀正しくメッセージを伝える、過去形を使う、関連する情報を伝えるといった複合的な能力が必要になるとしています。こうした能力を体系的に指導していくことが結果としてコンピテンシーに通じると言えます。

■利点と制約

　コンピテンシーベーストランゲージティーチングは、(1)社会的ニーズに沿った能力を育成できる、(2)教師と学習者が共同で目標達成に取り組める、(3)具体的な目標に沿って学習を進めやすいといった利点がありますが、一方で、(1′)数値目標や競争的評価に結びつきやすい、(2′)自由な学習が保障されない危険性がある、(3′)L2 コンピテンシーの定義が必ずしも明確ではないといった制約もあります。もっとも、現代の L2 教育では、成果に対する説明責任が従前以上に厳しく問われるようになっており、コンピテンシー志向の L2 教授はさらなる広がりを見せています。

8.4.3　レキシカルアプローチ

　コミュニケーション志向の教授では、文法の扱いが常に問題になります。正確なコミュニケーションにとって一定の文法力は不可欠ですが、文法や文型の指導はともすれば無味乾燥なものになりがちだからです。レキシカルアプローチ (lexical approach) は、文法を単独で教えず、個別的・具体的な語彙の指導に内包させるという斬新な理念の下、語彙、とくに複数語が連鎖したチャンク (chunk) を通して L2 全体を習得させようとする教授法です。抽象的な文法ルールではなく、具体的な文脈の中での語の実際の振る舞いに着目するアプローチは、一連のコミュニケーション志向型教授の理念に重なるものです。

■背景

　語彙は言語の基盤をなす要素ですが、興味深いことに、グレイディッドダイレクトメソッド (7.5.2 節) や概念シラバス (8.4.1 節) 等の 2、3 の例外を除

けば、どのような語彙をどのように指導すべきか、という問題に正面から取り組んだ教授法は必ずしも多くありませんでした。教授法の大部分はもっぱら文法に注目し、語彙は文法という枠組みを埋める単なる素材とみなされてきたのです。一方、1980 年代頃から辞書開発に大規模コーパスが使用されるようになり、語彙の使用実態が解明されてきました。こうした流れの中で、語彙を中核とする外国語教授の提案がなされるようになります。コミュニカティブな指導で重要なのは、言語を分解して積み上げていく総合的アプローチではなく、生の言語をかたまりで与えて学習者自身に分析させる分析的アプローチですが (7.2 節)、それだけでは授業の体系化が困難です。そこで Willis (1990) はレキシカルシラバス (lexical syllabus) を提唱し、指導項目については、個々の語や語義といった細分化された単位で配列する一方、指導過程においては、母語話者の生の発話資料を与え、それを学習者自身に試行錯誤させながら分析させるべきだと指摘しました。また、Lewis (1993) は、Willis の主張を発展させ、文法や構造をそれ自身ではなく、語彙を通して指導するレキシカルアプローチ (lexical approach) を提唱しました。

■理念と特徴

　レキシカルアプローチは、語彙が文法を含む言語機能全体を決定するという言語観に基づくもので、(1) チャンクに注目する、(2) 既成のチャンク (prefabricated chunks) を言語の本質とみなす、(3) インプットとしてのテキストを聞いたり読んだりすることでチャンク理解を促進する、(4) チャンク理解によって流暢な発話を可能にする、(5) 文法をチャンクの機能としてとらえる、(6) ルールを明示的に指導するのではなく、言語データを観察し、パタンを仮定し、それを検証する試行錯誤の過程を通して言語を習得させるといった基本的方向性を持ちます。

　上記の (1) に関して、レキシカルアプローチで重要なのは、語彙を辞書的知識の総体とみなさず、個々人のメンタルレキシコン (mental lexicon) に保持された心理的存在と見なすことと、語彙を単一語 (word) の総体 (つまり vocabulary) とみなさず、チャンクを含む語彙項目 (lexical item) の総体 (つまり lexis) とみなすことです。従来の語彙観では、rain、cat、and、dog は扱えて

216

も、"rain cats and dogs"（土砂降りになる）は扱えませんでした。しかし、語彙項目という単位を立てることで、先行研究で、既成句（prefabricated phrase）、チャンク（chunk）、コロケーション（collocation）、複数語構成単位（multiword unit）、フレーズ（phrase）、慣用連語（phraseology）、イディオム（idiom）、定式表現（formulae）等と呼ばれてきたものを議論の中核に位置付けることができます。

　(2) に関して、Lewis は、自然な言語運用においては、単一語をその都度組み合わせて産出を行っているわけではなく、既成のチャンクをそのまま利用して産出がなされると考えています。たとえば、「土砂降り」という内容を英語で産出する場合、メンタルレキシコンから関連する4語を取り出してその場で組み合わせているのではなく、メンタルレキシコン内にあらかじめ"rain cats and dogs"という語彙項目が保持されており、それをそのまま引き出しているだけだということです。このように考えれば、(3) や (4) で言うように、テキスト（とくに、談話的状況を内包する共テキスト（co-text））を「語彙項目を学ぶための主要な言語資料」とみなし、テキストを通してチャンクに習熟することがL2の流暢な産出・理解に不可欠だということになります。

　(5) に関して、Lewis は「言語を構成するのは、語彙を取り込んだ文法（lexicalized grammar）ではなく、文法を取り込んだ語彙（grammaticalized lexis）である」(p.34) と述べています。平易な例で言えば、S＋V＋O＋O という文法形式が先に存在し、そこに give という語が取り込まれるのではなく、give という語が先にあり、それが S＋give＋O＋O という構造を内包していると考えるのです。この場合、学ぶべきは、S＋V＋O＋O という文法形式ではなく、give の持つチャンク構造ということになります。このように、文法を語彙の振る舞いと見る立場を語彙文法（lexical grammar）と呼びます。

　(6) に関して、Lewis (2011) は、言語教育を通した全人教育を実現するには、伝統的な PPP スタイルでルールを先に指導するのではなく、observe（実例データの観察）、hypothesize（データからの仮説の構築）、experiment（仮説とデータを照合させた検証）という OHE スタイルで、学習者自身が自ら探索的にルールを発見していくことが重要だと述べています。こうした活動は

データ駆動型学習 (data-driven learning) と呼ばれるもので、その際、教師は学習者の言語に対する敏感性を高めるような予備タスクを用意し、学習者が「文法や (個別的) 語彙に心を奪われることなく、多様な語彙項目 (チャンク) に注意を向けさせる」よう促すべきだとされます (pp.46–47)。この点をふまえた実践としては、大規模コーパスから得られたコンコーダンスライン (学習対象語を含む用例を一覧にしたもの) をそのまま学習者に示し、当該語の使用特性について考えさせるといったタスクが一般に行われます。たとえば、動詞であれば、学習者はその前後を含めたチャンクに注目することで、当該動詞が特定のタイプの主語・目的語・副詞などと共起しやすいことに気が付くでしょう。こうして学習者は文法や構文を自らの発見を通して身に付けることができるのです。

■利点と制約
　レキシカルアプローチは、(1) 語彙力・チャンク能力を高めやすい、(2) 文法を苦手とする学習者にも受け入られやすい、(3) 実例中心なので学習者の興味を維持しやすくコミュニケーション活動とも組み合わせやすいといった利点がありますが、一方で、(1′) テキストが入り口となるため体系的な語彙指導に拡張させにくい、(2′) 文法ルールについてのメタ知識が十分に育成されない可能性がある、(3′) 4技能指導への拡張の方策が曖昧であるといった制約もあります。いくつかの課題は残るものの、レキシカルアプローチは、現代の応用言語学で盛んに研究されている辞書学やコーパス言語学とも親和性が高く、今後の実践の蓄積が望まれます。

8.5　内容志向型教授法

　オーディオリンガルメソッドの授業では、パタンプラクティスの形で様々な文型練習を行いますが、こうした活動の狙いは、文字通り、文の「型」を新たな L2 の習慣として内在化することであって、文の表す意味や内容はそれほど重視されませんでした。言わば、学習対象としての言語が上にあって、内容はその下に位置付けられていたのです。しかし、言語の本質的機能

218

が意味や内容の表出と伝達であることをふまえれば、意味内容を軽視した訓練には問題が多いと言えます。

　そこで、現代教授法の一部は、言語と内容の伝統的な上下関係を転倒させ、内容の側を主、言語を従として、L2 を手段として内容学習を行わせる可能性を追求することとなりました。こうして、数学や理科といった教科内容をすべて L2 で指導するイマージョンプログラムや、L2 指導の要素を残しつつも、内容指導に一層のウェイトを置くコンテントベースインストラクション等が実践されることとなりました。これらはいずれも、「L2 を学ぶ」のではなく「L2 で学ぶこと」により、L2 のインプットを最大化し、L2 習得を促進することを目指すもので、「L2 を教授しない L2 教授法」と呼ぶことができます。

8.5.1　イマージョンプログラム

　イマージョンプログラム (immersion program) は、学校等において、L2 の直接指導を行わず、代わりに、すべて（もしくは大半）の教科指導を学習者の L2 で行い、学習者を強制的に L2 環境に没入 (immersion) させることで、母語話者並みの L2 能力を習得させる教授法です。バイリンガル話者の養成を目指す 2 言語教授法 (bilingual teaching method) の一部でもあります。

■背景

　イマージョンプログラムはカナダのケベックで始まりました。すでに述べたように、カナダには英語母語話者とフランス語母語話者が混在していますが (6.4.2.1 節)、ケベック州にはとくにフランス語話者が多く、英語母語話者にとっては、英語だけでなく、フランス語についても母語話者並みの言語能力を獲得することが地域で生活していく上で極めて重要になります。そこで、子供を英語とフランス語の完全な 2 言語話者 (bilingual speaker) として育てたい英語母語話者家庭の強い要請を受けて、1965 年より、英語話者を対象としたフランス語のイマージョン指導が行われるようになりました (伊東, 2007)。

　イマージョンプログラムを採用する学校では、フランス語母語話者教師

が、フランス語の知識を全く持たない英語母語話者児童に対して、数学や理科や社会といった教科をすべてフランス語で指導します。これまでのところ、イマージョンプログラムは全体として高い成果を収めており、小学校低学年から始める早期イマージョンでは、母語話者並みのフランス能力が身に付いたという実例も報告されています。L2 による理解可能なインプットを大量に与えることが L2 習得の唯一の道であると主張する Krashen（1984）は、「カナダのイマージョン（プログラム）は…言語教育研究で記録された中で最も成功を収めたプログラムである…知る限りこれほど成功したプログラムは他に存在しない」(p.61) と述べています。

　こうした成果をふまえ、当初わずか 26 名で始まったフランス語イマージョンプログラムはカナダ全土に広がり、受講生数は、1983 年には 11 万人、2011 年には 35 万人、2014 年には 39 万人（全体の 8.8%）を超えています。また、2016-21 年には 45 万人から 48 万人に増えました。イマージョンプログラムは、その後、北米を含む世界に拡大し、現在では、アメリカでも多くの初中等教育学校で様々な言語のイマージョンプログラムが提供されており、日本でも英語イマージョンプログラムを提供している学校が存在します。

■理念と特徴

　イマージョンプログラムは、Krashen のインプット仮説に似た言語習得観に立つもので、(1) 主として低年齢の L2 未修者を対象として学校・学校区単位で指導を行う、(2) L2 そのものは直接指導しないが、L2 による教科指導により、圧倒的な L2 インプット量を確保し、母語話者並みの L2 能力の獲得を目指す、(3) L2 技能は教科の学習活動の中で統合的に扱う、(4) 理解が不十分な学習者に対しては、非母語話者向けのわかりやすい話し方 (foreigner talk) で説明したり、図や絵等を理解の補助に使用したり、あるいは限定的に L1 を使用したりして支援を行う、(5) L2 文化への肯定的な態度を育てるといった特徴があります。

　上記の (1) に関しては、最も一般的な早期イマージョン（小学校低学年以降）のほか、中期イマージョン（小学校中学年以降）、後期イマージョン（中高

生以降)、高等イマージョン(大学以降)等もあります。(2)に関しては、学校により、完全イマージョン(L1 による教科指導なし)の場合と、部分イマージョン(L1 による教科指導を半分程度残す)の場合があります。原則としてどの教科も L2 のみで指導することが可能とされますが、中でも地理は、固有名詞が多く、地図によって理解が促進できるため、とくにイマージョンに向いているとされます。(3)に関しては、たとえば、理科の実験の授業であれば、教師の説明を聞く、友人と実験の計画について話す、実験結果をレポートに書く、レポートの内容を人前で話すというように、いわゆる4技能が自然な形で統合的に使用されます。(4)に関しては、様々な形で学習者の理解を支援する足場掛け(scaffolding)を提供することが推奨されます。教育心理学者である Vygotsky (1978) の提唱する理論では、人は、自分一人では出来ないが、周囲からの助け(足場掛け)があれば出来るという「発達の最近接領域」(zone of proximal development)を徐々に広げていくことで、様々な技能を獲得していくとされます (p.86)。(5)に関しては、そもそも、カナダにおける英語母語話者のフランス語学習はフランス語話者圏への融合を志向する統合的動機づけに影響されており(6.4.2.1 節)、イマージョンの指導では L2 だけでなく L2 文化への友好的態度の涵養が目指されます。

　このように、利点の多いイマージョンプログラムですが、一方で、L1 能力が十分に伸びないのではないか、また、教科学習の内容が十分に定着しないのではないか、といった疑問がしばしば呈されます。前者について言うと、児童は家庭や学校外において日常的に L1 を使っており、また、校内でも L1 での質問や相談が禁じられているわけではありませんので、結果として、L1 の接触量に不足はなく、L1 能力の発達が阻害されることはないとされます。後者については、イマージョンプログラム校の教科学習の内容は一般校と完全に同等になるよう厳しく管理されています。このため、イマージョンプログラム校であるからという理由で、教科内容が削減されたり、レベルが下げられたりすることはありません (Johnson and Swain, 1997)。過去の実践では、イマージョンプログラム校の生徒は、教科成績についても一般校と同等かそれ以上であったと報告されています。

■利点と制約

　イマージョンプログラムは、(1) 母語話者並みの L2 能力を身に付けられる、(2) L2 に加え、L1、教科内容、異文化受容態度のすべての点で高い成果が得られる (Genesee, 1987)、(3) L2 の直接指導に時間を割く必要がないといった利点を持ちますが、一方で、(1′) 学区単位・地域単位でないと実施できない、(2′) 各教科の内容に精通した母語話者教師の確保が困難である、(3′) カナダのように当該言語を母語話者並みに習得しようという強い動機づけが存在しない環境では効果が上がらない、(4′) 流暢性は身に付いても正確性が身に付かないといった制約もあります。

　上記の (4′) の点に関して、Swain (1995) は、プログラムの実施状況を実地に観察した上で、イマージョンプログラムの授業では、児童による L2 発話がきわめて少ないことに気付き、L2 の望ましい習得には、大量のインプットだけでは不十分で、アウトプットが同時に重要であるとするアウトプット仮説 (output hypothesis) を提唱しました。学習者は、アウトプットを通して、L2 の言語形式に注意を払い、L2 の統語規則に関する自分の理解を実地に検証し、L2 についての知識を獲得していきます。アウトプット仮説は、大量の理解可能なインプットさえあれば、完全なアウトプットが自然に出現するとした Krashen のインプット仮説を補完するものとなっています。

　イマージョンプログラムは、他の教授法のように個々の教師が実施できるものではありませんが、すでに 50 年以上にわたって世界で実践が重ねられており、一貫して一定の有効な成果が示されています。このことは、内容志向型の L2 教授の可能性を強く示唆するものと言えるでしょう。

8.5.2　コンテントベーストインストラクション

　カナダのイマージョン教育が顕著な成果を挙げたことで、それを部分的に改変して取り込もうとする動きが各地に広まりました。一般に、アメリカで導入されたものを内容準拠型教授／コンテントベーストインストラクション (content-based instruction：CBI)、ヨーロッパで導入されたものを内容・言語統合型教授／ CLIL (content and language integrated learning) と呼びます。どちらかと言えば、CBI は ESL (第 2 言語としての英語) や内容指導を志向

し、CLIL は EFL（外国語としての英語）や言語指導を志向するという方向性の違いはあるものの、根幹は同等です。

　本書では、教授法の名称としてコンテントベーストインストラクションという用語を総称的に使用し、主としてヨーロッパの実践に触れる場合に CLIL という用語を使います。ただ、研究によっては、CLIL という用語を総称的に使用し、ESL 的指導を強化型 CLIL（Hard CLIL）、EFL 的指導を弱化型 CLIL（Soft CLIL）と呼ぶ場合もあります。なお、日本で行われている内容重視の指導の多くは弱化型 CLIL に相当します。

■背景

　アメリカでは、1980 年代頃から、移民対象の L2 英語指導の場において、イマージョンに似た指導が多く実践されました。実際の指導には幅があり、完全イマージョン（移民も一般クラスに入れ、教科教師が英語だけで教科指導）→部分イマージョン（一部科目・一部授業でイマージョン）→シェルターコース（sheltered course：移民専用クラスを作って教科教師が加減した英語を用いて教科指導）→補習モデル（adjunct model：イマージョン指導に加え、移民は英語教師による補習授業を追加受講）→テーマ準拠指導（theme-based instruction：英語教師がテーマに基づいた英語カリキュラムを指導）、の順で指導の力点が内容から言語に移行します。最も言語寄りのテーマ準拠指導は、「アメリカにおける女性の歴史」や「環境と水」等のテーマに即して英語を学ぶもので、ヨーロッパの CLIL とほぼ同等です。

　これに対し、CLIL は「多数派生徒を対象に、外国語を指導手段として内容科目を指導する」もので（Marsh, 1994）、ヨーロッパ評議会（Council of Europe）が 1994 年より域内で推奨している教授法です。ヨーロッパでは、多くの国で外国語として英語が指導されていましたが、指導の成果は限定的でした。こうした従来型の「外国語教育の成果に対する不満や失望感」を背景として、限られた学校教育の授業数の中で英語への接触量を飛躍的に増加させる必要性が認識され、それが一般教科を英語で教える CLIL という形態になったとされます。イマージョンプログラムと異なり、CLIL では、通例、自国の教師が L2 で内容を指導します。これが可能なのは、ヨーロッパ

では、一般の教科担当教師でも、ある程度は英語が話せるためです(沖原, 2015)。

　CLIL は、単なる L2 教授法というよりも、ヨーロッパの統合深化という政治的理想の実現の道具立てという側面を持っており、域内の人々が外国語によるコミュニケーション能力を高め、異なる文化への敬意と理解をはぐくむことで、域内交流を拡大させ、共同体意識を強化することが目指されています。この背景には、すべての個人が複数言語を身に付けることを目指す複言語主義(plulingualism)や、学習対象としての英語を母語話者に近づくための手段ではなく、非母語話者同士がコミュニケーションを行う際の共通語、つまりはリンガフランカ(lingua franca)と位置付ける言語理念も関わっています(Nikula, Dalton-Puffer, and Llinares, 2013)。

　CLIL はすでに 20 年近い実践の歴史を持ち、オランダ、ドイツ、スペインにおける大規模な英語 CLIL 指導においては、学習者の英語成績(とくに、聞く・読むといった受容的能力、接辞等の語形成の知識、語彙、創造的な言語使用、流暢性)が他の教授法で学んだ場合よりも高くなり、かつ、教科内容の理解度にも遜色なかったと報告されています(Scott and Beadle, 2014)。

■理念と特徴
　コンテントベーストインストラクションは、L2 接触量の増大と L2 の手段化・自動化を促進するという基本的理念の下、(1)L2 指導において十分な量のインプットを与える、(2)加えて L2 でのアウトプットやインタラクションの機会を十分に保証する、(3)正確性だけでなく流暢性の育成を目指し、必要な学習者支援(足場掛け)を行う、(4)L2 指導に異文化理解や異文化交流の要素を組み入れる、(5)認知的な思考力の育成を図るといった基本的方向性を持ちます。(4)と(5)に関して、ヨーロッパの CLIL では、指導で身に付けさせようとする能力を、コミュニケーション(communication)・内容(content)・文化(culture)・認知(cognition)の「4C」と定義しています。
　コンテントベーストインストラクションでは、言語指導か内容指導か、言語スキル指導か言語文化指導か、教師主導型授業か学習者主導型授業かと

いった、従来のL2教授でしばしば対立的にとらえられてきた諸要素について、いずれも均衡的な統合が目指されます。この意味で、その精神は基本的に中庸です。なお、言語と文化の統合的指導には、両者の不可分性を主張する現代的な言語観（Kramsch, 1993；Kramsch, 1998）が反映されています。

■指導の実践

　典型的なコンテントベーストインストラクションの授業では、何らかの学習テーマが設定され、それが様々な言語活動をつなぐ役割を果たします。たとえば、奥野（2018）で紹介されている日本語教育の実践では、15週の全体テーマを貧困問題とし、『世界がもし100人の村だったら』を用いた導入→世界の貧困についての解説文理解→シェラレオネ支援事業についての解説文理解→社会的起業や貧困解決法についての班発表→自分の夢や信念等に主眼を置いた振り返り、の順で授業を進めます。L2による多彩な活動を通して、学習者は既習のL2知識を運用レベルに引き上げるとともに、異文化理解を深め、現代世界に関わる問題発見力や解決力を磨くことができます。

　Meyer（2010）は、内容志向型のL2授業設計に関して、授業の中核要素としてインプット、タスク、アウトプットの3点を示し、加えて、それらをつなぐ第4の要素として、学習者の間接的支援を意味する足場掛け（scaffolding）（8.5.1節）に言及しています。これらはコンテントベーストインストラクションの授業にもそのまま当てはまります。

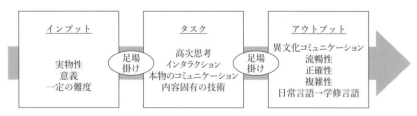

図1　内容志向型授業における指導の流れ（Meyer, 2000, Fig.2 を改変）

　教師は、まず、学習者の知的好奇心を喚起するため、豊かな内容を持つL2インプット（テキスト、音声、映像、インターネット資料等）を与えま

す。次に、それを用いて多彩な言語的・認知的・内容的タスクを行わせます。そして、最後に、得られた成果を流暢かつ正確に L2 でアウトプットさせます（pushed output）。この時、教師は、必要に応じて、L1 で説明したり学習技術の指導を行ったりする等、学習者に足場掛けを行います。

　こうした授業を成功させるためには、トピック・媒体・タスク・言語技能・認知活動の 5 点を有機的に組み合わせることが重要です。以下は「日本」をテーマとした授業における 5 観点の組み合わせ例です。

表 2　「日本」をテーマにした内容志向型授業の構成の例（Meyer, 2000, Fig.4 を改変）

	トピック	媒体	タスク	言語技能	認知活動
1	異文化コミュニケーション	映画(物語)	ロールプレイ	聞く・話す	共感
2	人口動態	ネット音声	棒グラフ作成	聞く	因果関係
3	天候	衛星画像、表	ポスター発表	読む・話す	比較
4	災害	ウェブ文書	レポート執筆	読む・書く	因果関係

　このように考えてくると、コンテントベーストインストラクションないし弱化型の CLIL の授業は、複数のタスクを何らかのテーマでつないだタスクベーストランゲージティーチングやコミュニカティブランゲージティーチング、あるいは、L2 指導でタスク活動を挟みこむサンドイッチ型のフォーカスオンフォームの授業ときわめて似たものとなります。

■利点と制約
　コンテントベーストインストラクション（弱化型 CLIL）は、(1)イマージョンプログラムと異なり、クラス単位で実施可能である、(2)現代社会においてニーズの高い異文化理解力の養成に有効である、(3)授業に様々な活動が含まれ、単調にならない、(4)L2 能力の自動化が期待できるといった利点がありますが、一方で、(1′)L2 と内容の両面に習熟した教師の確保が困難である、(2′)通常の教材は使用できないため、新たな教材を開発する教師の負担が膨大になる、(3′)テーマが専門的になった場合は L2 教師の手に負えなくなるといった制約もあります。しかし、制約はいずれも技術的なもので、

それらを克服することは不可能ではありません。コンテントベーストインストラクションは、コミュニカティブランゲージティーチング・タスクベーストランゲージティーチング・フォーカスオンフォームといった他の教授法と混ざり合う形で、世界のL2教授の現場で採用されつつあります。

8.6　学習者志向型教授法

　オーディオリンガルメソッドでは、「習うより慣れろ」、「考えずに反応せよ」といった理念の下、学習者は、L2刺激に対して即時的に反応を返します。この時、自分の頭で考え、判断を下すことは要求されません。また、ランゲージラボラトリで行われる授業では、学習者は個別のブースの中に入り、他者との交渉を断って、与えられた訓練に取り組みます。こうした指導は、行動心理学者がネズミやハトを使って行った条件づけ実験を彷彿とさせるもので、学習者の人間性や主体性を尊重したものとは言えません。

　そこで、現代教授法の多くは、学習者の持つ潜在能力に再評価を与え、それらを自然な形で引き出す方策を試みることとなります。こうして、教師が過剰な介入を控えることで学習者の自律性を高めるサイレントウェイ、心理カウンセリングの手法を用い、学習者をリラックスさせた上で言語を学ばせるコミュニティランゲージティーチング、暗示（脱暗示）の手法によって学習者の潜在能力の活性化を促すサジェストペディア、学習者ごとに異なる多様な知能タイプをふまえた教授を提唱する多重知能理論、他の学習者との協力によって言語習得に共同で取り組ませるコーパラティブランゲージラーニング等の教授法が提唱されました。これらの教授法は人間中心主義指導法（humanistic technique）と総称されますが（Moskowitz, 1978）、その多くは、心理学や発達教育学といった応用言語学の外部の理論に依拠しており、L2以外の教授にも適用されうるものです。

8.6.1　サイレントウェイ

　L2の教授において、教師が過剰に説明や指示を行うと、学習者は教師の話をただ機械的・受け身的に聞き流すだけになってしまい、L2の習得は困

難になります。サイレントウェイ（silent way：沈黙教授法）は、教師があえて「沈黙」することによって学習者の注意力を最大限に高め、効率的に L2 を習得させるという教授法です。

■背景

　伝統的な教授法では、教師は指導者として指導の全般に大きな権限を持っていました。一方、現代教授法では、学習者の側を学びの主体に位置付ける発想が定着し、教師は学習者の学びを側面的に支える調整者（facilitator）という新しい役割を担うこととなりました。これにより、現代の教師は、学習の場面に過剰に介入することを控えるようになりました。しかし、いかに介入の頻度を控えようとも、最終的に明示的な指導を行ってしまえば、結局、学習者はそれに頼ろうとします。エジプト生まれの心理学者・数学者であった Caleb Gattegno（1911–1988）は、これを防ぐには、教師は「沈黙」すべきであると考え、サイレントウェイを提唱しました（Gattegno, 1963 他）。

■理念と特徴

　サイレントウェイは、沈黙、つまりは、教師の過剰介入を控えることで学習者の潜在能力を引き出す教授法です。サイレントウェイにおいては、言語は、断片的な知識やルールの集積ではなく、精神と音声が不可分に統合した総体であるとみなされ、とくに語彙の重要性が強調されます。

　サイレントウェイの実践においては、(1)学習者の注意力や集中力を最大限に引き出す、(2)学習者の意思によらない機械的反復学習を否定する、(3)学習者自身が自律的・主体的・創造的な試行錯誤のプロセスを経て言語や学習過程に対して意識的な気付き（noticing, awareness）を持つことを重視する、(4)機能語彙に注目し、単純記憶（memorization）を保持記憶（retention）に昇華させる、(5)記憶を補助する特別な教具を使用する、(6)学習者間の集団力学（group dynamics）を活用する、といったことが行われます。

　このうち、(5)については、フィデル（発音を色で示した図）、カラーロッド（彩色木片）、ウォールチャート（壁掛け図画）等が使用されます。たとえば、教師は、無言のままフィデルの文字列を指し、まず、自身で発音し、そ

a	u	i	e	o	a	or	oi	or	i	o	or
oi	o	y	ie	ea	e	er	ia	er	y	a	er
	oe	ey	ho	ow	u	ur	io	ur	i	oo	our
	ou	u	a	au	o	ir	eo	err	igh	oo	oor
	oo			ou	i	yr	ei	ir	ie	au	aur
	up	ie	a	ou	y	ou	oi	ear	eye	oa	oar
		e	ay	ei	a	our	ui	ye	igh	hou	hor
		ui	el	oe		ler	ae	olo	eigh	ough	ort
		hi	ae	eo		r	he	our	is	ough	our
		ee				re		err	ois	aw	ure
		ea				ure			ei		
		is				oar			ir	awe	

図2 フィデル

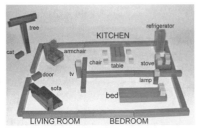

図3 カラーロッド
(de Sousa, 2009, p.21, p.23 の図版より)

の後、身振りで学習者に復唱を促します。これにより、学習者は教師の余計な説明に妨げられることなく、学ぶべき L2 音声と文字を直結させることができます。また、教師は個々のロッドを見せながら色の名前や物の形・大きさ表す表現を教えることができ、さらに、ロッドを組み合わせることで、様々な状況(地図、部屋の間取り図等)を学習者に伝達し、状況に応じた練習を行わせることができます。いずれの場合も教師はほとんど話さないので、学習者は集中力を最大限に高め、認知的試行錯誤を重ねながら、L2 の音素やルールの理解を目指します。

■利点と制約

　サイレントウェイは、(1)学習者が主体的・自律的に L2 に関わりやすい、(2)授業の中で集中力と緊張感を維持しやすい、(3)L2 の音素に神経を集中させることで正確な音素習得が期待できる、(4)友人と助けあいながら目標を達成していきやすいといった利点を持ちますが、一方で、(1′)こうした指導になじめない学習者が授業を苦痛に感じやすい、(2′)知識を整理する機会が持ちにくい、(3′)文法や語彙の指導方法が曖昧である、(4′)上級者には応用しにくい、(5′)一般の教師には教えにくいといった制約もあります。教師の過剰介入を控えることで学習者の学ぶ力を引き出すというサイレントウェイの基本理念は現代教授法の方向性を先取りしたものですが、実際的な教授法として見れば、その実践は決して容易ではありません。

8.6.2　コミュニティランゲージラーニング

　L2 の教授において、教師が威圧的な権威者としてふるまったり、過度に競争的な雰囲気を持ち込んだりすると、学習者は委縮して、L2 インプットを受け入れることが難しくなります。コミュニティランゲージラーニング（community language learning：学習者共同体中心教授法）は、心理学における集団カウンセリングの手法を応用し、習得の障害となる緊張感を取り除いた上で、学習者共同体全体で自然に L2 習得を行わせる教授法です。

■背景

　心理学では、クライアント（相談者）が抱える問題を解決する手段としてカウンセリングが広く実践されています。心理学者の Carl Rogers（1902–1987）は、カウンセラーが対処法を明示的に指導する従来のカウンセリングに代えて、「クライアント中心に話合いを進め、クライアントの発言に対する一切の評価判断を差し控え、カウンセラーとの間に受容的、許容的な雰囲気をつくり、クライアントが自己洞察を深め、人格的に成長することにより精神的問題を克服していくのを援助する」非指示的・人間中心主義カウンセリング（non-directive/ person-centered counseling）を提唱しました（『ブリタニカ国際百科事典』）。

　心理学者であり、聖職者でもあった Charles A. Curran（1913–1978）と P. G. La Forge は、こうしたカウンセリングの手法を L2 教育に応用し、コミュニティランゲージラーニングを提唱しました（La Forge, 1971）。このため、カウンセリングメソッド（counseling method）という呼び方もなされます。

■理念と特徴

　コミュニティランゲージラーニングは前述の非指示的カウンセリングの理念に基づくもので、(1) 学習者同士、または学習者と教師からなる社会的な関係性の中での言語の双方向的機能を重視する、(2) 教師と学習者の関係をカウンセラーとクライアントの関係とみなす、(3) 少数の学習者をグループにして協力的な共同体を作らせる、(4) 教師は指導の前面に立たず、学習者が問題を抱えている場合にのみ援助を提供する、といった特徴を持ちます。

なお、教師が直接的な指示・指導を意図的に抑制することは、すでに見たサイレントウェイを含め、多くの現代教授法の基本理念に重なる方向です。

■指導の実践

コミュニティランゲージラーニングの指導では、通例、10 名程度の学習者が車座になって座り、彼ら自身が選んだテーマについてリラックスした雰囲気の中で L2 を使って話し合いをします。教師は話し合いには参加せず、学習者同士の L2 の対話を静かに見守ります。ただし、学習者が L2 で言いたいことをうまく言えずに困っている場合、教師はその学習者に近寄り、学習者が L1 で言った内容を L2 に翻訳してささやきます。そして、学習者に自分の口で L2 を使って他の学習者に話させます。この発話がうまくなされた場合、教師は当該の発話を録音します。その後、教師は録音した発話をつなぎ合わせたものを再生し、それを黒板に書きだし、その中に含まれている言語形式や表現等に学習者の注意を向けさせます。教師は学習者からの質問があればそれに答え、必要に応じて表現等を定着させるためのタスクを行います。

タスクにおいて重要なのは、学習者が常にリラックスして安心感（security）を持ち、学習への注意力（attention）と積極性（aggression）を示し、学習への積極的関与や内省（reflection）によって学習内容を定着（retention）させ、学習した内容を体系的に区分（discrimination）して教室外で使用できるようにすることです。この一連の過程は、それぞれの頭文字を取って SARD モデルと呼ばれています（Curran, 1976, p.6）。

■利点と制約

コミュニティランゲージラーニングは、(1) 学習者の自律性が育ちやすい、(2) 学習者が共同体の中で助け合い、グループ全体で L2 習得を進めていける、(3) 初級者、成人学習者を問わず、恥ずかしさを感じずに学習を行えるといった利点を持ちますが、一方で、(1′) カウンセリングの専門知識がない教師には指導しにくい、(2′) 多数の学習者を一度に指導できない、(3′) 授業過程に多くの時間がかかるといった制約もあります。学習者個人を超え

て、学習者共同体の学習機能に注目するコミュニカティブランゲージラーニングの理念は後述するコーパラティブランゲージラーニング等に継承されています。

8.6.3　サジェストペディア

　L2 の習得では、一定量の語彙や文法の暗記が必要となりますが、暗記が苦手で L2 習得に失敗する学習者も少なくありません。サジェストペディア（suggestopedia：暗示学習法）では、すべての学習者が、本来、きわめて高い記憶能力を備えていながら、能力の発現が社会的に抑制されているとみなします。そして、能力を抑圧する社会的暗示を脱暗示（dissuggestion）によって取り除くことで、本来の記憶能力を引き出し、L2 を効果的に習得させることを目指します。

■背景

　学習者の多くが、必要な語彙や文法を覚えられず、L2 習得に苦労しています。一方、世界には、円周率を何万桁も暗記しているような人が存在します。ブルガリアの精神医学者であった Georgi Lozanov（1926–2012）は精神医学の観点からこうした超記憶の調査を進め、心理学的な暗示（suggestion）によって人間の潜在能力を引き出すサジェストロジー（suggestology）という研究分野を創始しました。その後、Lozanov は、声楽家であり、応用言語学研究者でもあった Evelyna Gateva（1939–1997）と共にサジェストロジーを活用した外国語指導の実験を行い、驚異的な成果を得ました。こうして Lozanov は、記憶効率を「25 倍」引き上げる教授法として、サジェストペディアを提唱することになります（Lozanov, 1978 他）。

　1980 年には国際連合教育文化機関（UNESCO）の調査チームによって、成人対象の L2 教育におけるサジェストペディアの有効性が認められる等、国際的な関心も高まり、1994 年の国際会議ではサジェストペディアの最終版が発表されました。なお、サジェストペディアは潜在記憶能力（reserve of capacity）の活性化に基づくものなので、Lozanov はサジェストペディアではなくリザーポペディア（reservopedia）という呼称を使うよう提案しています。

232

■理念と特徴

サジェストペディアは、人は誰でも高度な潜在記憶能力を持っており、適切な暗示さえあれば、その能力を最大限に活用してL2習得に生かせるという基本的な考え方に立ち、(1) 学習者の精神的自由を保証し、古典芸術や美術等を活用することで潜在能力の開放を行わせる、(2) 部分と全体の均衡に配慮して教材や教授過程を設計する、(3) インプットを量的に拡大する、(4) 芸術作品、植物、ソファ等を教室に配置し、リラックスできる空間を用意するといった基本的方向性を持ちます。

上記の (1) について、Lozanovは、すべての人間が意識的記憶の周辺に膨大な潜在記憶領域を持っていると考えます。しかし、多くの人間は、社会通念等の固定観念によって、気付かないうちに暗示にかかっており、その領域にアクセスできなくなっています。つまり、重要なのは、学習者の記憶を抑圧している強力な社会的暗示をいかに脱暗示するかということです。そこで、サジェストペディアでは、教師が学習者を信頼・尊重し、学習者を完全にリラックスさせた状態で、衝撃的な芸術的感動を与えます。これにより、脱暗示がなされ、学習(記憶)にとっての最適状態が得られます。

■指導の実践

サジェストペディアの教授過程は、導入、ライブセッション、能力開発、プレゼンテーションの4段階に分かれています。導入では、教科書(「シナリオ」と呼びます)を学ぶだけでなく、たとえば、目標言語を話す国をテーマとして教師と学習者がロールプレイを行い、それを映画に撮る等の活動を行うことで、信頼と敬愛の人間関係を構築します。また、リラックスさせるため、遊具、ボール、パズル等を使ってゲームを行うこともあります。

続くライブセッションはサジェストペディアを特徴付ける独創的な学習活動です。まず、60分程度の能動的コンサートセッション (active concert session) を行います。学習者の精神を高揚させるため、ロマン派の壮大な交響曲等を流しながら、教師は、音楽のリズムに合わせて誇張した抑揚をつけ、演劇における俳優のように一言ずつはっきり区切って学習内容を含むL2テキストを効果的に読み上げます。学習者は翻訳付きスクリプトに目を通しな

がら音声に耳を傾けたり、時には一部を復唱したりします。その後、30 分程度の受動的ライブセッション（passive live session）を行います。高揚した精神を落ち着かせるため、教師は、バロック音楽等を流しながら、同じテキストを通常のリズムで静かに読み上げます。サジェストペディアでは、絵画、オペラ、バレー、クラシック音楽、写真、舞踏等の芸術的要素を最大限に使用します。美は、対象や精神により深く関与する一助となるからです。美によって、動機が高まり、目標言語への敬愛の念が深まり、対象言語話者への興味や寛容性が生じ、結果として、言語の習得が容易になるのです（Bodurova, 2012）。このため、ライブセッションで扱うテキストは深い内容を持つ文学作品等で、語彙の統制や簡略化等も原則として行いません。

　その後、能力開発では、様々なタスクを通して文法や語彙の学習を行います。ただし、ドリルや暗記を強要したり、また、学習者の誤りを指摘・矯正したりすることもありません。学習者の精神の自由と創造性を尊重し、「学ばずして学ぶ」状態になるよう配慮します。

　最後に、発表では、既習の内容に基づき、学習者は自分で物語を作り、口頭で発表します。発表の内容は、家族への自分の勉強法の紹介、休暇の思い出等です。その際、写真や新聞記事等を自由に使用することができます。発表後、質疑応答をしたりディスカッションをしたりします。

■利点と制約

　サジェストペディアは、(1) リラックスした学習環境で学べる、(2) 教養と L2 能力を同時に高められる、(3)学習項目を無理なく記憶しやすいといった利点を持ちますが、一方で、(1′) 特殊な訓練を受けた教師にしか指導できない、(2′) ライブセッション以外の指導の内容がはっきりしない、(3′) ライブセッションでの特定の音楽の推奨等、根拠の不明な主張が多いという制約もあります。UNESCO の報告書にもうかがえるように、サジェストペディアは、その可能性が早くから期待された教授法でしたが、Lozanov が政府に軟禁されたことや、研究成果が英語で出版されなかったことにより、国際的な研究が遅れ、Lozanov の主張を曲解した疑似科学的な類似の学習法が次々に発表されて混乱を招くこととなりました。しかし、学習者のリラックスを

促す教室環境の整備や、音楽等の活用、また、自由で創造的な表現活動の導入等は、以後の多くの教授法に継承されています。

8.6.4　多重知能理論

　従来の L2 教授は学習者を均質な存在ととらえがちで、画一的な指導を強要することも珍しくありませんでした。しかし、応用言語学の枠組みでなされた各種の学習者研究が明らかにしたように、個々の学習者は多くの点で異なる性質を持っています。多重知能理論（multiple intelligences）とは、個々の人間が持つ知能を多面的にとらえる考え方で、L2 教授に敷衍すれば、学習者個々の知能タイプを見極め、それぞれのタイプに応じた指導を提供すべきだということになります。

■背景

　アメリカの教育現場では、20 世紀に入り、学習困難児を早期に見つけ出して適切な対応を取るため、知能検査が広く実施されるようになりました。しかし、こうした検査の多くは人間の知能をきわめて狭くとらえ、しかも、将来の変化を考慮に入れていませんでした。これに対し、アメリカの教育学者 Howard Gardner は、人間の知能ははるかに多元的で、認知的成長に伴って不断に変化していくものであると主張し、多重知能理論として発表しました（Gardner, 1983）。

　1990 年代以降、アメリカを中心として、こうした考え方が L2 教育に持ち込まれるようになりました。多重知能理論をふまえた L2 教授では、L2 能力をいわゆる言語的知能だけに結び付けず、論理性、運動性、音楽的感受性等に関わる幅広い知能の総和とみなします。

■理念と特徴

　前述のように、多重知能理論は知能が多元的であり、教育的介入や認知的成長によって向上するという基本理念に基づいています。当初、多重知能は言語的知能（作家・弁護士等に見られる創造的言語使用力）、論理数理的知能（科学者・技術者等に見られる理性的判断力）、空間的知能（建築家・彫刻家

等に見られる空間把握力)、音楽的知能(音楽家等に見られる音楽への感受性)、身体運動的知能(運動選手等に見られる筋力・運動力)、対人的(interpersonal)知能(政治家・教師・販売員等に見られる社交力)、内省的(intrapersonal)知能(カウンセラー等に見られる自己分析力)の 7 種に分類されていましたが、後に、博物学的(naturalisit)知能(博物学者等に見られる自然法則を分類・整理して理解する能力)が加わり、8 分類になりました。さらに、最近では、実存的(existential)知能(芸術家等が持つ哲学的思考力)や心霊的(spiritual)知能(宗教家等が持つ霊的思考力)等も知能の候補として検討されています。

　これらは、程度の差はあれ、すべてが L2 運用と一定の関わりを持ちます。たとえば、論理数理的知能は L2 文法の体系的理解に、空間的知能は空間概念を表す語彙や構文の習得に、音楽的知能は音素の聞き取りや発音に、身体運動的知能はとっさの発話に、対人的知能はコミュニケーションの円滑な遂行に、内省的知能は L2 学習の管理や調整に、博物学的知能は見聞きした内容の理解にそれぞれ寄与していると考えられます。

　個々の学習者がこれら 7 つないし 8 つの能力においてそれぞれ異なる特性を示すとするならば、学習者の知能タイプは限りなく細分化されることとなり、全員に一律の指導を行うことはそもそも無理があると考えられます。こうして、L2 教授法としての多重知能理論は、(1)学習者の得意・不得意な能力パタンを把握して指導に生かす、(2)多様な学習者を前提として多元能力に対応した活動を用意する、(3)各種能力を固定的にみなさず、L2 学習を通して向上させることを目指すといった基本的方向性を持ちます。もっとも、多重知能理論は特定の言語観を持っておらず、L2 の何をどのように教えるかを明確に定義するものではありません。

■指導の実践

　L2 教授についてとくに重要なのは上記の (1) や (2) の点です。指導に先立ち、アンケートや心理調査を行って学習者の得意・不得意な能力分野を把握しておけば、それぞれに応じたタスクを用意できます。たとえば、「話の内容を図にまとめる」(空間)、「L2 の指示で体を動かす」(身体運動)、「L2 の

歌を歌う」（音楽）、「ペアで会話する」（対人）、「学習管理ノートを付ける」（内省）、「関連する語彙を分類する」（博物）、「学習した内容に基づき自分や人類の在り方を考えてレポートを書く」（神霊、実存）といった活動が考えられるでしょう。

　このように、知能の多元性をふまえた多様な言語タスクを用意しておけば、L2 に対して、多重の入口（multiple entry points）が確保されることになります。つまり、学習者は、審美性・物語性・論理性・根拠性・経験性といった L2 に関わる多様な側面の中から、自らが最も得意とする入り口を見つけ、そこから L2 にアクセスしていくことができるのです。

　Currie（2003）の実践では、授業の開始前に、主要な知能タイプに関する文章（例：「私は目を閉じるとはっきりしたイメージが浮かぶことが多い」「私は色彩感覚が鋭い」）を読ませてあてはまりの程度を回答させ、個人およびクラス別の知能プロフィールを作成しました。その後、個人またはクラスごとに最も得意な知能タイプを特定し、音楽的知能が高い学習者には L2 の音声トレーニング（リズム・強制・アクセント等）を取り入れるというように、得意とする知能に直結した指導を行ったところ、高い効果があったと報告されています。こうしたアプローチを拡張し、不得手とする能力を伸ばすタスクを集中的に行わせ、学習者の知能をより均衡的に伸ばしていくことも可能です。

■利点と制約
　多重知能理論は、（1）学習者の個人差に対応した指導が可能になる、（2）多様なタスクを設置することで授業が活性化する、（3）学習者の学習成果を多面的に評価できるといった利点を持ちますが、一方で、（1'）個々の知能の定義・根拠が曖昧である、（2'）具体的な L2 指導との関係が曖昧である、（3'）実証的効果が不明であるといった制約もあります。多重知能理論には少なからぬ批判も存在しますが、「全員が同じ教材を同じように学習でき、単一の普遍的評価法でそうした学習者の学習を測ることが出来ると考える教育システム」の見直しの契機になったことは事実であり（Gardner, 1991, p.12）、最近では、読字障碍（dyslexia）等の学習障碍を有する学習者の L2 習得支援

(11.2 節)の文脈でも注目を集めています(竹田, 2020)。

8.6.5　コーパラティブランゲージラーニング

　学習者志向型教授法の多くは、教師の過剰な介入を控えることで学習者の自律性を高め、併せて、学習者間の助け合いを促進することを目指します。コーパラティブランゲージラーニング(cooperative language learning：協同的言語教授法)は、学習者間の相互の助け合いを引き出し、集団全体で L2 習得を進めていこうとする教授法です。

■背景

　一般に、学校等の集団教育の場では競争原理が働きやすく、学習者は自分自身の学習目標の達成のみを優先しがちです。しかし、学習の対象である言語が、そもそも、他者と意思疎通を図り、互いに共存していくための道具であることをふまえれば、個人至上主義に基づく L2 習得には本質的な問題があると言えるでしょう。

　この点については、集団内の協力・協同を深化させることで、構成員全員が互いに学びあい、全体として目標を達成していくべきだという考え方が古くから存在しています。たとえば、アメリカの教育哲学者 John Dewey (1859–1952) も、*The School and Society* (1899)、*Democracy and Education* (1916) 等の著作で、教室は、様々な人々が共存・協同している現実社会の在りようを反映すべきだと述べています。また、Vygotsky (1978) も、1 人ではできないものの、周囲からの援助、すなわち、足場掛け (scaffolding) があればできる「発達の最近接領域」(zone of proximal development) を広げていくことで人は技能を獲得していくと述べています (8.5.1 節)。これを受け、Johnson and Johnson (1989)、Johnson, Johnson, and Holubec (1994)、Kagan (2021) らが協同学習 (cooperative learning) の方法論を提案しています。

　コーパラティブランゲージラーニングとは、こうした教育理論を L2 教授に援用したもので、競争ではなく学習者集団内の協同によって、集団全体でL2 習得を目指すという考え方です。なお、国内の関連文献では cooperative の訳語としていくつかの語が用いられていますが、本節では、collaborative

238

(協働) と cooperative (協同・共同) を区別する坂本 (2008) に従い、「協同」という訳語をあてることとします。

■理念と特徴
　コーパラティブランゲージラーニングは、特定の言語理論を下敷きにしたものではありませんが、一般には、(1) 他者との協力の重要性や集団全体での目標達成の重要性を学ぶ、(2) 人種的・性別的・環境的多様性に配慮して学習集団を作る、(3) 個人活動と集団活動 (会話・対話・インタビュー・ディスカッション・プロジェクト等) を組み合わせる、(4) 個人での目標達成と集団での目標達成の両面に責任を持たせる、といった特徴を持ちます。こうした指導が適切になされた場合は、肯定的人間関係、心理的調整力、対人関係構築力、達成努力等が引き出され、学習者間での建設的相互依存 (positive interdependence) によって集団全体で L2 の習得が進むとされます。

■指導の実践
　教師はまず、数名の学習者をグループにした上で、建設的相互依存の重要性や、そのための手段 (わからない場合の聞き方、質問された場合の答え方等)、また、個人責任と集団責任の概念について十分に説明します。そして、学習内容に即した L2 タスクにグループで取り組ませます。この間、教師は学習者の活動を常時観察し、正確なタスクの遂行とグループ内での協力がなされるよう必要に応じて補助を行います。最後に、グループの構成員に自己評価を行わせ、個人およびグループとして達成できたことや次回への課題を確認させます。
　学習者に協同を促すタスク活動の1つに、ジグソー (jigsaw) があります。これは、ジグソーパズルのピースを組み合わせて元の絵を再現するように、断片的な情報を組み合わせて元のストーリーを再現する言語活動です。教師は L2 の情報をいくつかの単位に分割しておき、1つの単位を各グループの担当者1名だけに伝達します。担当者は教師から情報をもらった後、同じ情報単位を担当する他グループのメンバーと相談して協同で意味解釈を行い、元のグループに戻ってその情報を説明します。最終的に、グループメン

バー全員が別個の情報単位を持ち寄ることになりますので、それらを組み合わせて元の情報を復元し、発表を行います。このタスクでは、個人の責任（教師からもらった L2 情報を正しく理解）と学習集団への責任（得た情報を集団に正しく報告）の両面を果たさなければタスクが完了しません。

　コーパラティブランゲージラーニングの授業では、こうしたタスクを頻繁に行うことで、信頼や建設的相互依存の精神を醸成します。評価は、通例、個人評価（個人別学習記録ノートの内容に基づく）と集団評価（最終発表に基づく）を組み合わせる形で実施します。

■利点と制約

　コーパラティブランゲージラーニングは、(1)助け合いを行うことで学習内容がより深く定着する可能性がある、(2)クラス内に能力差がある場合でも一緒に指導できる、(3)L2 学習を通して好ましい人間関係や対人関係能力を身に付けることができるといった利点を持ちますが、一方で、(1′)作業に時間がかかる、(2′)進度の速い学習者が不満を感じることがある、(3′)他人の成果に依存するタダ乗り（free ride）の学習者が出かねないといった制約もあります。このうち、(2′)や(3′)の点について、Johnson and Johnson (1999)は、疑似学習集団（協力の必要性を理解しておらず、実際の協力もない）、教室学習集団（協力の必要性は理解しているが実際の協力は十分に起こらない）、協同学習集団（協力の必要性を理解し、実際に相互協力が行われる）、高次協同学習集団（協力の必要性を深く理解し、高次の協力を行い、個々人で学習した場合に比べて圧倒的に高い学習成果が個人・集団の両方に得られる）を区分した上で、形だけではなく、真に意味のある学習集団を構成する必要性を説いています。

8.7　今後の言語教授法の展望

　以上、7 章と 8 章において、20 世紀前後から現代にかけての主な教授法を概観してきました。本書で言及した教授法は約 20 種ですが、これ以外のマイナーなものも含めると、これまでに提唱された教授法の数は優に 100

を超えるでしょう。となれば、その中で最良の教授法はどれなのかという方向に議論は進みがちですが、実のところ、応用言語学の萌芽から80年近くが経過した現在においても、未だこの問いにはっきりした答えを出すことはできません。なぜなら、どのような学習者にどのような能力をどのような期間でどのような水準まで身に付けさせようとするのかという前提が決まらない限り、教授法の絶対的な優劣を論じることはできないからです。教授法の良し悪しというのは、結局のところ、教授の目的論次第です。

　これまでの教授法は、(1)間接教授か直接教授か、(2)書き言葉重視か話し言葉重視か、(3)受信重視か発信重視か、(4)形式重視か意味重視か、(5)知識重視か運用重視か、(6)言語重視か文化重視か、(7)訓練重視か体験重視か、(8)教師主導か学習者主導か、(9)初級者用か上級者用か、といったいくつかの対立軸の中でそれぞれの方向性を打ち出してきました。教授法研究は、万人に即座に効果のある夢の教授法を見つけることにはつながらないかもしれませんが、個々の教授法の背後にある理念や言語観を丁寧に調べることで、自分の教授を振り返り、それを改善するヒントが得られます。

　L2教授の世界では、従来、新しい教授法が出てくるたびに、自身の教授の目的や提唱された教授法の中身を吟味することもなく、安易に流行に乗り、次々に教授法を使い捨てていくような傾向が目立ちました。Lange (1990)もまた、「新しい流行の教授法、とくに、すぐに教室で応用できそうなものや、有名人に支持されたものが、十分な研究や理解もないまま、次々に出てきてはもてはやされる」現状を批判しています(p.253)。こうした場合、最も不利益を被るのは他ならぬ学習者です。応用言語学を学ぶことは、こうした風潮と一線を画し、冷静な立場で教授法を吟味する態度を養うことにつながります。Richards and Rodgers (2014)も言うように、教師は、多様な教授法を「自らの知識・信条・慣習と照らし合わせて評価・検討できる」ようになるために過去の教授法を学ぶのです(p.16)。

8.8　発展学習のために

8.8.1　文献ガイド

　教授法の概論書については、8 章で紹介したものが有用です。個別的教授法のうち、主要なものについては、原著の邦訳や日本語の著作が多く出版されています。まず、理解志向型教授法については、ナチュラルアプローチに関して、Krashen and Terrell (1983) を邦訳した藤森 (訳) (1986) があります。フォーカスオンフォームおよびタスクベーストランゲージティーチングについては和泉 (2009)、横山・大塚 (2013)、松村 (2017)、小柳・向山 (2018) の5 章が参考になります。

　コミュニケーション志向型教授法のうち、コミュニカティブランゲージティーチングに関係するものとしては、Johnson and Morrow (1981) を邦訳した小笠原 (訳) (1984)、Wilkins (1976) を邦訳した島岡 (訳) (1984)、その他、上智大学 CLT プロジェクト (2014) があります。レキシカルアプローチに関しては、レキシカルグラマーを解説した佐藤・田中 (2009) や、関連の深いコーパス言語学に基づく語彙研究についてまとめた石川 (2021) の 7 ～ 8 章が参考になります。

　内容志向型教授法については、イマージョンプログラムに関して、Childs (2011) を邦訳した中里 (訳) (2011) があります。また、コンテントベーストインストラクションないし CLIL に関しては、理論的背景をまとめた渡部・池田・和泉 (2011)、フォーカスオンフォームと CLIL の連携を示す和泉 (2016)、日本語教育への応用例を示す奥野 (2018)、小中英語教育での応用例を示す柏木・伊藤 (2020) 等があります。

　学習者志向型教授法のうち、サイレントウェイに関しては Stevick (1976) の邦訳である石田 (訳) (1979/1988) が、サジェストペディアに関しては Prichard and Taylor (1980) の邦訳である産業能率大学サジェストペディア研究室 (訳) (1983) や萩原 (1997) が、多重知能理論に関しては Gardner (1993) を翻訳した黒上 (訳) (2003) や Gardner (1999) を翻訳した松村 (訳) (2001) 等が、コーパラティブランゲージラーニングに関しては Johnson, Johnson, and Holubec (1994) を邦訳した石田・梅原 (2010) や、杉江 (2011)、江利川 (2012)

等が参考になります。

8.8.2　研究のヒント

(1) 主要な言語機能の中から「依頼」を取り上げ、英語の初級学習者を対象に依頼表現を学ばせる教授案を作ってみよう。どのようなタスクを用意し、評価はどのように行うのがよいだろうか。コミュニカティブシラバスの理念が反映されたものとなっているだろうか。

(2) 和泉・池田・渡部 (2012) 等を参考に、国内の大学で行われているコンテントベーストインストラクション (弱化型 CLIL) に基づく英語授業の実態を調査し、自分自身が受けてきた大学の英語授業と比較した上で、内容志向型教授法の可能性や課題について考えてみよう。

(3) 7 章と 8 章で紹介した教授法が、8.7 節で触れた 9 つの対立軸 (間接教授／直接教授、書き言葉／話し言葉、受信／発信、形式／意味、知識／運用、言語／文化、訓練／体験、教師／学習者、初級者／上級者) においていずれを志向していたか、一覧表としてまとめてみよう。また、その分類を根拠として、似ている教授法をグルーピングしてみよう。

第9章　言語能力観

9.1　本章で学ぶこと

　第2言語(L2)の望ましい教授を考える上で前提となるのは、習得対象である L2 能力をどう定義するかという問題です。たとえば、L2 能力を口頭交渉能力ととらえるのであれば、発音や抑揚、また、相手を説得するためのレトリックのトレーニングが必要でしょう。あるいは、L2 能力を異文化理解能力ととらえるのであれば、L2 文化についての幅広い知識や、文化間衝突の回避の方策を指導する必要があります。このように、L2 能力の定義次第で、望ましい教授の在りようは本質的に変化します。

　以下、9.2 節では主要先行研究に、9.3 節では欧米日の L2 教育シラバスに、9.4 節では L2 習熟度能力テストに着目し、言語能力や 4 技能の能力がどのように規定されているか概観します。

9.2　応用言語学における L2 言語能力観

　応用言語学における L2 言語能力観は時代の変遷とともに段階的に変化してきました。すでに見たように、萌芽期の応用言語学では、行動心理学(2.3.2 節)の考え方が主流で、言語能力は人間の一般的な行動習慣であり、発音・語彙・文法といった個別能力に還元できるものと考えられていました。その後、普遍文法(2.4.2 節)の立場が示されると、言語能力は、生得的・汎言語的な文法知識であるととらえられるようになりました。いずれの場合も、言語能力はきわめて狭く定義されていたと言えます。

これに対し、現代の応用言語学では、言語能力をコミュニケーション能力として幅広くとらえる立場が一般的になっています。また、言語能力を目的別に分ける立場も示されています。以下、主要モデルについて概観していきます。

9.2.1 Hymes モデル

Chomsky によってきわめて狭く定義されていた言語能力を、実際的なコミュニケーションと連結させ、広義でとらえなおす動きの嚆矢となったのは前述の Dell Hymes です（8.4.1 節）。Hymes は、Chomsky の言う言語能力（competence）と言語運用（performance）を組み合わせたコミュニケーション能力（communicative competence）という概念を立て、そこに、(1) 言語知識（language knowledge）と、(2) 実際的な言語運用能力（ability for use）の両面が含まれるとしました。

Hymes は、また、いわゆる SPEAKING モデルを提唱し、コミュニケーション行動を見取る視点として、状況（setting/ scene）・参与者（participants）・目的（ends）・行為連鎖（act sequence）・全体的基調（key）・形式（instrumentality）・社会的規範（norms）・種類（genre）の 8 点を示し、コミュニケーション能力に含まれる要素として、形式的可能性（formally possible）、実行可能性（feasible）、適切性（appropriate）、実行性（performed）の 4 点を挙げました（Hymes, 1964；Hymes, 1966；Hymes, 1972）。

9.2.2 Canale and Swain モデル

Hymes のモデルはコミュニケーション能力という概念を確立した点できわめて重要なものですが、それがどのような下位能力を含んでいるのかという点については必ずしも明らかではありませんでした。そこで、カナダの応用言語学者である Michael Canale と Merrill Swain は、コミュニケーション能力（communicative competence）を、(1) 文法能力（grammatical competence）、(2) 社会言語能力（sociolinguistic competence）、(3) 方略能力（strategic competence）という 3 種の下位能力に区分するモデルを提唱しました（Canale and Swain, 1980）。

　Canale and Swain は、コミュニケーションを、(i) 談話的・社会文化的文脈の中で起こる社会文化的・対人的インタラクションであり、(ii) 実際的制約のもとで実行される意図的行動であって予測不能な創造性を備え、(iii) 行動の結果に基づき成否が決まり、(iv) 本物の言語使用を含み、(v) 社会文化的・談話的文脈に影響された表面的な意味と実際の意味(社会的意味)の二重性が存在し、(vi) 参与者が発問等で不確実性を減らしつつ社会的意味について連続的な評価や交渉的意味理解(negotiation of meaning)を行うもので、(vii) 言語記号と非言語的記号、書き言葉と話し言葉、産出と理解の両面を含むものと定義しています。

　コミュニケーション能力を構成する3つの下位能力のうち、(1) の文法能力には、形態論・統語論・構文意味論・音韻論の規則や語彙に関わる知識が含まれます。文法能力はその他の能力と並立するもので、他能力に優先するものではないとされます(p.27)。(2) の社会言語能力には、社会の中で適切に言語を運用するための知識や能力が含まれます。(3) の方略能力には、自身の言語能力の不足を補完してコミュニケーションを円滑に成立させるための言語的方略(例：わからない時には聞き返す)や、非言語的方略(例：頷きによって相手への同意を示す)の活用力が含まれます。

　なお、Canale and Swain の言語能力の三元モデルを基盤としつつ、新たな下位要素を追加する修正も試みられています。まず、Canale (1983) は、場面や状況に応じた談話を形成する談話能力(discourse competence)を加えました。次に、Celce-Murcia, Dörnyei, and Thurrell (1995) は、文法能力を言語学的能力(linguistic competence)と言い換えた上で、談話能力とともに、定型表現や言語機能の知識に関わる行動能力(actional competence)を加えました。さらに、Celce-Murcia (2007) は、行動能力を、イディオム等が適切に使える定型表現能力(formulaic competence)と、言語行為の実行・会話管理・非言語および音声言語等に関わる相互作用能力(interactive competence)の2つに分けた上で、談話能力が全体の中核を占め、方略能力が全体の調整機能を果たすとしています。

　Canale and Swain のモデルは、コミュニケーションを円滑に遂行するための方略使用を言語能力の一部として位置付けた点、また、コミュニケーショ

ン能力を具体的な下位能力に整理した点で、コミュニケーションの実態に即しており、かつ、教育的な応用性が高いものであったと言えます。

9.2.3 Bachman モデル

Canale and Swain らのモデルは、コミュニケーション能力の構成をかなりの程度まで説明しましたが、コミュニケーションの遂行に関与しうる一般的な認知能力や知識・技能の位置付けは必ずしもはっきりしていませんでした。そこで、アメリカの言語テスト研究者である Lyle Bachman らは、コミュニケーション言語技能 (communicative language ability) という概念を新たに立て、従来のモデルの精緻化を図りました (Bachman, 1990；Bachman and Palmer, 1996)。

Chomsky 以来、能力 (competency) という用語は言語知識を指し、実際の運用 (performance) とは別個の概念としてとらえられてきました。しかし、そのように考えると、Canale や Swain らの言うコミュニケーション能力 (communicative competence) という用語では、実際の運用に直結する側面を包含できない恐れがあります。そこで Bachman は、新たに技能 (ability) という用語を用いることで、「知識としての言語能力と、それを実地に用いて、文脈に応じた適切なコミュニケーション言語使用 (communicative language use) を行う力」の両面をカバーしようとしたのです (Bachman, 1990, p.84)。

■コミュニケーション言語技能の内部構成

Bachman (1990) のコミュニケーション言語技能モデル (p.85) では、(1) 言語能力 (言語やテキストに関わる知識) が、(2) 方略能力 (「タスク実行時に各種技能を最も有効に活用する一般技能」(p.106)) の媒介を経て、(3) 心理生理機構 (発話の産出・理解に関わる聴覚・視覚・神経筋機能) に送られ、状況的文脈をふまえたコミュニケーション言語運用がなされると考えます。

まず、(1) の言語能力 (language competence) は言語構成能力と語用論的能力に大別され、以下のような内部構成を持ちます (Bachman, 1990, p.87)。

言語構成能力のうち、文法能力は、語彙、形態、統語、発音、表記等に関

言語能力(language competence)
　―言語構成能力(organizational competence)
　　―文法能力(grammatical competence)
　　―テキスト能力(textual competence)
　―語用論的能力(pragmatic competence)
　　―言語行為論的能力(illocutionary competence)
　　―社会言語学的能力(sociolinguistic competence)

図 1　Bachman (1990)におけるコミュニケーション言語技能の下位要素としての言語能力の内部構成

わります。また、テキスト能力は、結束性や修辞構造に関わります。

　語用論的能力のうち、言語行為論的能力は、話者の意図や言語機能の理解に関わり、たとえば、誰かが「暑い」と言った場合、単に事実を述べただけなのか、窓を開けてほしいという要請であったのかを判断できる力です。これは、発話行為(locutionary act：単なる発話)・発語内行為(illocutionary act：発話内での意志表出)・発語媒介行為(perlocutionary act：発話による相手への働きかけ)を区分する言語行為理論(speech act theory)(Austin, 1962；Searle, 1969)に基づく概念で、言語に内在する、情報伝達を行う観念的(ideational)機能、他者に働きかける操作的(operational)機能、知識を拡大する発見的(heuristic)機能、想像を広げる想像的(imaginative)機能の理解を前提とします。言語行為論的能力は言語機能知識(functional knowledge)とも呼ばれます(Bachman and Palmer, 1996, p.69)。一方、社会言語学的能力は、方言等の言語の多様性、言語使用域(register)、自然さ、文化的言及、比喩等の理解に関わります。

　次に、(2)の方略能力(strategic competence)は、文脈をふまえつつ、言語知識や言語以外の一般知識を操作・加工する認知技能に関係します。Canale and Swain (1980)の言う方略能力はコミュニケーションを円滑に進める上で言語能力の不足を補う補償的能力とみなされていましたが、Bachman のモデルでは、言語知識と実際の言語運用をつなぐ中核的能力として新たな意味付けを与えられています。

　最後に、(3)の心理生理機構は、認知的な言語処理の遂行に関わるもので、状況的文脈をふまえて、話された言葉を聴覚的に理解したり、書かれた

言葉を視覚的に理解したり、脳の命令の下、必要な筋肉を動かして発話したり文字を書いたりする過程に関与します。

　Bachman のモデルは、言語使用に関係する多様な知識・能力をすべて書き出し、そのダイナミックな相互関係を示そうとしたもので、現在の応用言語学における L2 能力観の標準モデルの 1 つとなっています。ただし、どのように定義したとしても、コミュニケーション能力は「追求すればするほど輪郭が曖昧になる」性質を持っており、その「核心部分は依然として混沌の中」にあるとも言えます(山田, 2006, p.133)。

9.2.4　Cummins モデル

　コミュニケーション能力については、L1 と L2 の違いや、言語使用の目的の違いが関係します。カナダの応用言語学者である Jim Cummins は、L1 と L2 の能力は表層では別個でも、基底部は共有能力(common underlying proficiency)になっており、一方が他方に転移するという氷山モデル(iceberg model of language interdependence)を唱えました。また、言語使用の目的に即して日常言語能力と学修言語能力に区分しました(Cummins, 1979)。

　Cummins は、移民子弟の L2 習得の実態を分析した結果、豊富な L2 インプットを受け、L2 で日常会話ができるようになったのに、L2 の授業は理解できないままの子どもが少なくないことを明らかにし、日常生活において最低限の意思疎通を行う能力(basic interpersonal communicative skills：BICS)と、認知的な学修を行う能力(cognitive/ academic language proficiency：CALP)は質的に異なると考えたのです。前者はコミュニケーションの文脈に埋め込まれた(context-embedded)もので、後者は文脈を前提としない(context-reduced)ものです。

　ではなぜ、移民子弟の BICS と CALP の習得度に乖離が生じるのでしょうか。Cummins によれば、日常生活を支える BICS はすべての人に備わったもので、移民子弟であっても平均 2 年程度で習得が可能とされます。一方、知的発達を支える CALP は習得までに平均 5 〜 7 年を要し、その基盤は L1 と L2 で共通であるとされます。このため、幼児期のうちに渡航先に渡ると、L1 で CALP が発達していないため、L2 でいくら教科内容を指導

されても、（言語を問わず）抽象的な学修内容が理解できず、CALP はなか
なか発達しません。

　学習者の L1 能力が最低限の閾値に達するまでは L2 による内容指導の効
果が制約されるという Cummins の考え方は閾値仮説（threshold hypothesis）
と呼ばれ、また、L1 の習得度が L2 の習得度に影響するという考え方は 2
言語相互依存発達仮説（developmental interdependence hypothesis）と呼ばれま
す。こうして Cummins は、（1）年齢が高い学習者は L1 の CALP が発達し
ているので L2 の CALP も発達させやすい、（2）L1 と L2 が言語的に乖離し
ていたり学習意欲が不足していたりすると、L1 の CALP の肯定的転移の度
合いは限定される、（3）L1 の CALP が未発達であれば L2 の CALP も発達
せず、2 言語とも十全に発達しないセミリンガリズム（semilingualism）状態
に陥る、（4）学習意欲と L1 および L2 への接触量が十分であれば、内容指導
言語が L1 か L2 かを問わず、CALP は L1 と L2 で同時に発達する、と主張
しています。

　BICS と CALP を区分する Cummins の言語能力モデルは現在においても
有効なものです。たとえば、L2 教育の目標がスキルの習得にあるのか教養
の陶冶にあるのかといった議論を行う場合、Cummins と同様の言語能力の
二元性を前提にしていることになります。

9.3　シラバスにおける L2 言語能力観

　シラバスでは、通例、L2 教育の目標や達成基準が掲げられていますが、
これらは L2 言語能力観を別の形で表現したものと考えることができます。
以下では、ヨーロッパ（CEFR）、アメリカ（ナショナルスタンダード、コモ
ンコア）、日本（学習指導要領）のシラバスを概観し、言語能力の位置付けを
考えます。

9.3.1　ヨーロッパのシラバスに見る L2 言語能力モデル

　現代ヨーロッパの L2 教育の指針となっているのは、Common European
Framework of Reference for Languages（CEFR：欧州共通参照枠）です。

CEFR では、言語能力を、社会的存在としての個人が言語を用いて実際的な課題を解決する能力とみなしています。

■ CEFR の概要

　前述のように、戦後のヨーロッパでは、政府間国際機構であるヨーロッパ評議会（Council of Europe）の主導の下、域内の交流の促進と社会的統合の深化を支えるという立場から、コミュニケーション志向の L2 シラバス開発が進められており、1975 年には L2 としての英語について学ぶべき内容を定めた *Threshold Level*（van Ek, 1975）が公刊されました。

　その後、1991 年にはスイスで国際会議が開かれ、「域内の言語文化の多様性を尊重して相互の向上と理解につなげること」や、「域内の現代語をよりよく知ることでコミュニケーションやインタラクションを増やし、域内の流動性・相互理解・協力を促進し、偏見や差別をなくす」ことを目的として、言語能力の共通尺度開発が行われ、2001 年に CEFR 初版が公刊されました。「透明性・一貫性・包括性」を備えた CEFR は、法的拘束力こそないものの、ヨーロッパ各国の L2 教育の事実上の公式シラバスとなり、日本を含む域外にも影響力を及ぼしています。日本では、小中高の英語教育の指針として、CEFR を改変した「CEFR-J」（投野, 2012）も提案されました。

　2020 年には CEFR 補遺版（Companion Volume）の確定稿が公刊され、(1) 技能区分の見直し（4 技能＋インタラクション→受信・発信・インタラクション・媒介）、(2) 習熟度区分の細分化（6 → 11 段階）、(3) 複言語・複文化能力の強調、(4)「母語話者相当」ラベルの廃止、(5) オンライン言語使用への言及、等の変化がありました。このうち、媒介（mediation）とは、テキスト媒介（説明・翻訳・批評）、コミュニケーション媒介（異文化・異言語衝突の回避）、概念媒介（協働による概念の言語化）を包括する新しい技能観です。

■ CEFR に見る言語能力

　CEFR は、言語を言語行動（language activity）としてとらえる行動志向アプローチ（action-oriented approach）を採用しています。行動とは、ある言語の使用者ないし学習者が、社会的構成員（social agent）として、特定の状況下

で、特定の目的のために、自身の能力を方略的に用いて、何らかのタスク（task）を遂行する行為を指します。

　　言語学習を含めた言語使用は行動から成る。行動を遂行するのは、個人として、また、社会的構成員として、一定の能力、つまりは、一般能力と、とりわけコミュニケーション言語能力の両面を伸長させた人々である。人々は、様々な条件や制約を伴う具体的な文脈の中で使用可能な能力を用いて言語行動を行う。言語行動には、タスクの実行に最適な方略を用い、特定の領域の話題に関連するテキストを産出・受容する言語処理過程が含まれる。　　　　　　　　　　　（Council of Europe, 2001, p.9）

　つまり、CEFR における L2 言語能力とは、言語タスクの遂行能力のことで、そこには、(1) 一般能力、(2) コミュニケーション言語能力、(3) 方略能力、(4) 言語処理能力等が内包されます。このうち、(1) の一般能力には、知識（経験や学問体系に基づく宣言的知識）、技能・ノウハウ（物事のやり方に関わる手続き的知識）、実存能力（他者と関わろうとする個人の性格や態度）、学習能力（対象を見出して関心を向ける姿勢）が含まれます。なお、学習能力は、知識＋学習（新たな言語ルールを覚える）、技能＋学習（辞書の使い方を覚える）、実存能力＋学習（積極的なコミュニケーション姿勢を身に付ける）等、他の下位能力と連携して働きます。(2) のコミュニケーション言語能力には、言語能力（言語に関する知識と技能・ノウハウ）、社会言語能力（敬語や丁寧性の表出等、言語使用に関する社会的慣習の理解）、語用論能力（発話行為の文脈的機能、談話機能の理解）が含まれます。この他、(3) の方略能力や (4) の言語処理能力は Bachman 等でも言及されたものです。

　CEFR の言語能力観に関して特筆すべきことは、教室内での L2 使用と社会における L2 使用を一体的に扱うことです。これらはともに、「問題解決・義務履行・目的達成を目指す文脈において、何らかの結果を得るために必要と考えられる意図的行為」としてのタスクと位置付けられます。同様に、教室における言語の学習者（learner）と、社会における言語の使用者（user）も、同等に位置付けられます。

■能力記述文の開発

CEFRでは、外国語の能力を複数の段階に区分した上で、行動志向アプローチの観点から、それぞれのレベルにおいて、当該外国語を使って実際にできる行動の内容を能力記述文（can-do descriptor/ can-do statement）として示しています。以下、野口（2015）に基づき、CEFR初版における能力記述文の開発過程を概観します。

CEFRの研究チームは、まず、これまでに提案された41種類の言語能力尺度を調査し、記載されている能力記述文を書き出しました。次に、ベテラン教師の判断で取捨選択を行い、平易なものから難しいものまでをバランスよく組み合わせて7種の能力記述文のセットを作り、それぞれを調査票としました。個々の調査票には50種の能力記述文が含まれますが、後で相互比較を行う際の基準となるよう、複数の調査票間で同一の能力記述文も含まれています。その後、プロジェクトに協力する292人のL2教員が、自分の教えているクラスの中から、L2の評定レベルが異なる10名の学習者を選び（合計2,865人）、調査票に回答させました。

研究チームは、教師による評定が信頼できることを確認した上で、7種の調査票について、学習者の能力評定値と能力記述文への回答情報をデータ行列化し、項目応答理論（Raschモデル）（10.3.3節）を用いて尺度化しました。コンピュータアダプティブテストの開発で、設問項目ごとに項目困難度を決定するように、能力記述文ごとに項目困難度を決めたのです。そして、調査票に含められていた同一の能力記述文を手掛かりとして、7種の調査票から得られた結果を同じ尺度に集約しました。

こうして、個々の能力記述文が、項目困難度に基づき、平易なものから難しいものまで連続的に並ぶこととなりました。その後、等間隔に10レベルにわけてそれぞれ内容を検証し、必要な修正を施した上で、最終的に、A1（困難度 –4.29 〜）、A2（–3.23 〜）、B1（–1.23 〜）、B2（0.72 〜）、C1（2.8 〜）、C2（3.9 〜）の6段階に区分しました。これらはそれぞれ、入門級（breakthrough）、初級（waystage）、中級（threshold）、中上級（vantage）、上級（effective operational proficiency）、熟達級（mastery）と呼ばれます。なお、CEFRの6段階には大区分と詳細区分があり、前者はA（Basic User：基礎

的言語使用者）、B（Independent　User：自律的言語使用者）、C（Proficient User：熟達言語使用者）の 3 段階、後者は A2、B1、B2 を二分割した A1、A2、A2+、B1、B1+、B2、B2+、C1、C2 の 9 段階です。2020 年の補遺版では、9 段階に Pre-A1 と Above C2 が加わり、合計 11 段階になりました。

■ CEFR の段階別能力記述文

　初版では、各技能と全体についてレベル別の能力記述文が示されていましたが、補遺版では、各技能を細かい使用場面に分けた上で、記述文が用意されています。たとえば、受信技能の聴解であれば、聴解全般、他者会話の聴解、聴衆向け発話の聴解（集会挨拶・講義等）、アナウンス等の聴解、放送音声等の聴解、映像付き音声の聴解（テレビ等）の 6 種、読解であれば、読解全般、手紙等の読解、速読、精読、指示文の読解、娯楽目的の読解の 6 種に分けられ、さらに、聴解と読解に共通する「ヒントの利用と推論」に関わる記述文も加わりました。補遺版では、「A さんの英語力は C1 レベルだ」というように、個人の外国語能力を安易に概括化することを避け、詳細な「技能別プロフィール」として多元的にとらえることが提案されています。

　ここでは、中核となる 6 段階の習熟度レベルのイメージをつかむため、初版にあった全体尺度（global scale）を見ておきましょう（表 1）。能力記述文には、特定言語に基づく内容は含まれず、そのレベルで実行可能な行動の例だけが記載されます。これにより、CEFR のスケールは、手話を含むあらゆる言語にそのまま適用可能なものとなるわけです。

　福島（2011）は、CEFR の能力記述文を形態素解析して整理することで、A1 ～ C2 にかけて、社会参入→自己表現→談話管理→（言語・談話の）精緻化という順序で記述の焦点が変化していることを指摘し、各段階の特徴を「受け身の個人（A1）」、「日常生活の社会的機能（A2）」、「"自分" を語る（B1）」、「『他者』との共同（B2）」、「社会的な広がり（C1）」、「深く、軽く（C2）」と要約しています。言語を用いて具体的な行動を起こし、社会参入の度合いを強め、やがてはそれが自動化・無意識化されていくことが CEFR の考える言語能力の向上であると言えます。

表1　CEFR 初版におけるレベル別能力記述文（全体的尺度）

	能力記述文
C2	聞いたり読んだりしたことのほぼ全てを容易に理解できる。話し言葉や書き言葉の多様な情報源から得た情報を要約し、議論や説明を再構築して一貫した形で表現できる。きわめて流暢かつ正確に自分の言いたいことを自発的に表現でき、きわめて複雑な状況であっても細かい意味のニュアンスを区別してとらえることができる。
C1	各種の難しく長いテキストを理解し、込められた意味を把握できる。表現をあからさまに探すことなく、自分の言いたいことを流暢かつ自発的に表現できる。社会的・学術的・職業的目的のために、柔軟かつ効果的に言語を使用できる。複雑な話題について、明瞭で構成が整い細かい情報まで含んだテキストが作れる。また、構成パタンや接続表現や一貫性を高める言語的仕組みを統制して使用できる。
B2	自身の関わる分野の専門的議論を含め、抽象的・具体的話題を扱う複雑なテキストに含まれる主題を理解できる。ある程度流暢かつ自発的に他者と交渉することができ、日常的な母語話者とのやりとりも問題なく行うことができ、互いにストレスを感じない。幅広い話題に基づき、明瞭で詳細なテキストを産出することができ、多様な意見の利点・欠点を示した上で、話題となっている問題に関する視点を説明することができる。
B1	仕事・学校・趣味等で普通に扱われる身近な問題についての標準的で明瞭なインプットであれば、その主題を理解することができる。当該言語が使用される地域を渡航する際に起こりうる大半の事態を扱うことができる。身近な話題や個人的に関心のある話題に関して、簡明でつながりのあるテキストを産出することができる。経験・出来事・夢・希望・理想等を描写し、自分の意見や計画に関して簡潔な根拠や説明を示すことができる。
A2	直接的に自分に関係した内容（個人・家族に関わるごく基本的な情報、買い物、地元の町の地理、仕事等）の短文やよく使われる表現を理解することができる。身近な日常的問題に関する情報の直接的で単純なやりとり等、単純で日常的なタスクであれば意思疎通を図ることができる。自分に直接に関わる分野において、自身や周囲の状況および関連する諸問題を、簡単な言葉を使って描写できる。
A1	具体的なニーズを満たすための身近な日常的表現およびごく基本的な語句を理解・使用できる。自身や他者を紹介し、住所・知人・所有物といった個人に関わる質問に答えることができる。相手がゆっくりと明瞭に話し、こちらを手助けしようという心構えがある場合には、単純なやりとりができる。

9.3.2　アメリカのシラバスに見る L2 言語能力モデル

　最近のアメリカの L2 教育の指針となっているのは、L2 教育の理念を示したナショナルスタンダードと、L2 に限らず、学校教育の各科目で扱うべ

き具体的内容を示したコモンコアです。前者は言語能力をコミュニケーション・接続・文化・比較・共同体に関わる総合的な能力とみなし、後者は読解・作文・聴解発話・言語基盤等に関わる特定の技能とみなしています。

■ナショナルスタンダードの概要

　アメリカでは、伝統的に教育は学区の裁量にゆだねられており、全国的に統一されたシラバスは存在していませんでした。しかし、1983 年に出た *A Nation at Risk*（『危機に立つ国家』）という報告書で「17 歳の 13%（マイノリティグループでは 40%）が日常生活に必要な読み・書き・計算能力を持たない」という衝撃の事実が示され、以後、言語教育についても、共通指針や共通シラバスを求める声が強まることになりました（8.4.2 節）。

　こうした背景の下、アメリカ外国語教育協議会（American Council on the Teaching of Foreign Languages：ACTFL）は、連邦政府の資金援助を受け、国内のフランス語教師協会、ドイツ語教師協会、スペイン・ポルトガル語教師協会とともに研究を行い、L2 能力の定義や L2 教育の理念をまとめたレポートを刊行することになりました。まず、1996 年に、K12（12 年生）までの L2 教育の枠組みを定めたナショナルスタンダード（*Standards for Foreign Language Learning: Preparing for the 21ˢᵗ Century*）（National Standards in Foreign Language Education Project, 1996）が刊行され、以後、中国語版・日本語版等を含めた 2 版（1999）、アラビア語版を含めた増補版（2006）を経て（Abbott, 2014）、2015 年に現行版（*World-readiness Standards*）（National Standards Collaborative Board, 2015；概要は ACTFL, 2015）が刊行されました。

■ナショナルスタンダードに見る L2 言語能力観

　ナショナルスタンダードは、初版以来、「言語とコミュニケーションは人間の経験の根幹を占める」ものであり、「アメリカ合衆国は、複言語的な社会および海外において十分に意思の疎通ができるよう、言語的・文化的な対応力を備えた生徒を教育しなければならない」という基本理念を示しています。

　ナショナルスタンダード（2015 年版）によると、外国語教育で習得を目指

すべき能力は、コミュニケーション (communication)、接続 (connection)、文化 (culture)、比較 (comparison)、共同体 (community) の「5C」とされます。平たく言えば、多様な「コミュニケーション」を実践して他言語の「共同体」に参画し、新たな知見に「接続」し、異なる「文化」への理解を深め、自言語と目標言語の「比較」を通して、言語の本質と多様な世界観の存在を知ることが、L2 教育の目標であり、つまりは、習得すべき L2 言語能力観と言うことになります。

　個々の観点はさらに下位区分されています。5 観点を言語能力の下位能力と見立てた場合、各々は以下のような構成を持ちます(ACTFL, 2015)。

```
コミュニケーション能力
  ―対人コミュニケーション力(インタラクション、交渉的意味理解)
  ―解釈コミュニケーション力(情報の理解・解釈・分析)
  ―表現コミュニケーション力(情報の提示・説明・説得・陳述)
文化能力
  ―文化的慣習理解力(言語を通した当該文化の慣習・価値観の考察)
  ―文化的産物理解力(言語を通した当該文化の産物・価値観の考察)
接続力
  ―異分野接続力(言語を通した異分野知識の拡張と批判思考力・問題解決力
    の向上)
  ―情報・視野習得力(言語・文化を通した情報・価値観の獲得と検証)
比較力
  ―言語比較力(自言語と目標言語の比較による言語の本質の理解)
  ―文化比較力(自文化と目標文化の比較による文化の概念の理解)
共同体関与力
  ―学校・世界共同体関与力(教室内外での言語使用を通した地域や世界での
    協働)
  ―生涯学習力(目標設定と進捗管理を通した趣味・教養・向上のための言語
    使用の増大)
```

図2　ナショナルスタンダードにおける L2 言語能力観

　ナショナルスタンダードは、これまでの一般的な言語能力観を根本的に拡張し、異文化と関わる能力、比較や批判思考といった基盤的認知能力、社会への参画能力、内省的な学習管理能力といった新しい要素を L2 能力観に持ち込んだものとして注目に値します。

■コモンコアの概要

A Nation at Risk で提起された言語能力の絶対的不足を解消するには、言語教育の指針を決めるだけでは十分とは言えません。そこで、2002 年には、No Child Left Behind 法（どの子も置き去りにしない法）が制定され、定期的に統一テストを実施して児童・生徒の学力状況を確認すること、必要な場合は適切な措置を講じること、それにより、卒業までに児童・生徒全員に一定の学力を身に付けさせることが各州の義務となりました。

もっとも、教える内容が学区ごとにまちまちという状態のままでは州として教育の結果に責任を負うことができません。こうして、州知事協会および州教育長協会は、2009 年ごろから国語（L1 としての英語）と数学の指導内容の標準化を進め、2015 年には統一シラバスであるコモンコア（Common Core State Standards）と、統一テストである PARCC（Partnership for Assessment of Readiness for College and Careers）の運用を開始しました。

コモンコアには、大学進学や就職の前提となる高卒時能力基準（College and Career Readiness Anchor Standards）と、それに至る学年別の達成基準（K12 Standards）が用意されています。コモンコアは多くの州が採用し、法定シラバスに準じる性質を持ちつつありますが、過度のテスト重視や連邦政府の州自治への介入に対する反発もあり、2015 年の Every Student Succeeds Act（どの子も成功させる法）では州の裁量権が再び拡大し、コモンコアから離脱して独自基準を制定する州も出ています。

■コモンコアに見る L2 言語能力観

コモンコアは L1 としての英語の学習内容を規定したものですが、移民等、英語を L2 とする児童生徒も相当数に上ることを考えれば、その内容は L2 学習の目標、つまりは、L2 言語能力観を表したものとしても読むことができます。前述のナショナルスタンダードが L2 教育の理念を示したものであるのに対し、学力の最低保証という背景を持つコモンコアは、テストで測定しうる具体的な言語技能を列挙したものとなっています。

コモンコアで国語（英語）に関係するのは、英語科目（English Language Arts：ELA）と、歴史・社会・科学・技術系科目の中に含まれる識字（Literacy）の観点です。これらの高卒時能力基準は、読解、作文、聴解発話、言語基盤 (language) の 4 観点で定義されています。また、K12 では、読解が、文学読解、情報文読解、読解基礎（文字と音素の関係を教えるフォニックス (phonics) など。Grade 1 〜 5 のみ）に下位区分されています (Common Core State Standards Initiative, n.d.）。

　以下、高卒時能力基準に基づき、それぞれの観点の構成を見ておきましょう。下位能力の名称は内容をふまえて筆者が便宜的に付けたものです。

読解力
　—要旨・細部理解力（全体・細部の理解）
　—構造理解力（語句の意味やテキスト構造の理解）
　—情報統合力（複数テキストの比較分析・情報統合力）
　—応用読解力（多様なジャンル、また複雑な構造のテキストの読解力）
作文力
　—目的別作文力（主張文や論説文等、様々なタイプの作文力）
　—作文過程管理力（作文の準備・実施・改訂・公開等に関わる技術）
　—事前調査力（情報収集・文献調査力）
　—応用作文力（時間をかけるものや早書きの等多様な作文力）
聴解発話力
　—受信力（他者との協力による情報受信・統合・解釈力）
　—発信力（デジタル素材やグラフを活用した口頭発表力）
言語基盤力
　—文法・語法力（文法・語法・表記の知識）
　—語用論的能力（文脈における言語機能の理解力）
　—語彙力（意味推測力・比喩理解力・一般語彙や専門語彙の理解力）

図 3　コモンコア（Anchor Standards）に見る言語能力

　学力保証の観点を重視するコモンコアには、CEFR やナショナルスタンダードで強調されていた文化的・教養的要素はほとんど見られません。たとえば、読解力の指導についても、論説教材を優先することが推奨され、文化的色彩の強い文学教材が全体の 5 割を超えないようあえて注記されています（岡邑・上田・新谷, 2014）。一方、現代アメリカ社会における実践的ニーズを背景として、コモンコアには、従来、あまり強調されていなかった点として、(1) テキストタイプの多様性への対応力、(2) 他者との協調力、(3) 言語技能を発揮するまでの一連の過程の管理能力、(4) 言語技能の活用を間接

的に支援する資料調査力・メディア活用力等が言語能力の構成要素として取り込まれています。

9.3.3　日本のシラバスに見る L2 言語能力モデル

　日本の L2 教育の指針となっているのは、文部科学省が定めた学習指導要領です。学習指導要領は、L2（外国語）だけでなく、すべての教科目について、学習の目標や各学年で学ぶべき内容を示しています。学習指導要領では、L2 言語能力を、理解・表現の両面を含む「コミュニケーションを図る資質・能力」ととらえています。

■学習指導要領の概要

　学習指導要領は学校教育法施行規則に基づいて指導すべき内容を定めたもので、法的拘束力を持っています。学習指導要領はおよそ 10 年ごとに見直され、過去においては、教育課程の基準化を進めた 1958-1961（昭和 33-35）年改訂、教育内容の現代化を図った 1968-1970（昭和 43-45）年改訂、「ゆとり教育」の理念を打ち出した 1977-1978（昭和 52-53）年改訂、社会の変化に対応できる人材育成を目指した 1989（平成元）年改訂、「生きる力」の理念を打ち出した 1998-1999（平成 10-11）年改訂、基礎的な知識・技能の習得の重要性を確認した 2008-2009（平成 20-21）年改訂等、節目ごとに新しい方針が示されてきました（文部科学省, 2011）。2017-2018（平成 29-30）年改訂では、アクティブラーニング（能動的学修）の理念を導入し、実践的知識技能の習得、思考力・判断力・表現力の涵養、学びに向かう力（人間性）の育成が目指されることとなりました。

■学習指導要領に見る L2 言語能力観

　以下では、高等学校学習指導要領 (2018) および同解説外国語編・英語編 (2019) に基づいて、英語科目に関する記述を概観します。まず、外国語科目全体の教育目標として、「外国語によるコミュニケーションにおける見方・考え方を働かせ、外国語による聞くこと、読むこと、話すこと、書くことの言語活動及びこれらを結び付けた統合的な言語活動を通して、情報や考

え等を的確に理解したり適切に表現したり伝え合ったりするコミュニケーションを図る資質・能力」の育成がうたわれています。

　この目標は、学校教育法で示された「学力の3要素」に対応する3つの観点に即してさらに詳細に記述されます。第1に、「知識・技能」については、「外国語の音声や語彙、表現、文法、言語の働き等の理解を深めるとともに、これらの知識を、聞くこと、読むこと、話すこと、書くことによる実際のコミュニケーションにおいて、目的や場面、状況等に応じて適切に活用できる技能を身に付ける」ことが目指されます。第2に、「思考・判断・表現」については、「コミュニケーションを行う目的や場面、状況等に応じて、日常的な話題や社会的な話題について、外国語で情報や考え等の概要や要点、詳細、話し手や書き手の意図等を的確に理解したり、これらを活用して適切に表現したり伝え合ったりすることができる力を養う」とあります。第3に、「主体的に学習に取り組む態度」については、「外国語の背景にある文化に対する理解を深め、聞き手、読み手、話し手、書き手に配慮しながら、主体的、自律的に外国語を用いてコミュニケーションを図ろうとする態度を養う」ことが目指されます。

　学ぶべき言語技能については、CEFR初版を参考にして、聞く・読む・話す（やりとり）・話す（発表）・書く、という5技能（領域）としてとらえており、いずれの領域においても、日常的な話題と社会的な話題の両面への対応力が必要とされています。

　なお、指導要領に掲げられる外国語教育の主目標は、過去60年間に徐々に変化してきました。たとえば、昭和35年版では「外国語を通して、その外国語を日常使用している国民について理解」することが、昭和45年版と昭和53年版では「国際理解」や「外国の人々の生活やものの見方（等）について理解」することがそれぞれ主目標の1つでした。一方、平成元年版では、はじめて「外国語で積極的にコミュニケーションを図ろうとする態度」が主目標に掲げられます。その後、平成11年版では「実践的コミュニケーション能力」の養成がうたわれ、平成21年版では「実践的」に代え、「的確」な理解と「適切」な伝達を含む「コミュニケーション能力」の養成が目標になって現在に至ります。こうした変化を反映し、英語科目の名称も段階

的に変わってきました (文部科学省, 2016)。高校の場合、主要科目名は「英語 A/B」→「英語 I / II」→「オーラルコミュニケーション I / II」→「コミュニケーション英語 I 〜 III」→「英語コミュニケーション I 〜 III」と変化しており、ここにも、英語を言語として学ぶだけでなく、英語を用いたコミュニケーションを学ぶという方向性が示唆されています。

9.4　習熟度テストにおける L2 技能別能力観

L2 言語能力観は、各種の L2 習熟度テストから探ることも可能です。というのも、各テストは、L2 の 4 技能 (聴解・読解・発話・作文) の能力について、望ましいありようを具体的に定義し、それを基準として、出題や採点を行っているからです。これまでに様々なテストが開発されていますが、ここでは、英語と日本語の代表的な習熟度テストとして、Test of English as a Foreign Language (TOEFL)、International English Language Testing System (IELTS)、日本語能力試験 (Japanese Language Proficiency Test: JLPT) の 3 種を取り上げ、それぞれの 4 技能観を概観します。

■ 3 つのテストの概要

TOEFL は、アメリカの Center for Applied Linguistics (1.2.1 節) で開発が始まり、Educational Testing Service (ETS) が 1964 年から実施しているテストです。米国を中心とする英語圏の大学への留学時の英語力の証明のため、年間 200 万人以上が受験しています。TOEFL は当初はマークシート方式で聴解や読解の力を測る PBT (paper-based test) でしたが、1998 年にコンピュータ上で受験し、受験者能力に応じて異なる問題を出題するアダプティブ方式 (10.3.3 節) の CBT (computer-based test) に変わり、さらに 2005 年には 4 技能測定の iBT (internet-based test) となっています。iBT は全員が同一問題を解答する非アダプティブ型のコンピュータテストで、作文はコンピュータに入力し、発話はコンピュータのマイクを使って録音します。試験の結果は 120 点満点のスコアで示されます。

IELTS (academic module) は、1913 年創設のケンブリッジ大学英語検定機

構と、ブリティッシュ・カウンシル、および豪州を基盤とする IDP Education が 1989 年から実施しているテストです。英国を中心とする英語圏の大学への留学時の英語力の証明のため、年間 300 万以上が受験しています。TOEFL-iBT と同様、4 技能を直接測定します。発話以外の 3 技能の試験はペーパー版(筆記式)とコンピュータ版があり、発話技能は試験官による対面インタビュー方式で評価します。試験の結果は 9 段階(1〜9)のバンドレベルで示されます。

日本語能力試験(JLPT)は、日本の国際交流基金と日本国際教育支援協会が 1984 年より実施している日本語学習者用のテストです。日本語能力の確認のため、また、日本留学時の日本語力の証明のため、近年では年間 80〜140 万人程度が受験しています。JLPT は、マークシート方式で言語知識・読解と、聴解の力を測定します。JLPT は、N1〜N5 の 5 段階の級別試験となっており、試験の結果はスコアと合否判定で示されます。

■ 3 種のテストに見る L2 受信能力

以下、Performance Descriptors for the TOEFL iBT® Test (ETS, 2021) における上級(Advanced)の記述、「アイエルツ日本版受験者向け情報」(2020 年版)における「測定される英語力」の記述、JLPT の「N1〜N5：認定の目安」(ウェブサイト情報)における上級(N1)の記述からの抜粋を表 2 および表 3 に示します。なお、TOEFL の記述は拙訳で示し、それぞれの記述は趣旨を変えない範囲で省略・改変しています。

まず、受信に関わる聴解力と読解力について、3 種のテストは表 2 にあるような目安を示しています。

テストによってウェイトの置き方に差はあるものの、全体を総合すると、聴解力には、(1) 話者の意図・姿勢・目的の把握、(2) 情報展開の追跡、(3) 情報の整理と把握(内容・要旨・人物関係・論理構成)、(4) 情報の分類(主題と細部、重要な箇所とそうでない箇所)、(5) 情報の目的・機能の把握、(6) 情報の統合・編集・推論、を行う力が包含され、それらが様々な言語レベル(語彙難度・構文難度・速度・分量等)、内容レベル(抽象度・複雑度)、ジャンル(大学講義・会話、ニュース、学術、非学術)の発話において実行で

表 2　習熟度テストにおける受信能力の位置づけ

	聴解	読解
TOEFL	・難語、抽象的で複雑な思考、複雑な文構造、様々なイントネーション、複雑に構成された大量の情報を含む、大学での会話や講義を理解できる ・話の主題と主な細部を理解できる ・重要な箇所とそうでない箇所を区別できる ・講義の中で示される、複雑で、時に対立を含む情報を見失わずにとらえられる ・提示される情報の目的(証拠の提示、比較、意見や価値判断の表明等)がわかる ・気持ちを伝える、論点を強調する、同意・不同意を示す、意図を伝える等、情報提示以外の話も理解できる ・情報を統合し、推論できる	・内容や情報が多く、難語を含み、文や段落が長く複雑で、抽象的で微妙なニュアンスを含む考えが複雑に提示されている、大学入門レベルの学術的な文章を理解できる ・幅広い学術語彙や低頻度語彙、一般的でない語の意味も理解できる ・言語や概念が複雑であっても、複数の情報間の明示的関係を理解し、推論できる ・概念が複雑で、情報の目的が示されていなくても、文章の説明構造や、特定の情報が持つ文脈内での目的がわかる ・推測・条件・反証・修辞上の変化等を含む一段落程度の長さの議論を理解できる ・複雑な言語や概念を含む文章であっても情報を統合できる
ILETS	・話の要点や特定の情報を聞き取ることができる ・話者の意図や姿勢、目的を理解することができる ・議論の展開についていくことができる	・文書の要点や趣旨、詳細を把握できる ・言外の意味を読み取ることができる ・筆者の意図や姿勢、目的を理解することができる ・議論の展開についていくことができる
JLPT	・幅広い場面において自然なスピードの、まとまりのある会話やニュース、講義を聞いて、話の流れや内容、登場人物の関係や内容の論理構成等を詳細に理解したり、要旨を把握したりすることができる	・幅広い話題について書かれた新聞の論説、評論等、論理的にやや複雑な文章や抽象度の高い文章等を読んで、文章の構成内容を理解することができる ・さまざまな話題の内容に深みのある読み物を読んで、話の流れや詳細な表現意図を理解することができる

きることが必要とされます。読解力には、これらに加え、(7)複数情報間の関係性の把握、(8)言外の意味・ニュアンスの把握、も含まれています。また、高次の語彙知識（学術語・低頻度語・副次的語義）や、各種の文機能（推測・条件・反証・修辞）の理解等、聴解以上に幅広いテキストへの対応力が要求されています。

　3種の習熟度テストは、L2の受信能力を、発話やテキスト内の情報を把握する力に限定せず、受信した情報の意味を深くとらえ、必要に応じて加工し、自らの推論につなげる総合的な力ととらえているように思われます。

■ 3種のテストに見るL2発信能力

　次に、発信能力の直接測定を行っている TOEFL と IELTS に限定して、発話力と作文力についての記述を整理します（表3）。

表3　習熟度テストにおける発信能力の位置づけ

	発話	作文
TOEFL	・幅広い話題について、ほぼ支障なく、流暢かつ効果的に意思が伝えられる ・理解しやすく、聞きやすく、明瞭な話し方ができる ・イントネーションを工夫して意味を補える ・抽象的、具体的情報を交え、要約・説明・意見が述べられる ・話の構成が整い、一貫性がある ・幅広い文法や語彙が使える ・小さいミスはあっても意味が曖昧にならない	・幅広い話題について自信をもって明確に書くことができる ・明瞭で、練られた、構成の整ったテキストが書ける ・細部や説明で補足しつつ、意見を表明することができる ・情報を選択・統合して要約できる ・幅広い文法や語彙が使える ・文法の誤り、不明瞭な表現、不自然な表現が少ない
IELTS	・質問に答え、日常の話題や出来事について情報を伝え、意見を述べることができる ・適切な言葉使いと一貫性を持って、ある程度の長さのスピーチができる ・説得力のある意見を述べ、物事を分析・議論・推測することができる	・質問に適切に答えている ・論理的である ・幅広く正確な語彙・文法が使用されている

　上記に示されるように、発話力については、(1) 意思の伝達、(2) 発話の音声的な質（流暢・明瞭・理解可能）、(3) 発話の内容（要約、説明、説得力のある意見表明）、(4) 発話の構成（長さと一貫性）のほか、(5) 文法力・語彙力が要求されています。作文力については、これらに加え、(6) 主張の論理性、(7) 主張の効果的な補強、(8) 情報の加工、も必要とされます。

　2 種の英語習熟度テストは、L2 の発信能力を、単なる L2 での自己主張にとどまらず、状況の分析をふまえ、説得力ある論理的な主張を用意し、それをわかりやすく相手に伝える力としてとらえています。発信力と言えば、発話者側からの一方向的な行為と思われがちですが、いずれのテストにおいても、受け手に正しく伝わるまでが発信であるという基本姿勢が示されています。

9.5　発展学習のために

9.5.1　文献ガイド

　L2 の言語能力をめぐる議論を扱った読みやすい入門書として、山田 (2006) があります。同書は「英語力」について議論していますが、議論の内容は L2 全般に適用できます。とくに、応用言語学の研究の進展の中で、コミュニケーション能力に含まれる概念が膨張してきたため、L2 教育で扱う内容を精選すべきだという主張は傾聴に値します。また、この問題をさらに深く知りたい場合、日本語で書かれた最良の入門書の 1 つは柳瀬 (2006) です。本書で扱っていない研究者のモデルを含め、多様な能力モデルが解説され、とくに、それぞれのモデルと Chomsky の普遍文法モデルとの整合性が議論されます。

　このほか、Cummins の BICS と CALP の考え方を詳しく知るには、Cummins (2008) が読みやすい参考文献です。概念の成立過程やその社会的影響だけでなく、BICS と CALP の区別に対する批判や反論をまとめたセクションもあり、有益です。また、Bachman and Palmer (1996) を邦訳した大友・スラッシャー (訳) (2000) も有益です。

　CEFR については、多くの本が出版されていますが、まず読むべきは、

CEFR 全体 (Council of Europe, 2001) を邦訳した吉島・大橋 (訳) (2004) でしょう。現在、書籍版は絶版になっていますが、東京ゲーテインスティトゥートのサイトよりオンラインで追補版 (日本語第 3 版) (吉島・大橋 (訳), 2014) が読めます。また、2020 年に確定版となった CEFR の補遺版 (Council of Europe, 2020) は Council of Europe のウェブサイトでアクセス可能です。解説書としては、Morrow (Ed.) (2004) を邦訳した和田他 (訳) (2013)、日本語教育への応用を論じた奥村・櫻井・鈴木 (2016)、英語教育への応用を前提に要点をコンパクトにまとめた Altman (2020)、本格的な 2 巻本の論文集である西山・大木 (編) (2021a, 2021b) 等が推奨できます。

　アメリカのナショナルスタンダード (2015 年版版) は、全米外国語教育協会のウェブサイトで概要版を読むことができます。コモンコアについては、全米州教育長協議会 (CCSSO) のウェブサイト上で関連情報を読むことができ、PARCC のウェブサイトではサンプル問題も公開されています。

　日本の高等学校学習指導要領 (文部科学省, 2018) や同解説 (文部科学省, 2019) は書籍として購入することも可能ですし、文部科学省のサイトで全文を読むこともできます。また、英語や国語だけでなく、全教科において言語活動の充実を訴える文部科学省 (2014) の文書も参考になります。

9.5.2　研究のヒント

(1) Bachman (1990) のコミュニケーション言語技能モデルを参照し、このモデルに加えることができると思う要素を 3 つ程度考えてみよう。また、クラスで意見交換を行い、共通して挙げられた要素があるか、それらはなぜ現行モデルに内包されていないのか話し合ってみよう。

(2) コモンコアに準拠した統一テスト問題である PARCC のサンプル版 (紙版) をオンラインサイトから入手し、設問の特徴を調査してみよう。TOEFL や TOEIC といった一般的な L2 テストとどのような点が違っているだろうか。

(3) 国立教育政策研究所の教育研究情報データベースを使い、戦後の主要な指導要領をダウンロードし、外国語 (英語) の目標の記述や、科目名称等がどのように変化してきたかをまとめ、今後、予想される方向性につい

て話し合ってみよう。

(4) CEFR 初版の言語能力の 6 段階分類に基づき、自分の母語能力、第 1
外国語能力、第 2 外国語能力をそれぞれ自己診断してみよう。母語能
力は必ず C2 レベルにあると言いきれるだろうか、第 1 外国語と第 2 外
国語の自己評価はどの程度乖離しているだろうか。実際に自己評価して
みて、判断しにくい能力記述文はなかっただろうか。能力記述文に問題
点があったとすれば、どのように改善できると思うかディスカッション
してみよう。

第 10 章　言語能力の評価

10.1　本章で学ぶこと

　第 2 言語（L2）の教授を行った場合、その成果を確認するため、何らかの
テストを実施して学習者の L2 言語能力を測定（measurement/assessment）し、
その結果に基づいて評価（evaluation）を行います。この意味において、L2 の
教授だけでなく、測定や評価の問題もまた、応用言語学の重要な研究テーマ
となりえます。

　応用言語学において、言語能力の測定・評価に関する研究は、主として、
言語テスト論（language testing）という枠組みで行われてきました。言語テス
ト論の最大の関心は、多様な L2 言語能力テストがありうる中で、「良質な
テスト」をどう理論的に定式化するか、という点にあります。言語テスト論
は心理学の一分野であるテスト論（testing）の下位領域でもあり、心理学や統
計学から各種の知見を援用しつつ、精力的に研究が進められています。

　言語テスト論の親領域であるテスト論においては、1960 年代から 1970 年
代にかけて項目応答理論（item response theory：IRT）という新しい考え方が
普及し、それ以前と以後で研究の方向性が大きく変化しました。そこで、項
目応答理論以前の諸理論を古典的テスト理論（classical test theory）、項目応
答理論を中心とする諸理論を現代テスト理論（modern test theory）と呼んで区
別することにしています。

　以下、10.2 節では古典的テスト理論について、10.3 節では現代テスト理
論についてそれぞれ概観していきます。10.4 節では、言語能力テストのタ
イプを概観します。

10.2　古典的テスト理論

　古典的テスト理論では、「良質なテスト」を、テスト全体が妥当性（validity）と信頼性（reliability）を備え、また、設問項目が識別力（discrimination）を備えているものだと考えました。

10.2.1　テストの妥当性

　テストの妥当性は、次節で見る信頼性とともに、しばしばダーツの比喩で説明されます。

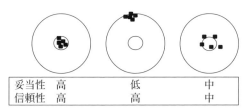

妥当性	高	低	中
信頼性	高	高	中

図1　テストにおける妥当性と信頼性の関係

　妥当性とはダーツが的に正しく当たっていることを言い、信頼性とは何回投げてもダーツが同じ場所に当たることを言います。望ましいテストは、左図のように、何度やっても同じ結果が出て、かつ、意図された測定対象を正確に測っているものということになります。

■初期の妥当性モデル

　Kelley（1927）は「あるテストが測定していると自ら称しているものを実際に測定していれば、そのテストは妥当性を持つ」と述べています。では、どのような条件が満たされれば、L2言語能力のテストは妥当であると言えるのでしょうか。

　初期の古典的テスト理論では、内容的妥当性・基準連関妥当性・構成概念妥当性という3種類の妥当性が三位一体的に存在しているという仮説を立てました（trinitarian view）。それぞれの妥当性にはいくつかの下位区分が提唱されています。

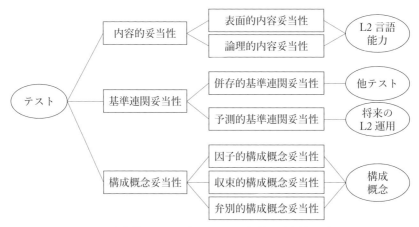

図2　古典的テスト理論における一般的な妥当性モデル

　3つの妥当性のうち、1つ目はテストと測定対象の相関性に関わる内容的妥当性（content validity）です。あるテストの内容が、一般的観点から見て（表面的内容妥当性）、あるいは専門家の判断から見て（論理的内容妥当性）、測定対象（L2 言語能力）と一致していれば妥当性が高いテストと言えます。逆に、たとえば、英語のテストに数学の問題が入っていたりすれば、妥当性が低いということになります。

　2つ目はテストと外部基準の相関性に関わる基準連関妥当性（criterion-related validity）です。あるテストの結果が、他の同様のテストの結果と一致していたり（併存的基準連関妥当性）、将来の受験者の L2 運用能力と一致していたりすれば（予測的基準連関妥当性）、妥当性が高いテストと言えます。逆に、ある英語のテストを受けた人が、別の英語のテストを受けたところ全く異なる成績となったり、英語のテストで高得点を取ったのに将来英語がまったく使えるようにならなかったりすれば、妥当性が低いということになります。

　3つ目はテストと構成概念の相関性に関わる構成概念妥当性（construct validity）です。構成概念とは、直接に観測できないものの心理的に存在が仮定される概念のことで、この場合は「L2 言語能力」という概念を指します。設問別の回答パタンを因子分析にかけて要因構造を取り出した場合、それが

272

構成概念モデルとして妥当なものになっており（因子的妥当性）、同じ特性を
測る他のテストと十分に相関しており（収束的妥当性）、別の特性を測るテスト
と相関していない（弁別的妥当性）とすれば、妥当性が高いテストと言えます。
逆に、L2 英語力を測るテストのはずが、テストから L2 英語力に関係する
有意な因子が何も取り出せなかったり、同じ英語力を測っている別のテスト
と相関が出なかったり、数学や社会の能力を測っているテストと高い相関が
出てしまったりするようであれば、妥当性が低いということになります。

■新しい妥当性モデル
　もっとも、上記で述べた 3 つの妥当性は実際には互いによく似たもので、
内容的妥当性や基準連関妥当性も、結局は、構成概念妥当性に依拠していま
す。そこで、最近では、三位一体モデルに代えて、構成概念妥当性だけで妥
当性を説明するモデルが一般的になっています。
　アメリカ心理学会（American Psychological Association：APA）、アメリカ
教育学会（American Educational Research Association：AERA）、アメリカ教
育評価協議会（National Council on Measurement in Education：NCME）の 3
団体は、1950 年代から、共同で「教育学・心理学における測定ガイドライ
ン」（通称 *Standards*）を公表していますが、その記述を見てみると、妥当性概
念の変遷がよくわかります。妥当性は、1954 年版では 4 種、1966 年版およ
び 1974 年版では内容的妥当性・基準連関妥当性・構成概念妥当性の 3 種と
定義されていました。しかし、1980 年代以降になると、構成概念妥当性に
一本化され、その検証を行うために用いる証拠の種類が示されるようになり
ました。
　構成概念妥当性は直接に観察できないため、関連した証拠を広く集めて間
接的に検証するほかありません。この作業の過程を妥当化（validation）と呼
びます。妥当化で使用すべき証拠に関して、上述の「ガイドライン」の
1985 年版は、(1)内容関連証拠、(2)構成概念関連証拠、(3)基準関連証拠の
3 点を、1999 年版は、より具体的に、(1)テスト内容準拠証拠、(2)回答過
程準拠証拠、(3)テスト内部構造準拠証拠、(4)他変数関係準拠証拠、(5)テ
スト実施結果準拠証拠の 5 点を挙げています（中村, 2009）。また、「ガイド

ライン」策定の中心メンバーであった Messick (1995) は、(1) 内容的証拠(専門家の判断等により、テストの内容と測定対象の一致が示される)、(2) 構造的証拠(因子分析等で調べたテストの内部構造と構成概念モデルの一致が示される)、(3) 本質的証拠(一定の時間をかけて設問を解いている等、反応時間やインタビュー等で調べた回答過程が心理学的に妥当であると示される)、(4) 一般化証拠(内的一貫性係数や相関係数等により、内部的にも反復実施した場合にもテスト結果の安定性が示される)、(5) 外的証拠(再現性係数等により、テスト結果と、類似した他のテストの結果の一致が示される)、(6) 結果的証拠(インタビュー等により、テストを通して学習者が真面目に勉強するといった肯定的な波及効果(backwash effect)が生じ、一方で、テスト至上主義といった否定的な波及効果が生じていないことが示される)の 6 点を挙げています。

　このように考えてくると、妥当性というのは「テストに備わった静的なものではなく、テスト得点からの推論をより確実なものとするための証拠を蓄積していく」動的な「妥当化」の作業過程そのものとみなされることになります(清水, 2005)。Messick のモデルは以後の研究に強く影響しましたが、現在も妥当性の議論は続いており、Messick のモデルを完成形とみなした上で、その実現可能性を高めようとする立場や(Kane, 2012)や、結果的対処(テストの社会的影響)までを議論に組み込むことが適切でないとして、よりシンプルなモデルに戻るべきだとする立場もあります(Markus and Borsboom, 2013)。

10.2.2　テストの信頼性

　テストの信頼性とは、前述のように、測定の結果が安定していることを意味します。信頼性には、同種のテストで同様の結果が得られるという再現性(stability)と、テスト内の各部で同様の結果が得られるという内的一貫性(internal consistency)とがあり、これらは信頼性係数と呼ばれる各種の指標で量的に評価することができます。

　信頼性係数 ρ (ロー)は、2 群のデータの相関性・類似性を示す値です。まず、前提として、何らかのテストで得られた得点(観測値)は、すべて、真値

に誤差が含まれたものと考えます。そして、真値の分散を観測値（真値＋誤差）の分散で割ったものが ρ となります。ρ は理論上 0 ～ 1 の値を取りますが、得点のばらつき（つまり含まれる誤差）が小さければ 1 に近づきます。一般に、ρ が 0.8 以上のテストは一定の信頼性があると判断します。

■再現性の確認

　再現性とは、あるテストで得られた結果が、同一ないし同種のテストにおいて同じように再現されることを言います。そこで、再テスト法（test-retest method）（同じテストを再度受験させる）や、平行テスト法（parallel test method）（同種のテストを用意して受験させる。代替テスト法、等価テスト法とも言う）によって得られた得点を元のテストの得点と比較し、相関係数（r）を求めます。この場合、信頼性係数 ρ は r に一致します。

　たとえば、5 人がテスト A を受けた際の得点が 60、80、40、90、50 点で、同じ 5 人がテスト B（再テストもしくは平行テスト）を受けた際の得点が 30、40、25、50、30 点だったとします。このとき、信頼性係数 ρ は 0.96 となり、テスト A は一定の信頼性を持っていることになります。一見したところ、両テストの得点は大きく異なっているように見えますが、信頼性係数は、得点の値そのものではなく、受験者の得点状況の類似度（テスト A で相対的に高得点だった者はテスト B でも高得点であり、テスト A で相対的に低得点だった者はテスト B でも低得点である）を評価しています。

■内的一貫性の確認

　内的一貫性とは、あるテストを内部的に分割した場合、部位ごとに得られる結果が類似していることを言います。そこで、折半法（split-halves method）（前半と後半、奇数と偶数（奇偶法）等、何らかの基準でテストを 2 分割する）や、内的一貫法（理論上可能なすべての組み合わせでテストを 2 分割する）によって得られた得点同士を比較し、信頼性係数を求めます。なお、内的一貫性はテストの設問が全体として同等の能力を測っているという前提に基づくもので、部分測定アプローチ（discreet point approach）（11.2.1 節）により、大問 1 が発音、大問 2 が語彙、大問 3 が文法、大問 4 が読解、大問 5

が聴解を測定するようなテストには、通例、適用されません。

　折半法の場合、信頼性係数として、$\rho = 2r/(1+r)$ で定義される Spearman-Brown 係数を用います。仮に相関係数 (r) が 0.7 であれば、公式に代入することで $\rho = 0.82$ となります。

　内的一貫法の場合、信頼性係数として、Kuder-Richardson (KR) 20、KR21、Cronbach's α 等が用いられます。KR21 は KR20 の簡易版（設問項目ごとの分散計算を省略できます）、α は KR20 の一般化版で、正誤二値データの場合は同等です（岡田, 2015；Fulcher, 2010, p.52）。KR20 および KR21 の公式は以下の通りです（Fulcher and Davidson, 2007, pp.106–107）。

$$KR20 = [(項目数／項目数 - 1)] \times [(総点分散 - 項目分散計)／総点分散]$$
$$KR21 = [(項目数／項目数 - 1)] \times \{[総点平均 \times (項目数 - 総点平均)／$$
$$(項目数 \times 総点分散)]\}$$

　表1は、受験者5人による3つの設問への正誤反応（正答は 1、誤答は 0）を示したサンプルデータです。

表1　設問に対する回答者の正誤状況（サンプルデータ）

	Q1	Q2	Q3	総点
Sub1	1	0	0	1
Sub2	0	0	0	0
Sub3	1	1	0	2
Sub4	1	0	1	2
Sub5	1	1	1	3
分散	0.2	0.3	0.3	1.3

　この時、項目数は Q1 ～ Q3 なので 3、総点平均は $(1+0+2+2+3) \div 5 = 1.6$、総点分散は 1.3、項目分散計は $0.2+0.3+0.3 = 0.8$ となります。なお、分散は Excel では関数 var で計算できます。これらの値を公式に代入すると、信頼性係数 ρ は KR20(α) で 0.58、KR21 で 0.86 となります。KR20 は、

通例、KR21 より高くなりますが、今回のようにサンプル数や項目数が小さい場合は値が小さくなることが知られています (Fulcher and Davidson, 2007, p.107)。

10.2.3　項目の識別力

すでに述べたように、「良質なテスト」であるためには、テストが全体として妥当性と信頼性を備えていることに加え、個々の設問項目が十分な識別力を持っていることが必要です。

設問項目の識別力とは、受験者の能力の高低を識別する精度のことで、能力の高い受験者なら正答でき、能力の低い受験者なら正答できないようになっていることが望まれます。通例、識別力は、項目分析 (item analysis) を行い、通過率・弁別率・点双列相関係数といった統計値、あるいは GP 分析図、通過率・点双列相関係数図等のグラフに基づいて検証します。

通過率とは、項目ごとの正答率のことで、受験者全員が正解できていれば値は 1 になり、誰も正解できていなければ 0 になります。通過率が過度に高かったり低かったりした項目は差し替えを検討する必要があります。

弁別率は、上位群（通例、全集団の上位 27%）と下位群（同じく下位 27%）の通過率の差を意味します。たとえば、ある項目について、上位群通過率が 0.8、下位群通過率が 0.3 であったとすると、弁別率は 0.5 となります。一方、上位群通過率は 0.8、下位群通過率が 0.7 であったとすると、弁別率は 0.1 となります。一般に、弁別率は 0.4 以上が必要とされます。

点双列相関係数 (point biserial correlation coefficient) は、任意の項目の正誤（1 か 0 で表す）と総得点の相関のことで、個々の項目の正誤がテスト全体で測定される全体的能力と十分に関連しているかどうかを示す指標です。点双列相関係数には、個々の項目の正誤を総得点と比較する I-T (item/total) 相関と、当該項目を除いた総得点と比較する I-R (item/remainder) 相関があります。前者の方が値は高くなり、項目数が少ない場合は、単一項目が総得点に大きく影響するので、I-R 相関値の使用が推奨されています。

次に、2 種のグラフについて見ていきましょう。図 3・図 4 は GP 分析図と通過率・点双列相関係数図のサンプルです。

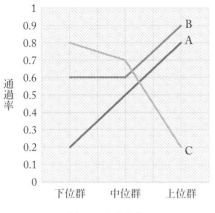
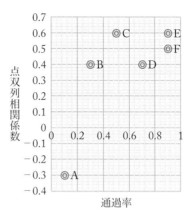

図 3　GP 分析図　　**図 4　通過率・点双列相関係数図**

　GP 分析 (good-poor analysis) 図は、項目ごとに、受験生の能力レベル (通例、下位群、中位群、上位群の 3 分類) を横軸、通過率を縦軸に取ったグラフです。図 3 の例で言うと、項目 A は下位群から上位群にかけて通過率がなだらかに上昇しており、中位群における通過率がちょうど 50% になっています。これは理想的な項目と言えます。一方、項目 B は中位群と上位群の弁別に限れば良い項目ですが、下位群と中位群は弁別できていません。項目 C は中位群と上位群を弁別していますが、能力の高い人のほうが誤答しやすいという歪んだ項目になっています。このように、GP 分析図により、項目の良し悪しを視覚的にとらえ、対策を検討することができます。

　通過率・点双列相関係数図は、通過率を横軸に、点双列相関係数を縦軸にとったグラフです。石田 (1992) は、通過率が 0.2 ～ 0.8 で、点双列相関係数が 0.4 以上のものを良好な問題としています。図 4 の例で言うと、項目 B、C、D が望ましい設問です。A は難しすぎるだけでなく、全体能力の低い人のほうが正答しやすいという欠陥があります。E や F は平易すぎて学習者の能力を十分に弁別していません。

　以上で見てきたように、古典的テスト理論は、テスト全体の妥当性や信頼性を、また、個々の設問項目の識別力を検証することで、「良質なテスト」の実現を目指したわけです。しかし、一連の議論の前提となる妥当性・信頼

性・識別力は、すべて、特定のテスト受験者から得られた情報に依拠するものでした。つまり、こうした指標を用いて、いかにテストの良さを「証明」したとしても、テストの受験者が変われば、その証明は無効化されてしまうわけです。この難問の解決は、現代テスト理論に委ねられることとなりました。

10.3　現代テスト理論

1960年代から1970年代にかけて広まった現代テスト理論は、古典的テスト理論から受け継いだ「良質のテスト」とは何かという問いに対して、新しい理論的アプローチを採用します。現代テスト理論の核となる項目応答理論（item response theory：IRT）は、近年のL2テスト開発の基盤理論にもなっています。

10.3.1　古典的テスト理論の制約

我々は、通例、正答数または正答数得点（number-right score）を根拠として受験者の能力を把握し、正答率（通過率）を根拠として項目の難度を把握します。また、すでに見たように、得点や正答率に基づいて各種の信頼性係数や項目識別力等を算出し、テストの良質さを議論します。

しかし、この枠組みは本質的な問題をはらんでいます。というのも、得点は特定のテストに依存しており（test dependent）、正答率は特定の受験者に依存している（sample dependent）からです。つまり、テストが変われば、あるいは受験者が変われば、得られた情報の意味は失われることになります。このままでは、ある特定の受験者が受けたある特定のテストという枠を超えて議論を一般化することは不可能です。大友（1996）は、この点について、得点であれ、正答率であれ、各種の信頼性係数であれ、古典的テスト理論で得られる情報は「同一のテスト項目が、データ収集のためにそのテストを受験した集団とまったく同じ集団にもう一度与えられる場合」にしか意味を持たないと指摘しています（p.15）。古典的テスト理論に内在するこうした本質的制約を乗り越えることが現代テスト理論の出発点であったと言えます。

10.3.2　現代テスト理論の概要

　前節で見たように、古典的テスト理論の最大の問題点は、受験者の能力指標となる得点や、項目の困難度指標となる平均正答率が、ともに、特定のテスト実施条件に依存しており、条件が変われば、値がその都度変動してしまうということでした。

■能力特性と項目特性

　そこで、現代テスト理論は、受験者のテスト得点から受験者の能力特性（能力推定値）を、項目正答率から項目特性（項目困難度）を分離します（池田, 1994, p.55）。現代テスト理論の中心的発想は、設問への回答を、項目（item）への応答反応（response）と見なした上で、正答率と得点の関係を、新たに項目特性と能力特性の関係としてとらえなおすことにあります（図5）。

図5　古典的テスト理論と現代テスト理論の概念図

　こうした考え方を広く現代テスト理論と称しますが、実際には、必ずしも新奇なアイデアではなく、古典的テスト理論研究が盛んであった 1950 年代に、すでに Lord（1952）によって項目特性曲線理論（item characteristic curve theory）ないし潜在特性理論（latent trait theory）と呼ばれる考え方が示されていました。Lord はまず、人間の能力が潜在的なもので「直接観測できる変数ではない」とします。そして、テスト得点を用いた能力測定に関して、得点が「実施された特定のテストにたまたま含まれていた設問の特性」によって決まることを指摘した上で、「テストに含まれる設問が変わっても、また、受験者が変わっても、常に不変の項目得点を能力測定値と定義する」べきだとしています（pp.1–2）。ここから、特定のテスト条件に制約されない形で「応答者の能力とテスト項目特性とのあいだに、ある種の確率的関数関係

を仮定して、それによって項目の特性と被験者の能力とを同時に推定」する
という方向性が生まれたのです（大友, 1996, p.16）。Lord は、後に、10 万人
以上の受験者データを使って自身の理論の有効性を実証します（Lord,
1965）。そして、一連の論文で示された考え方は、1976 年以降、項目応答理
論という名前で呼ばれるようになります。

■ 3 つの利点

　大友（1996）は、Hambleton and Swaminathan（1985）をふまえ、古典的テス
ト理論に対する項目応答理論の利点を 3 点にまとめています（pp.17–20）。1
点目は、受験者の能力特性が特定のテストに依存しなくなることです（test-
free person measurement）。2 点目は、設問の項目特性（項目困難度）が特定の
受験者に依存しなくなることです（sample-free item calibration）。これら 2 点
により、古典的テスト理論の制約が解消されています。加えて 3 点目は、
テストや設問項目の信頼性が、標準誤差といった受験者集団全体での集約値
ではなく、受験者や項目ごとに推定できることです（multiple reliability esti-
mation）。実際、テストや設問の信頼性は受験者のレベルによって変化し、
下位群や上位群では低く、中位群では高くなります。これらは情報関数（in-
formation function）として示されます。

10.3.3　項目応答理論による能力推定

　項目応答理論では、項目特性（項目困難度）と能力特性（能力推定値）の間の
関係性の定式化を目指します。前者は設問項目の正答率（通過率）のことで、
0 〜 1 を取り、1（全員が正答できる）に近いほうが易しいことを意味します。
後者は上下限ともに無限大ですが、実際には、およそ −3 〜 +3 の範囲を取
り、値の大きさは能力の高さを意味します。

　項目応答理論では、ある能力特性の受験者がある項目に正答できる確率は
項目特性としてあらかじめ決まっていると考えます。この時、能力特性 θ に
対する項目正答確率 $P(\theta)$（P は probability の略）を求める関数を項目特性
関数（item characteristic function）と言い、この関数をグラフに表現したもの
を項目特性曲線（item characteristic curve）と言います。

■ロジスティックモデル

　項目特性曲線を説明するには何らかの数学的モデルに依拠する必要があります。一般に、能力が上昇すれば正答率も上昇するため、能力を横軸、正答率を縦軸にとってグラフを描くと、およそ右上がりのグラフになります。しかし、正答率は、低・中位層では上がりやすく、上位層では上がりにくいため、正比例のような直線モデルよりも、能力帯域によって上昇幅が変化する何らかの曲線モデルのほうがふさわしいと言えるでしょう。

　これまでに項目特性曲線の説明モデルが種々検討されましたが、Birnbaum (1968) 以降、ロジスティック関数に基づくロジスティックモデルが一般的に使われるようになりました（池田, 1994, p.52）。ロジスティック曲線（logistic curve）は、S を横に引き延ばした形になり、シグマ（ς）に似ているのでシグモイド曲線（sigmoid curve）とも呼ばれます（図 7 参照）。

　ロジスティック関数は微分方程式の一種で、もともとは、生物や人口の個体数の成長を説明するモデルとして考案されたものです。個体数は、初めは緩やかに増加し、やがて爆発的に増加し、最後は再び緩やかな変化となって上限に達します。自然界では、収容できる個体数に上限（飽和点）が存在しているため、個体数が増えてくると成長率が低下し、超過を抑えます。この時、個体の実際の増加数は、現存個体数×増加率×［（上限個体数−現存個体数）／上限個体数］で表せます。現存個体数が上限より少なければ増加し、多ければ減少し、同数であれば現状維持となるわけです。こうしたモデルが能力と正答率の関係にも当てはまると考えられました。

■ロジット得点

　古典的テスト理論が依拠する得点には、2 つの問題が認められます。1 点目は、受験者の能力から設問項目の難度を予測しようとした場合、説明変数（能力特性）は −∞ 〜 +∞ の幅を持つのに、目的変数（正答率）は 0 〜 1 の幅しか持たず、直線モデルが適応できないことです（森實, 2009）。

　2 点目は、得点が歪みを含み、非等間隔であることです。テスト得点は通例 0 〜 100 点に固定されているため、0 点の受験者の中には本来は 0 点未満の受験者も、100 点の受験者の中には本来は 100 点以上の受験者も含まれて

282

いることになります。いわゆる床面効果（floor effect）や天井効果（ceiling effect）により、同じ1点であっても、0点や100点の幅はその他の点数の幅とは異なっています。加えて、得点と得点の間隔も実質的には一定していません。たとえば、同じ10点幅であっても、30点と40点の間隔と、80点と90点の間隔は完全に同じではありません。実際、テストで30点を40点に上げるのは容易ですが、80点を90点に上げるのははるかに困難です。

　そこで、項目応答理論では、得点、つまりは正答率に代えて、正答率と誤答率の比（オッズ）を自然対数（定数 e を底とする対数）にしたロジット得点（logit score）（logit は log odds unit の略）を尺度とします。ロジット得点は「等間隔の目盛りを持つ間隔尺度」です（中村, 2002, p.30）。たとえば、素点の70点は正答率0.7、誤答率0.3のことですので、ロジット得点は log $_e$(0.7／0.3)≒0.85 となります。ロジット得点には、(1) ロジスティック関数の逆関数として、−∞〜+∞の値を取るため、受験者能力との間にモデルを立てることができる、(2) 得点に見られる歪みや非等間隔性が補正される、といった利点があります。

　下記は100点満点のテスト得点（raw score：R）をロジット得点（L）（小数点1位まで）にしたものです。自然対数は Excel の ln 関数で計算できます。

表2　得点とロジット得点

R	1	5	10	20	30	40	50	60	70	80	90	95	99
L	−4.6	−2.9	−2.2	−1.4	−0.9	−0.4	0	0.4	0.9	1.4	2.2	2.9	4.6

　すでに述べたように、見かけ上は同じ10点差でも、30点を40点に上げるよりも80点を90点に上げるほうがより難しいわけですが、ロジット得点の幅を見ると、前者は0.5、後者は0.8となって、間隔幅が同じでなかったことがわかります。ロジット得点は、−∞〜+∞の範囲を取ることで、上下限付近での得点の歪みをなくすとともに、スケールの線形性を担保しています。

■4種のパラメタ

　一般には、受験者の能力特性 θ が分かれば、設問項目に対する正答率 P (θ) は一意に決定するように思われます。しかし、実際には、この関係は、様々な要因によって影響を受けます。たとえば、設問項目が杜撰で正解のないものならば、誰も正解できません。また、受験者があてずっぽうで答えを選んでたまたま正解してしまうこともあるでしょう。

　このように正答率に影響を及ぼしうる要因をパラメタと呼びます。これまでの研究では、パラメタとして、識別力（discrimination power：項目が能力の差を識別できる度合い）、困難度水準（difficulty level：項目を正答するのに必要となる能力の度合い）、疑似チャンス水準（pseudo-chance level：当て推量によって偶然に正解できてしまう確率）、注意水準（注意力の不足によって偶然に誤答してしまわない確率）等が考えられてきました（池田, 1994, pp.66–69）。

　もっとも、これらのパラメタには、必須のものもあれば、ある程度無視できるものもありそうです。この点に対する考え方の違いにより、1パラメタのみを考慮する1パラメタモデルから、4つすべてを考慮する4パラメタモデルまで、複数のモデルが提唱されています。下表は、池田（1994）の解説を参照してまとめたものです。

表3　各パラメタモデル（PM）の特徴

パラメタ	項目特性曲線	4PM	3PM	2PM	1PM
a：識別力	a＝小　　a＝大	○	○	○	×
b：困難度水準	b＝小　　b＝大	○	○	○	○
c：疑似チャンス水準	c＝0　　c＞0	○	○	×	×
d：注意水準	d＝1　　d＜1	○	×	×	×

　識別力（a）が大きければ（識別力の高い設問であれば）、当該の能力レベル付近において項目特性曲線の傾きが大きくなり、少しの能力差でも検出できることを意味します。識別力は困難度水準に次ぐ重要パラメタで、3 つのモデルが採用しています。

　困難度水準（b）が大きければ（設問項目が難しければ）、一定の能力がないと正答できないため、項目特性曲線はなかなか上昇しません。また、上昇幅も緩やかになります。困難度水準は項目の正答率 P（θ）を考える上で最も重要なパラメタで、すべてのモデルが採用しています。

　疑似チャンス水準（c）は、グラフの下方漸近値を示し、確率が 0 より大きければ（無能力の受験者でも偶然に正答できてしまう確率が 0 でないとすれば）、項目特性曲線の下限が 0 より高い位置に来ます。なお、この値は、多肢選択では選択項目数の逆数（5 択であれば 1/5 ＝ 20％）かそれよりやや低い値になるとされています。疑似チャンス水準は、困難度水準や識別力に比べると優先度が低く、2 つのモデルで採用されています。

　最後に、注意水準（d）は、グラフの上方漸近値を示し、確率が 1 より小さければ（ケアレスミス等による偶然の誤答が起こらない確率が 100％と言い切れないとすれば）、項目特性曲線の上限が 1 より低い位置に来ます。注意水準は最も優先度が低く、採用しているモデルは 1 つのみで、実際に使用されたケースもほとんどありません（池田, 1994, p.68）。

■パラメタモデル
　以上の（a）〜（d）のパラメタすべてを組み込んだ 4 パラメタモデルは、以下の式で表現されます（定数 D はロジスティック曲線を累積正規分布曲線に近似させる尺度変換因子で通例 1.7 が当てられます。exp は指数を示します）。

$$P(\theta) = c + (d-c) / [1 + \exp\{-Da(\theta-b)\}]$$

　上式の θ − b は能力特性と項目困難度の差を示し、値が大きければ正答確率が高まります。図 6 で確認してみましょう。ここで、A 〜 C（θ − b）は、3 人の受験者（A 〜 C）の能力特性値と項目困難度の差の大きさを示していま

す。この場合、C の能力が項目困難度を最も大きく上回っていることにな
るので、C$(\theta - b)$が最も大きく、正答確率も高くなるわけです。

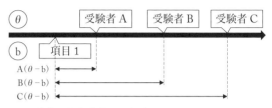

図 6　項目困難度と能力特性の関係（野口, 2015, p.219 の図 1 を改変）

　上記の 4 パラメタモデルを出発点として、受験者の注意力は十分であっ
て不注意誤答は起こりえないと考えれば、式内の d（注意水準）の値は 1 に固
定され、3 パラメタモデルになります。3 パラメタモデルは英語の代表的な
L2 テストである TOEFL や TOEIC 等で採用されています。

　また、これに加え、偶然による正答も起こりえないと考えると、式内の c
（疑似チャンス水準）の値が 0 に固定され、2 パラメタモデルになります。2
パラメタモデルは日本語のコンピュータアダプティブテスト J-CAT で採用
されています。

　さらに、設問項目の識別力も一定であると考えると、式内の a が一定値
（ā）で固定され、1 パラメタモデルになります。1 パラメタモデルの場合、先
ほどの式の分子は 0＋(1−0)＝1 となり、$P(\theta) = 1 / [1 + \exp\{-D\bar{a}(\theta - b)\}]$
というシンプルな式になります。これは同等のモデルを考えたデンマークの
研究者の名を取って Rasch モデルとも呼ばれ、「テストを運営する上での取
り扱いが容易」であるため、簡便法として広く使用されています（豊田,
2002, p.22）。

　なお、どのモデルを採用するにせよ、テストで得られた設問ごとの正誤
データから、ある能力特性の受験者がある項目に正答する確率を算出するに
は、公式中の未知数である能力特性値 θ やパラメタ（a 〜 d）の値を数学的に
推定する必要があります。計算のアルゴリズムとしては最尤推定、ベイズ推
定、最小ロジットカイ二乗等のモデルが提唱されており（池田, 1994, p.72）、
これらは主要な分析ソフトウェアに実装されています。

■項目特性曲線の解釈

　下記は1パラメタモデル（Raschモデル）において、項目の難度bが−1、0、1の場合の項目特性曲線の例です。

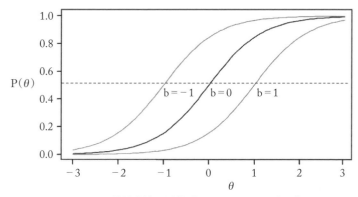

図7　項目特性曲線の例（福中, 2013の図2を加工）

　能力特性値と項目困難度の値が同じになるとき、正答確率は50％となります。上記の例でいうと、b＝−1の曲線では能力特性値が−1のときに、b＝0の曲線では能力特性値が0のときに、項目困難度がb＝1の曲線では能力特性値が1のときに、正答確率はそれぞれ50％となります。3つの中では、b＝1の場合が最も難度の高い問題であると言えます。

　以上で見たように、項目応答理論は、古典的テスト理論の制約であったテスト依存性（test dependency）と標本依存性（sample dependency）の問題を同時に解決し、信頼性の高い能力推定を可能にするもので、各種のL2テストに採用されています。その中には、受験者全員に同じ問題を出題するタイプのテスト（TOEFL iBT、TOEIC等）と、次節で見るように、受験者各々の能力に応じてそれぞれ異なる問題を出題するタイプのテスト（旧 TOEFL CBT、J-CAT等）があります。

10.3.4　コンピュータアダプティブテストへの応用

　項目応答理論に基づくもの、基づかないものを含め、伝統的なテストでは、すべての受験者が同じ時間をかけて同一かつ同数の設問に回答していま

した。これは一見平等に見えますが、実際には、すべての受験者が、自身の
能力推定の役に立たない問題(易しすぎる問題や難しすぎる問題)を数多く解
かされていたわけで、きわめて無駄の多いテストであったと言えます。

　そこで、項目応答理論によって得られた設問ごとの項目特性(項目困難度)
のデータを有効に活用し、受験者各々の能力に適合したレベルの問題だけを
自動的に選定して出題し、より短時間でより信頼できる能力推定を行うとい
う発想の下、コンピュータアダプティブテスト(computer adaptive test：
CAT)の開発が進められるようになりました(11.2.1 節)。

　アダプティブテストの開発にあたっては、まず、膨大な量の設問項目(ア
イテム)を作問し、それらを集めて、アイテムバンクないしアイテムプール
と呼ばれるデータベースを作っておきます。その後、アイテムを大量の受験
者に回答させ、項目ごとに平均正答率の情報を収集します。なお、アイテム
を分割して受験させる場合、また、新規のアイテムを追加する場合等、異な
る集団からデータを取る必要がある場合は、必ず若干数の共通アイテムを用
意しておき、当該アイテムへの反応状況に基づいて調整係数を決め、群間の
等化(equation)を行います。

　実際のテストでは、受験者は、コンピュータ上でモニタ画面に示される問
題に回答していきます。受験者の選んだ回答はリアルタイムで処理システム
に送られ、当該の設問に対する正誤をふまえて能力特性値がその都度再計算
されます。そして推定された能力値に近い問題をアイテムバンクから選んで
次の問題として出題します。図 8 で示されるように、正答(T)すればより難

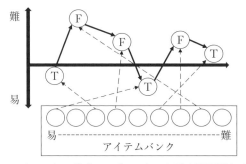

図 8　コンピュータアダプティブテストにおける問題選定イメージ

しい問題が、誤答(F)すればより易しい問題が選ばれていきます。

　これを繰り返すことで、誤差が次第に収束し、能力推定の上下限が狭まり、最終的にぎりぎりのポイントが決まります。この過程はしばしば視力検査に喩えられます。視力検査では、被験者に一部が欠けた円環を見せ、どこが切れているか答えさせます。そして、被験者の反応をリアルタイムでモニタしながら、被験者が誤答すれば次はより易しい(見やすい)ものを、正答すれば次はより難しい(見にくい)ものを順次答えさせます。このようにして、被験者の視力に近いレベルの円環を集中的に見せることで、推定の上下限を絞りながら、最終的に「これ以上だと見えるがこれ以下だと見えない」ポイントを決定し、それを視力として診断するわけです。

　なお、アダプティブテストの場合、出題される設問項目の内容や数は、同時受験を行った場合でも受験者ごとに異なり、また、同一受験者が別の機会に再受験しても異なりますが、能力特性の推定は特定のテストに依存しないため、設問の内容が変わっても問題ありません。

　さて、こうしたプロセスを経て、受験者ごとにぎりぎり回答できる項目困難度が確定すると、項目特性曲線と照合し、困難度に対応した能力推定値を決定します。仮に、上記の図7で、b＝1の問題に対する受験者正答率が50％であったとすれば、当該受験者の能力特性は＋1と判定されます。能力特性値 θ は、本来は $-\infty \sim +\infty$ ですが、通例、およそ $-3 \sim +3$ の範囲に入ります。もっとも、このままでは値が小さく読み取りにくいため、多くの場合、わかりやすくなるよう、何らかの変換が行われます。たとえば、日本語能力テスト J-CAT では、$\theta \times 15 + 50$ という式で変換がなされ、θ が＋1であれば65点、θ が－1であれば35点としてフィードバックされます(今井, 2015, p.78)。

　コンピュータアダプティブテストは、「受験者の能力に近い難易度を持つ問題を集中的に出題することにより、従来のテストよりも短い時間でより精度の高い判定ができる」(今井, 2015, p.73)点が評価され、徐々に普及しつつありますが、個々の設問が独立している必要があるため、総合問題(長文を読んで複数の問題に答える)は出題できません。また、記述式問題が出題できず、一度選んだ回答を変えられないといった制約も存在します。

10.4　様々なテスト

　テストには、日々の授業で実施される小規模なものもあれば、9.4 節で見た 3 種の習熟度テスト（TOEFL、IELTS、日本語能力試験）のように、世界中で実施されている大規模なものも存在します。以下では、中村（2002）に基づき、6 つの観点から各種のテストタイプを整理します（ただし、一部の用語については改変を加えています）。

　まず、1 点目は測定の方法です。L2 能力を音声・語彙・文法といった部分的要素に分けて測る部分測定アプローチ（discreet point approach）に基づくテストと、L2 能力を不可分の総体ととらえる総合的測定アプローチ（integrative approach）に基づくテストがあります。たとえば、大問 1 は発音、大問 2 は語彙、大問 3 は文法、大問 4 は読解、大問 5 は作文、といった構成のテストが前者の例です。ただし、部分測定の結果を足し算することで、本当に、L2 能力全体を測定したと言えるかどうかについては議論の余地も残ります。これに対し、たとえば、ロールプレイのような L2 タスクを行わせ、その出来栄えで総合的に L2 能力を評価するようなテストが後者の例です。こうしたテストはコミュニケーション能力の測定に適しているとされますが、評価が主観的になりがちであるという課題もあります。

　2 点目は結果の解釈方法です。個人の能力を集団の中での位置として表す集団基準準拠（norm-referenced）テストと、あらかじめ設定された目標との距離として表す目標基準準拠（criterion-referenced）テストがあります。前者の場合、重要なのは得点よりも順位で、後者の場合、重要なのは得点そのものということになります。前者は相対評価、後者は絶対評価と関連しています。国内の先行研究には、norm に「規準」、criterion に「基準」という訳語を当てるものや（中村, 2002, p.15）、逆に criterion に「規順」を当てるものもありますが（皆見, 2008）、本書は「集団基準」と「目標基準」という語を使います。

　3 点目は実施の時期です。形成的（formative）評価の一環として行われるテストと、総括的（summative）評価の一環として行われるテストがあります。前者は学習の過程においてその都度の学習内容の定着を継続的に評価するも

ので、たとえば、授業ごとに行う小テスト等が相当します。一方、後者は一定期間の学習が終わった段階で既習内容の定着を一括して評価するもので、期末テスト等が相当します。日本の学校教育に導入されている観点別評価（知識・技能、思考・判断・表現、主体的学習態度といった観点ごとに児童・生徒の能力を評価する）は形成的評価を重視しています。

　4点目は測定するスキルおよび媒体です。まず、スキルに関しては、リスニング・リーディングといった受容技能（receptive skills）を測るテストと、スピーキング・ライティングといった発表技能（productive skills）を測るテストがあります。前者は技能そのものを直接的に測定できないので、内容に関する真偽判定型（true or false）の設問等によって聴解・読解の程度を評価します。後者は、しばしば、パフォーマンス（performance）テストと呼ばれます。スピーキングやライティングを行わせてそれぞれの能力を測定する直接（direct）テストが一般的ですが、空所補充（fill in the blanks）型設問でライティング能力を測るといった間接（indirect）テストもあります。直接テストにはテストとしての真正性（authenticity）が高いという利点がありますが、一方、評価は主観的になりがちで、1人の評価者が最初から最後まで首尾一貫した基準で判断を行うという評価者内信頼性（intra-rater reliability）や、複数の評価者が揃って同様の判断を行うという評価者間信頼性（inter-rater reliability）の点で問題が起こりやすいとされています。

　次に、媒体に関しては、紙と鉛筆を使って行う従来型の筆記（paper-and-pencil）テスト（日本語で言う「ペーパーテスト」）と、コンピュータ上で出題や回答を行うコンピュータ（computer-based）テストがあります。後者のうち、出題や回答管理をオンライン上のサーバーで行うのがインターネット（web-based/ internet-based）テスト、前述の現代テスト理論を応用し、回答パタンに応じて設問内容を変化させるのがコンピュータアダプティブ（computerized adaptive）テストです。薮田（2009）は、コンピュータテスト全般の利点として、(1)採点が容易、(2)結果がすぐに分かる、(3)結果の集計が容易、(4)視覚障碍者に文字の代わりに音声で問題を提示するといった柔軟な対応が可能、(5)動画等を使った問題出題が可能、(6)インターネットにつながっていればどこからでも受験が可能、(7)（アダプティブテストであれ

ば)少ない問題で効果的にテストが可能、の 7 つを挙げています。

　5 点目は採点の方法です。「○か×か」に基づく 2 値型得点 (dichotomous score) を与えるテストと、部分点を認める多値型得点 (polytomous score) を与えるテストがあります。前者は、多肢選択型 (multiple choice) や空所補充型 (いわゆる「穴埋め」) といった客観式設問を含みます。空所補充型に関して、文中の語を一定間隔で空欄にして埋めさせるものをクローズ (cloze) テスト (Taylor, 1953)、5 ～ 6 種のテキストを用意し、1 語おきに語の半分を空欄にして埋めさせるものを c テスト (Klein-Braley and Raatz, 1984) と呼びます。これらは、人は欠落を閉合 (closure) して不完全を解消するというゲシュタルト心理学の発想を応用したものとされます。

　最後に、6 点目はテストの目的です。L2 の実力を測るのが能力 (proficiency) テスト、特定範囲における学習の定着度を測るのが到達度 (achievement/ mastery) テスト、学習者の抱える問題点を調べるのが診断 (diagnostic) テスト、合否を決めるのが選抜 (selection/ screening) テスト、クラス分け等の資料にするのが配置 (placement) テストです。能力テストは習熟度／熟達度テストとも呼ばれます。なお、各種のテストのうち、小テストや診断テストのように社会的影響力が小さいものはローステイクス (low-stakes：低利害) テスト、大学入試のように影響力が大きいものはハイステイクス (high-stakes：高利害) テストと呼ばれます。

10.5　発展学習のために

10.5.1　文献ガイド

　言語テスト論の入門書は各種出されていますが、李 (編) (2015) は最も読みやすい入門書の 1 つです。日本語教育用の言語テストハンドブックと銘打っていますが、紹介されている理念や考え方は、日本語に特化したものではなく、広く L2 言語能力テストの入門書として読むことができます。とくに、言語テストの概要や古典的テスト理論をコンパクトに解説した 1 章、コンピュータアダプティブテストである J-CAT を紹介した 4 章、1 パラメタモデル (Rasch モデル) の考え方に触れた 11 章が重要です。より詳しい解

説が読みたい場合は、日本語テストを中心に言語テスト論全体を俯視した野口・大隅(2014)があります。

　古典的テスト理論および現代テスト理論の理論的背景については、池田(1994)がすぐれた入門書となります。数式も多く、一見、読みがたく感じられますが、全編にわたって端折ることなく論理的で丁寧な説明がなされていますので、理論の全体像をつかむ上できわめて有益な文献です。短い解説論文で現代テスト理論の大枠をつかみたい場合は大友(2009)が便利です。このほか、英語テストを中心に項目応答理論を詳説したものとして大友(1996)や中村(2002)があります。この2冊にはともに分析ソフトウェアが添付しており、簡易な分析を自分でやってみることができます。また、理論面が詳しい光永(2017)、イラストの豊富な高橋(2021)も有益です。

　現代テスト理論を応用した実際のテスト(J-CAT)の開発過程を詳説したものとして、今井(2012)があります。理論的背景だけでなく、設問項目の作り方や、項目の良し悪しの見極めのポイント等、実践的で有益な情報が豊富です。

10.5.2　研究のヒント

(1) テストの妥当性を考える上で、これまでに提唱されてきた指標以外に、どのような指標がありうるか考えてみよう。

(2) 5問程度の簡単な単語テストを作成し、5〜10名程度に試行受験してもらって回答のサンプルデータを集め、古典的テスト理論に基づく項目分析を行い、通過率、弁別率、点双列相関係数を求めてみよう。

(3) フリーウェアの項目応答理論計算プログラム Easy Estimation(熊谷龍一氏開発)をダウンロードし、同梱されているサンプルデータを用いて項目特性曲線を描画してみよう。同様の分析ができるフリーウェアとしては他に Exametrika(荘島宏二郎氏開発)もあります。可能であれば同じデータを2種のソフトウェアで処理し、結果を比較してみよう。

第11章　応用言語学の新しい展開

11.1　本章で学ぶこと

　これまでの章で見てきたように、応用言語学は、1940年代の萌芽期以降、「言語が中心的に関わる現実世界の諸問題に対する理論的・経験的」研究（Brumfit, 1997, p.93）として、射程を拡張しながら、大きな発展を遂げてきました。一方、2000年代以降、応用言語学には、様々な新しい潮流が生じています。本章は、本書のまとめを兼ね、応用言語学の新しい展開と今後の方向性について考えます。

　以下、11.2節では、外国語教育における多様性と包摂性の問題をジェンダー・障碍・母語の3つの観点から考えます。11.3節では、いわゆる批判的応用言語学の立場をふまえ、今後の応用言語学の研究課題を提示します。

11.2　多様性と包摂性

　「多様性と包摂性」というのは、diversity and inclusion を訳した言葉です（以下、D&I）。D&I は、現代ビジネスのキーワードにもなっており、ジェンダー・年齢・人種・国籍、また、障碍の有無等の点で、従来以上に幅広い人々を積極的に取り込んでいこうという考え方を指します。ジェンダーを例として言えば、かつての企業の多くは男性中心で、女性社員がいたとしても、取締役会等、重要な意思決定を行うのはすべて男性ということも珍しくありませんでした。D&I の真逆をいく、こうした単一性、同質性、閉鎖性、排他性を特徴とする組織のあり方は、女性の権利を抑圧するという点で社会

公正に反するだけでなく、経営視点が狭まるという点でビジネスにも悪影響を及ぼします。企業が幅広い層に受け入れられる商品を売り出そうとするなら、男性だけで開発を行うよりも、男性と女性のチームで開発を行ったほうが合理的です。さらには、LGBTQ＋の人々もチームに巻き込んだほうが、より幅広い人々に届く商品となるでしょう。同じことが、年齢をはじめとするそのほかの要素についてもあてはまります。

　D&Iの発想は、応用言語学、とくに、その中核をなす外国語教育にも不可避的に関わってきます。Meyer & Hoft-March (2022) は、フランス語教育を例にとり、D&Iというプリズムを通して「どう教えるか、なぜ教えるか、何を教えるか」を再考すべきだとして、性差別、障碍者差別、人種差別のない「居心地のよい、包摂的な教室」の重要性を指摘しています (p.2)。この立場をふまえ、以下では、ジェンダー・障碍・母語の3点を取り上げ、これからの外国語教育における多様性と包摂性について考えます。

11.2.1　ジェンダー

　他の多くの学問分野と同様、応用言語学や外国語教育も、ジェンダー多様性の問題に真摯に向き合ってきたとは言いにくい状況にあります。ここでは、人材・言語・教材・学習者という4つの観点に即して、ジェンダーに関わる応用言語学上の問題を考えていきます。

　1点目は、分野に参画する人材の性別的な偏りです。明確な事実として、初期の応用言語学における主導的研究者は、ほぼ例外なく男性でした。現在では女性研究者の数も増えてきましたが、たとえば、学会の会長や役員等、分野の方向性を決定するレベルにおいて、完全な男女平等が達成されているとは到底言えません。また、実践の場としての学校においても状況は同様です。他の教科と比べると、外国語教育は女性の進出が相対的に進んでいるように見えますが、日本の例を考えてみても、幼児教育・小学校・中学校・高等学校・大学と、学校種の段階が上がるにつれて、英語教員に占める女性比率は顕著に低下します。さらに、いずれの校種においても女性教員がそれなりに存在するにも関わらず、意思決定を行うレベルは依然として圧倒的に男性中心となっています。自ら、「問題志向型・問題解決型の行動」(Knapp,

Antos, Perrin, and Verspoor,n.d.）であることを誇る応用言語学が、ジェンダー多様性の問題により真摯に取り組む必要があるのは自明と言えるでしょう。

　2 点目は、言語における性差別への対応です。英語には、policeman（警官）、chairman（議長）等、男性に限定されるものでないにもかかわらず、man 語尾を含む語彙が多く存在します。また、性別が不明な単数人称主語は、男性代名詞 he で受けることが一般的でした（例：Everyone should enjoy *his* life）。しかし、1960 年代以降の女性解放運動によって、これらが社会的公正（political correctness）に反することが自覚されるようになり、現在では、police officer や、chair（ないし chairperson）といった用語を使ったり、単数人称主語を性別不問の they で受けたりするようになっています。言語における性差別やその解消に関連する問題を中心的に扱う分野をジェンダー言語学と呼ぶことがあります。こうした研究は、応用言語学がジェンダー多様性と向き合っていく上で重要なものですが、最近では、言語改革が真の問題解決につながっていないこと、問題を男女の二項対立に矮小化しており、LGBTQ＋等の権利が十分に考慮されていないこと、行き過ぎた社会的公正の押し付けがある種の「言葉狩り」となり、批判を恐れて自由闊達な議論ができなくなっていること（藤田, 2008）等の点について、反論も起きています。

　3 点目は、外国語教材における性別の偏りについてです。他の教科に比べ、外国語の教材では身近な生活の場面や状況を扱うことが多く、男女の表象はより重要です。しかし、過去の教材の多くは、わかりやすさを優先するためか、伝統的な男女のステレオタイプを無批判に受け入れてきました。実際、教材のストーリーや会話のスキットを作るとき、教材作成者は、無意識のうちに男女の因習的な性役割を踏襲してしまうことがあります。運動や理数系科目が得意で、活発で、リーダーとして自分の思いを整然と語る男子と、音楽や文系科目が得意で、控えめで、聞き役として相手の話を受け止める女子、といった根拠のないイメージです。これらは教材の核となる言語部分（ペア会話で口火を切り、結論を述べる側が男子のみになっていたり、曖昧なぼかし表現が女子のセリフに多く見られたりする等）だけでなく、言語以外の部分にも影響します。石川（2020）は日本の中学校英語科教科書を網羅的に分析し、ある教科書では、soccer と calligraphy という単語を紹介する

際に、「ブルーの体操服を着て、ブルーのソックスをはいてサッカーをしている男子」と「ピンクの服を着て髪の毛を後ろで結んで書道をしている女子」のイラストが添えられていたことや、ほぼすべての教科書において、教室の中で「責任ある立場の上位職」である英語科の教諭は日本人の中年男性として、外国人指導助手（assistant language teacher：ALT）は若く美しい西洋人女性として描かれていたことを指摘しています。性別と社会的な立場、とくに職業の結びつきについて、教材作成者には慎重な配慮が求められるでしょう。仮に、パイロットやエンジニアやプログラマー等の職業が常に男性として紹介されていれば、その教科書で学ぶ女子は、自分はそういう職業に就けない、あるいは就くべきではない、といった誤ったメッセージを受け取ってしまうかもしれません。この点に関しては、日本の国語教科書のジェンダー分析からも学べることが多くあります。永田（2022）は関連する先行研究をレビューし、国語の教科書に掲載される文学作品の登場人物の7割が男性であること、男性については男性同士の連帯が強調されるのに対し、女性は神聖化された母親として、ないしは男性への勝利の褒美として描かれること、男性には固有名詞が使われるのに対し、女性は男性の母や妻と呼称され、固有名詞が出てこない場合があること、文末詞（〜よ、〜ぞ）で男女のセリフの書きわけがなされていること等の問題を指摘した上で、たとえば「わたし」「ぼく」「俺」等の1人称をどう選択させるか、といった言葉とジェンダーをめぐる根本的な問いに国語教育が向き合ってこなかったことを批判しています。これらをふまえると、外国語教育の教材は現実の社会を写し取るだけでなく、そこから一歩先に進んで、望ましい社会のありようを描き出すべきだという立場も導出されます。森住（2020）は、「ジェンダー問題は、人間としての権利、個人の権利という人間教育の根幹にかかわる問題で、英語教育も積極的に扱っていかねばならない」ことを強調しています。

　4点目は、学習者のジェンダー多様性への配慮についてです。男女の平等や女性のエンパワメントに意識的な教師であっても、多様な性の在り方についての理解が欠如している場合は珍しくありません。日本では、一般的な男性・女性の範疇でとらえられない人が人口の10％程度存在すると推定されています。そもそも、ジェンダーは、体の性（生物学的性）、心の性（性自

認)、好きになる性(性的指向)、表現する性(服装・話し方・振る舞いといっ
た性表現)の 4 軸が組み合わさった高度に複雑な概念です(薬師, 2015)。こ
のうち、体の性以外の 3 要素を SOGIE(Sexual Orientation, Gender Identity,
gender Expression と呼びます。世界、つまりはその縮図としての教室は、体
の性と性自認が一致しているシスジェンダーの異性愛者だけで構成されてい
るわけではありません。MtoF(体の性が男性で心の性が女性)や FtoM(体の
性が女性で心の性が男性)のように 2 種の性区分にずれを抱えるトランス
ジェンダーや、性自認そのものが流動的な X ジェンダーもいます。また、
性的志向についても、同性愛者や両性愛者に加え、無性愛者(アセクシュア
ル)の人たちもいます。英語の授業では、自分や友人の名前を書く際に
Mr. と Ms. のいずれかを選ばせたり、会話ペアが男女になるよう教師が指名
したりすることもありますが、教師にとっては当たり前の指示がトランス
ジェンダーの学習者には負担になっているかもしれません。また、会話練習
の際に、好きな俳優や異性のタイプ等について話させることはもちろん、単
に週末の行動について話させるだけでも同性愛者にとっては大きな心理的圧
迫になりかねません。さらに、恋愛をテーマにした小説や音楽を教材にする
ことは、それらのほぼすべてがシスジェンダーの異性愛を前提にしているこ
とをふまえると、そうでない学習者に不要な疎外感を与える恐れもありま
す。世界保健機関(WHO)が 2021 年まで性同一性障害を精神的疾病に含め
ていたことにも示されるように、性的少数者(セクシュアルマイノリティ)に
対する社会の理解はまだまだ不十分です。こうした面での対応が進んでいる
とされるアメリカでも、LGBTQ+のための学校が存在する一方、LGBTQ
+の統合化を目指すカリキュラムを禁止している州もあります(葛西, 2019,
p.107)。こうした現状を変えていくため、眞野(2020)はジェンダー多様性を
目指した教育の方向性として、規範の解体、常識の再考、多様性・流動性の
歓迎、多数派の包含、範疇の解体、の 5 点を挙げています(p.203)。外国語
の教室が多様な性自認や性的志向を持つすべての学習者を等しく包含し、全
ての学習者にとって心地よい学びの「セーフスペース」となるよう、応用言
語学や外国語教育においてもさらなる努力が求められると言えるでしょう。

11.2.2　障碍

　教室にはまた、健常者だけでなく、様々な点で障碍を持つ学習者がいる可能性もあります。かつては、障碍児は健常児と区別され、障碍のタイプに応じた専門の学校で学ぶことが一般的でしたが、現在では、「すべての子どもたちを排除せずにそれぞれの違いを認め合い、子どもたちの個別のニーズに応える学習環境を用意する」インクルーシブ（インクルージョン）教育の理念が広がっています（高橋, 2022）。

　ここで留意すべきは、障碍のすべてが外から見てすぐそれとわかるものではないことです。発達障碍もその一例です。発達障碍はいくつかのタイプに区別されます。まず、自閉スペクトラム症（Autism Spectrum Disorder；ASD）（言語や知能の遅れがない Asperger 症候群や、遅れを伴う自閉症等の総称）は、特定の分野に興味が限局的に偏る一方、社会性・対人性・共感性・コミュニケーション・言語等を苦手とするとされます。次に、注意欠如・多動症（Attention-Deficit/ Hyperactivity Disorder：ADHD）は集中力や注意力を持続することが苦手とされます。もっとも、障害と個性の線引きは困難で、程度の差はあれ、多くの人が ASD や ADHD の要素を持っています。2022 年に公表された文部科学省のレポートでは、通常学級に通う小中生の約 9％に発達障碍の可能性があると推計されています。

　発達障碍に関連するものとして、読み書きのような基本的学習機能に関わる障碍を学習障碍（learning disability：LD）と呼びます。学習障碍は、限局性学習症（specific learning disorder）、限局性学習差異（specific learning differences）、学習困難症（learning difficulties）といった呼び方がされることもあります。学習障碍には、読字障碍（dyslexia）、書字表出障碍（dysgraphia）、算術障碍（dyscalculia）の 3 種があります。L2 習得に特に関連が深いのは最初の 2 つで、読字障碍は、文字を目で見たときに、文字が極端にぼやけたりゆがんだり左右逆に見えたりして、文字として正しく認識することが困難になる症状です。この場合、文字を音声化できなかったり、自然に音読できなかったり、文章を読んでも行を読み飛ばしてしまったり、読み上げはできても意味が頭にはいってこなかったりします。書字表出障碍は、文字を正しく書けない障碍です。たとえば、「b」という文字を見ながら書き写しているのに

「d」と書いてしまうような症状です。これらの障碍が前述の ASD や
ADHD と同時に出現している場合もあります。学習障碍は珍しいものでは
なく、欧米では人口の 10% 以上に見られます。日本では正確な統計があり
ませんが、子どもの 2 〜 3% が日本語の文字の読み書きに問題を抱えている
というデータも存在します。日本語の文字の読み書きに問題がある場合、外
国語においても同じ問題があると考えてよいでしょう。

　こうした障碍が L2 習得に及ぼす実際的影響に関して、過去の広範な研究
をレビューした Kormos ＆ Smith（2012）は、ADHD は単独であれば習得へ
の影響は小さいが同時に読字障碍を持っていると成績が低下すること、読字
障碍と聴覚処理に問題がある学習者は綴りと読解にとどまらず、語彙・文
法・聴解・発話といった幅広い面に制約が見られること、L1 の読字障碍が
あれば L2 習得が制約されること、英語は文字と発音の関係が複雑で習得が
相対的に困難であること、等を指摘しています（pp.59-82）。

　では、こうした障碍を持つ学習者に対して、外国語教育はどのような対応
を行うべきなのでしょうか。教師にとって最も重要なのは、学習者のタスク
への不十分な取り組みや、外国語の成績不振が、本人の怠けや能力不足では
なく、特定の障碍に起因している可能性を考慮することです。たとえば、教
師がいくら発話を促してもペアトークで黙り込んでしまう学習者は、ASD
のために対話そのものを苦痛に感じている可能性があります。外国語の授業
で出した宿題や提出物を毎回忘れてしまう学習者は、ADHD の影響で教師
の指示を記憶できていなかったのかもしれません。さらに、外国語の単語が
なかなか覚えられず、単語テストの成績がいつも悪い学習者は、学習障碍に
より、文字の読み取りや書き写しが極端に困難で時間がかかるためなのかも
しれません。こうした点に意識が向けば、外国語教師は、必要に応じて専門
家の指導や助言を受けつつ、授業準備や実際の指導過程を通して、当該の学
習者の学びを支援するための様々な配慮を行うことができます。

　まず、ASD の学習者に対しては、タスクの指示を出す際に、省略、曖昧
表現、ほのめかし表現（暗示・比喩・たとえ話等）の使用を避け、タスクで行
うべき事柄をステップごとにすべて書き出し、出来る限り明示的に説明した
り、授業の進行を定型化・パタン化したりすることが重要です。他者との対

話そのものを苦手とする学習者に対しては、決まったテンプレートを与えて読み上げさせるといったタスクの工夫も考えられます。一方、ADHD の学習者には、タスクの時間を短縮し、授業のめりはりを利かせ、注意力と集中力が途切れないよう配慮することが必要です。

　次に、読字障碍の学習者に対しては、板書の仕方を工夫するだけでなく、視認性の高い文字フォントを使用した教材を使用する配慮も有効です。フォントデザイナーの高田（2023）は、伝統的な ball & stick 体（丸と線の組み合わせ）のフォントだと、b と d、p と q 等の混合が起こりやすいこと、これを防ぐには、書字の際の手の動きを再現し、左右対称の形状を避け、少ない画数で書けるよう配慮した新しい欧文フォントが必要だと述べています。高田（2023）はまた、学校現場での外国語の教材やテストづくりに関して、版面を合わせる、文字の修飾加工をしない、書体の種類を増やさない、実際に習う字形と異なる字形の使用を控える、問題と解答の配列順序を揃える（枝問の 1,2,3…を縦並びにするか横並びにするか）、プロポーショナルフォントを用いて文字の間延びを防止する、枠付けを行う際は文字の一部が隠れないよう配慮する、行間を広めにとる、会話スキットでは発話者と発言の切れ目がはっきりわかるように記載する、等の具体的な助言をした上で、「一方的に伝える『紙面』でなく、読み手の立場になって『伝わる』紙面づくりを心がけ」るべきだと結論しています。このほか、読字障碍への一般的な対策として、窓付きのプレート（教材の 1 行ないし 2 行分だけが見えるサイズの窓がくりぬかれたもの）を使用させたり、文章をかためて印刷せず、1 行ずつばらして印刷したりする工夫もできます。

　読字障碍の学習者への支援に関しては、日本の小中学校等における教科指導の取り組みも参考になります。たとえば、国語の指導では、教材を 1 文 1 行で書き分けたテキストや、「和歌（短歌）の行換え・分かち書き」に基づく 1 フレーズ 1 行の「音読譜」を用いた実践がなされています（光元・岡本, 2016）。また、2008 年に施行された教科用特定図書普及促進法（教科書バリアフリー法）に基づき、拡大教科書やマルチメディアデイジー教科書も作成されています。後者は DAISY（Digital Accessible Information System）という国際規格に基づいたデジタル教科書で、教科書の本文が音声で流れながら、

同時に音声に該当する部分が画面上でハイライト表示されます。これにより、読字障碍の学習者であっても音と文字の結びつきをとらえやすく、内容理解が促進されます。

　読字障碍への対策は、多くの場合、書字表出障碍の対策にもなります。書き取りを苦手とする学習者には、1 行の幅が太いノートを使用させたり、大きく丁寧に文字を書かせるよう明示的に助言したりすることで、書き写しの際の間違いを減少させることができます。

　読字障碍と書字表出障碍を含めた学習障碍全般への教育的介入として、Kormos（2017）は、音韻意識養成（音素と音節の分離や結合の指導）、フォニックス指導、読解力指導（語彙・読解方略の指導、キーワードやつなぎ言葉等の手掛かり活用の指導等）と並んで、多感覚構造化学習（multisensory structured learning：MSL）に言及しています。MSL とは、Gillingham and Stillman（1960）の読字障碍の治療計画に基づいて Sparks 他（1992）が開発したもので、文字と音声の対応を明示的に指導し、複数感覚を同時に活性化するトレーニングを行います。たとえば、新しい文字を教えるときにはモデル発音を聞いて発音させ（聴覚）、手を動かして書きとらせ（運動感覚）、印刷された文字を目で見て確認します（視覚）。また、新しい単語を教えるときには発音練習に続けて、語の内容を体で表現させたり（運動感覚）、イラストに描かせたりします（視覚）。障碍を持つ学習者は音韻処理や短期記憶の保持が苦手ですが、複数の感覚を使うことで、音韻処理の制約を補うとともに、記憶を促進することができます。MSL はまた、スモールステップの段階的指導、十分な反復による処理の自動化、読解等の方略の明示的な指導、学習者の進捗を踏まえた柔軟な授業進行の調整（ダイナミックアセスメント）等を特徴とします（Kormos and Smith, 2012, pp.125–144）。MSL 等の指導法が、初期の応用言語学で盛んであった言語適性診断（5.3 節）、学習方略指導（6.3 節）、オーディオリンガルメソッド（7.6 節）等と多くの共通点を持ち、コミュニカティブランゲージティーチング（8.4.1 節）が隆盛になる中で相対的に軽視されるようになった音韻面での機械的反復トレーニングの重要性を強調するものになっているのは留意すべき事実です。また、MSL はインプットの取り込みの経路を多元化するという点で、Howard Gardner が提唱する多重

知能理論 (8.6.4 節) との重なりも認められます。MSL の理念を日本の小学校英語教育の現場に落とし込んだものとして、竹田 (2020) は、障碍のある子どもが英語の音韻意識を高めるための様々な授業タスクを提案しています。

　こうした各種の障碍を持つ学習者の数は今後も増えていくと予想され、外国語教育においても今まで以上の対応が求められます。ここで指摘しておきたいのは、障碍を抱えた学習者のための配慮は、それ以外の学習者にも等しく有益だということです。誤解の余地のないわかりやすく明確な説明、集中力を持続させやすいめりはりの利いた短時間完結のタスクの設計、読みやすいフォントの選択や教材の作成、文字や音素の丁寧な指導等は、障碍を持つ学習者の外国語の学びの権利を保障するだけでなく、それ以外の子どもの学びを促進する効果も期待されます。自身の教室に、常にそうした学習者がいるものと仮定して教材や授業を工夫していくことが求められます。Kormos and Smith (2012) は、外国語教育におけるインクルージョンとは全ての学習者が適応できるよう学びの環境を整備することだとした上で、真のインクルーシブな教育環境においては、学習障碍の専門家や、学習障碍を持つ学習者のための追加的な支援策は不要になるだろう、と述べています (p.12)。

11.2.3　母語

　世界の教室で起こっている変化の一つは、学習者の母語が多様化していることです。日本においても、外国籍の子ども等、日本語を十分に理解しない学習者が増えており、その数は 2018 年時点で 5 万人を超えています。母語で最も多いのはポルトガル語で、以下、中国語・フィリピノ語・スペイン語・ベトナム語・英語が続きます。こうして、日本の初中等教育では、外国語としての日本語の指導と、外国語としての英語の指導という 2 つの外国語教育を並行して行う必要に迫られています。

　まず、日本語指導については、日本語を理解できない児童生徒のうち、およそ 2 割が必要な支援を受けられていない状況にあり、日本語指導者の確保や、指導体制の整備が求められています。この時、重要なのは、該当者の多くが「成人の日本語学習者とは異なり、母語 (あるいは第一言語) そのものの習得途上にありながら、日本語という不慣れな言葉を身に付けなければな

らない」状況にあることと、日々の生活に困らないレベルの日本語力を獲得
しているように見えても「学習に必要な日本語の力は簡単に身に付くもの
で」はないことへの理解です（文部科学省総合教育政策局, 2019, p.9）。現在、
日本の学校で行われている、「取り出し指導」（在籍学級から出て別の授業を
受ける）としての日本語支援には、「サバイバル」（健康や交通安全に関わる
表現、基礎的なあいさつや学校生活を送るうえで必要な表現等の指導）、「日
本語基礎」（発音、文字・表記、語彙、文型の指導）、「技能別日本語」（日本
語の 4 技能の拡充指導）、「日本語と教科の統合学習」（割り算の手順を日本
語で説明できるようにする指導等で、JSL カリキュラムと総称される）、「教
科の補習」（在籍学級での授業の復習、課題実施の支援等）等の指導が含まれ
ます（pp.27–34）。こうした学習者は、日々の学校生活や授業の中で日本語が
わからず不安を抱え、かつ、自分自身の母語アイデンティをめぐる葛藤にさ
いなまれている場合が少なくありません。日本語を母語としない学習者への
日本語指導は、単なる外国語教育を超え、学校の中での「セーフスペース」
を提供するという意味もあります。この意味において、日本語の習得と日本
社会への定着に主眼を置きつつも、必要に応じて、L1 によるサポートも検
討されるべきでしょう。指導言語の選択という問題については、米国の移民
対象の英語指導の例が参考になります（8.5.2 節）。また、教材の 2 言語化も
重要です。小澤（2022）らは、前述のマルチメディアデイジー教科書の多言
語化を進めており、検定教科書の一部単元について、日本語とポルトガル語
の 2 言語併記版が公開されています。
　英語指導について言うと、これまで、日本の学校では、英語の教室にいる
学習者はすべて日本語母語話者であるというのが暗黙の了解でした。しか
し、日本語能力が不十分な学習者が一定数いることを前提にすると、教授の
方法もおのずから再考を迫られるでしょう。教師が、たとえば、to 不定詞
の細かい用法を日本語で説明した場合を考えてみましょう。このとき、日本
語の非母語話者は、抽象的な内容について、英語と日本語という 2 つの外
国語を同時に理解しなければなりません。さらに、日本語の英訳タスクや英
語の和訳タスクもまた、非母語話者には負担の大きいタスクとなります。
L2 の教授において、理解の一助として一定の範囲で L1 を使用することは

一律に否定されるべきではありませんが、特定の L1 を使用することでかえって負担感が増している学習者が存在する可能性に留意が必要です。安易に L1 に依存しない L2 教授方法の模索が求められるゆえんです。

11.3　批判的応用言語学

　上記で概観したような多様性と包摂性の実現を目指すには、現状を批判的にとらえ、よりよい社会に近づけていく意識的な努力が必要です。こうした観点から応用言語学の理論や実践のありようを批判的に見直す研究を批判的応用言語学（critical applied linguistics）と呼びます。

11.3.1　背景

　応用言語学は、言語と社会の隙間をつなぐ新しい学問的ピースとして、1940 年代以降、大きな発展を遂げてきました。しかし、80 年を超える長い歴史の中には、反省すべき点が多々存在するのも事実です。

　応用言語学は、まず、言語政策や言語教育に対して積極的にコミットする中で、時々の政治的権力に危うい接近を繰り返してきました。また、多くの学問分野と同様、応用言語学の実践も、往々にして、西洋中心主義、英語中心主義、母語話者中心主義、白人中心主義、男性中心主義、異性愛中心主義、グローバル資本主義、ネオリベラリズム（経済的自由競争至上主義）といったイデオロギーと結びついていました。前者については、初期の応用言語学の最大の成果とされるオーディオリンガルメソッドが、米軍兵士に短期間で効率的に外国語を習得させるアーミーメソッドと深く関係していた事実を指摘するだけで十分でしょう。また、後者については、コミュニカティブランゲージティーチングやコミュニケーション言語能力観の礎を築いた Delle Hymes（2009 年没）が、いわゆる #MeToo 運動（過去に受けた性差別や性被害を SNS で告発する動き）の広まりの中で、2018 年になって、学部長在籍時代のハラスメントで告発された事例が思い出されます（*Daily Pennsylvanian*、2018 年 4 月 11 日付記事を参照）。この事件は、応用言語学の研究に Hymes を引き続き引用することがハラスメントの容認につながるのでは

ないか、応用言語学の研究ではなぜ Hymes を含む西洋の白人男性の研究ば
かりが引用されるのか、そもそも、誰を引用するかという問題は研究者その
ものの政治的立場を示すのか否か、といった議論にまで発展しています
(Ennser-Kananen, 2019)。過去の行為を現代の価値観で断罪することについ
て、また、一部の行為で全体の価値を評価することの是非について議論の余
地はあるにせよ、応用言語学という学問のこれまでの営みの中に、ある種の
権力と抑圧の構造が潜んでいたことは否定できない事実であろうと思われま
す。

　こうした問題意識から、これまでの応用言語学に内在する問題点を批判的
に振り返り、よりよい社会の実現に向けた運動として応用言語学を再定義す
る狙いのもと、批判的応用言語学と呼ばれる新しいタイプの研究が生まれて
います。

11.3.2　目的と射程

　批判的応用言語学は、単一のテーマを扱うわけではなく、応用言語学の枠
組みの下でなされてきた言語・社会・教育に関わる幅広い研究全体を批判的
に振り返るための共通の視座を提供するものです。本節では Pennycook
(2021) 等の立場を踏まえながら、批判的応用言語学の目的と射程の一部を
概観します。

　批判的応用言語学の目的は、過去の応用言語学の実践を批判的に再検討・
再定義することですが、ここで重要なのは、「批判」という言葉の意味で
す。Pennycook は、3 種類の批判研究を例示しています。1 つ目は「批判的
思考」で、自由主義や個人主義を基盤として事象を批判的に検討しますが、
関心は個人思考のレベルに限定されており、社会との関係は十分に意識され
ていません。2 つ目は「モダニズム的批判」で、新マルクス主義や批判理論
に基づき、社会における権力の構造やイデオロギーの問題に注目し、人間の
解放を目指しますが、議論は制度的・構造的なレベルに終始しがちで、実在
する個々の具体的な差異に対する視点は不十分です。3 つ目は「ポストモダ
ニズム的批判」とされるもので、ポスト構造主義や、フェミニズム・反人種
差別主義・クイア理論・グローバルサウス(途上国)理論等と連携しながら、

社会における各種の差異に注目し、そこに潜む権力の支配と抑圧の構造を明るみに出し、抑圧・非抑圧の関係性の無効化を目指します。その際、権力や真理といったものが構造として存在するという立場を取らず、むしろ、言語(談話)や人々の認識がそれらを生み出しているのだととらえます。また、批判と分析にとどまらず、それによって社会を具体的に変容・改変するという方向性を特徴とします (p.24)。ここで、言語におけるジェンダー問題を研究する場合を例にして考えてみましょう。女性のステレオタイプ化に疑問を抱き、再検討するのが第1の批判だとすれば、教材における表象を含め、女性を抑圧する社会的構造に異議を申し立てるのが第2の批判、そして、男女という二項対立的なとらえ方自体が一つの支配の構造であることを看取し、それを解体する中で個人の解放と社会正義の実現を目指していくのが第3の批判と言えます。

　Pennycook の考える批判的応用言語学は、主として第3段階の「批判」を念頭に置くもので、一般の応用言語学で扱われる言語や教育の問題を変容する実社会と直接的に関連付け、両者の関係性における 5Ds、すなわち、支配 (domination)、不平等 (disparity)、差別 (discrimination)、差異 (difference)、欲望 (desire) のメカニズムを解き明かすことで、不平等な現在の社会をより望ましい方向に変革していくことを目指しています (p.26)

　こうした視座に立てば、伝統的な応用言語学で扱っていた各種のトピックについても、新しい目的とアプローチが加わります。以下では、批判的観点からの言語・差異・テキスト・教育の研究の方向性の一例を見ておきましょう (pp.32–33)。

　第1に、言語に関わるものとして、国家の言語政策や言語計画の研究では、公用語の選択や教育等について、その内容を概観するだけでなく、決定の背後に言語的多数派の権利を優先し、少数派の権利を抑圧する構図が隠されていることを分析します。バイリンガリズム研究であれば、2言語話者の言語使用の実態を調べるだけでなく、言語選択と、両言語の背後にある社会文化的・政治的・イデオロギー的枠組みとの関係性が主たる分析対象となります。また、言語意識研究では、外国語教育が様々な非英語話者に対して「白人の中産階級の異性愛者の男性話者」の話し方と世界観を規範として押

し付けている点に関心が向けられます。

　第 2 に、差異に関わるものとして、多文化主義の研究では、様々な文化を所与のものとして記述・分析するだけでなく、文化に関わる知識が権力によって形成されてきたという視点から、文化という概念そのものの問い直しにまで踏み込んでいきます。反人種差別教育の研究では、英語学習に関して、英語という言語そのものが植民地や特定の人種の支配の構造に加担してきたことを直視します。また、教室談話研究では、インタビュー等により、教室談話を規定している社会・文化・政治の構造の解明を目指します。

　第 3 に、テキストに関わるものとして、批判的談話分析ではテキストに隠された政治性を示すだけにとどまらず、望ましい方向への社会の具体的な変革を目指す視点が重視されます。リテラシー（識字）の研究では、疎外されたコミュニティの人々にとって文字を知って文を書くことが平等と解放につながる点が重視されます。また、翻訳研究では、英語による言語的支配に意識を向け、規範としての英語文献を自言語に翻訳するだけでなく、自言語の文学作品等を英訳することで、文学研究で周縁化されてきた非英語文学の復権につなげていく視点が重視されます。

　最後に、教育に関わるものとして、第 2 言語教育の研究では、第 2 言語の習得をゴールとするのではなく、それがどのように望ましい社会変化をもたらすのか、という点が重視されます。学術英語（English for Academic Purposes：EAP）の研究では、学生に大学で必要となる英語運用力を身につけさせるだけでなく、学生たちが自分の受けている大学教育の在り方そのものに疑問を抱き、その意味を問い直すようになる素地を養う必要があります。また、言語テスト研究では、テストのもたらす負の影響（特定の価値の押し付けとそこから外れたものの排除）を慎重に吟味し、テストの権力性を解体し、出題者ではなく受験者の側の権利を擁護していく方向が目指されます。

　ポストモダンの哲学的実践においては、近代（モダン）社会を支えてきた自由・啓蒙・進歩といった普遍的価値観を「大きな物語」（meta-narrative/grand narrative）とみなして無効化し、小さく局所的なナラティブに立ち返ることが重視されます。ポストモダンを標榜する批判的応用言語学においても、言語や言語習得についての普遍的で壮大な「大きな物語」の解体が行わ

れます。これは、応用言語学の常識を全否定することでもあり、必然的に、伝統的な応用言語学との間に対立を招きます。

　Kaplan（2002）は、応用言語学の全体像を紹介するハンドブックの編集にあたり、批判的応用言語学を含めるべきかどうか編集委員で議論した結果、批判的応用言語学は「すべての言語理論を否定し、すべての『大きな物語』を疑問視し、伝統的な応用言語学が偏向的で支配的だと申し立て、それを困難な企てとして全否定する」ものだとして、ハンドブックに含めないという決定を行いました。これに対し、Pennycook（2021）は、応用言語学は、主流派の言語学から出てきた規範的理論を懐疑的に検討するが理論を否定するものではない、「大きな物語」に懐疑を持つことは、少数派を重視し、差異と政治性の関係を問う上で必須である、少数派の擁護という立場を示さない中立的研究はあり得ない、と述べ、真っ向から反論しています（p.11）。

　もっとも、こうした反論を聞いても、批判的応用言語学に対していくつかの疑問は残ります。たとえば、その哲学的で韜晦な記述は多くの潜在的な読者を遠ざけます。過度に難解な記述は、たとえそうした意図がなくとも、他者からの健全な批判を封じ、分野の独善性を守る鎧にもなりかねません。この点に関しては、物理学者の Alan Sokal が、ポストモダン研究を批判する意図で、数学理論等を散りばめた全く無意味な文章を仕上げて雑誌に投稿したところ、それがポストモダンの研究論文として掲載されてしまったという、1996 年の Sokal 事件も想起されます。また、批判的応用言語学がポストモダンの立場に立つならば、究極的には、それが批判しようとする差別や不公正、さらには、社会改革の先にあるはずの正しい社会という概念そのものも「大きな物語」として解体され、諸々の差異は「記号の戯れ」とみなされ、結果的に、現在の不公正な社会の持続に加担するのではないか（Jameson, 1994）という懸念もぬぐえません。この点について、言語テスト研究で知られる McNamara（2012）は、応用言語学は、実験や調査で普遍的な真理を解明しようとする社会科学・行動科学の一分野でありながら、言語や言説を通して文化・社会・主体・精神・権力等の問題を論じる人文科学とも関連しており、ポストモダンやポスト構造主義の時代に入って、両者の分裂が大きくなっていると指摘しています。McNamara はまた、社会改良を叫ぶモダニ

ズムの研究者が、真理を物語とみなすポストモダニズムに傾倒することの矛盾にも触れています。

　今後の応用言語学研究はどのように発展していくのか、その中で批判的応用言語学がどのように位置づけられていくのかは現時点では明らかではありませんが、批判的応用言語学の（時に過激に聞こえる）主張に多くの傾聴すべき内容が含まれていることは事実です。日本の応用言語学研究を例に挙げれば、筆者自身を含め、研究者はこれまで、学習者に対して良いことと信じて、様々な実験や調査を行い、効率的な教材を開発し、教授法を工夫し、教育効果を測定してきたわけですが、それらすべてが一体なんのためであるのか、なぜ外国語を身に付けなければいけないのか、外国語を身に付けるということは個人がどのように変容することなのか、その変容は個人の解放とよりよい社会の実現につながるものなのか、といった論点を真正面から考えることを避けてきました。

　「言語が中心的に関わる現実世界の諸問題に対する理論的・経験的」研究（Brumfit, 1997, p.93）であるはずの応用言語学が、純粋科学としての体裁を整えていく過程で、意識的にせよ、非意識的にせよ、差別や抑圧といった「現実世界の諸問題」に目を瞑ってきた面があるのだとすれば、我々は謙虚に反省する必要があるでしょう。その反省の上に立って、これからの新しい応用言語学研究の展開を考えていく場合、すでに述べた言語に関わる「多様性と包摂性」の実現が目指すべき方向の一つになるのかもしれません。

11.4　発展学習のために

11.4.1　文献ガイド

　ジェンダーに関しては、石川（編）（2020）が読みやすい入門書です。本書で紹介した日本の中学校英語教科書の挿絵分析に加え、オリンピックの報道に見る男女選手の報道の分析や、学校教員を対象としたジェンダー調査の結果、また、コーパスを用いた男女の L2 発話の文体調査等の結果が報告されています。眞野（2020）は豊富な先行研究を整理しつつ、日本の学校教育におけるジェンダー・セクシュアリティ教育の可能性を論じており、参考にな

ります。

　障碍に関しては、Kormos and Smith (2012) の邦訳書である竹田 (2017)、Kormos (2017) の邦訳書である竹田 (2021) の 2 冊が推薦できる入門書です。これらは L2 教育に限定して学習障碍（著者は「限局性学習困難」という用語を使っています）の問題を議論しています。前者の 7 章と 8 章は教授法と評価を扱っており、教育現場での対応を考える上で有益です。後者の 3 章と 4 章では、ワーキングメモリ、適性、不安、動機づけ等の観点から発達障碍が論じられており、本書の 4-5 章との関係も深く、障碍のメカニズムへの理解を深める上で有益です。後者の 6 章では、本章で扱ったインクルージョンも話題にされています。

　母語に関しては、近年、国内での外国籍児童・生徒等の急増を受け、第 2 言語としての日本語 (Japanese as a second language：JSL) の理論的・実践的研究が多くなされるようになっています。川上 (2020a, 2020b) は、JSL の発達段階を細かく記述した「JSL バンドスケール」（小学校編、中学校・高校編）を紹介した本です。バンドスケールはテストではなく、教師が「子どもの日本語の発達段階の全体像を見通した上で、目の前の子どもの発達段階を理解」し、「実践をどう作るかを考えていくためのツール」ととらえられています (2020a, p.20)。

　また、批判的応用言語学については、Pennycook (2021) を一読することを薦めます。ただ、同書は一冊本であり、哲学の用語や概念も多いことから通読するのは容易ではありません。批判的応用言語学の主張を大雑把につかむには、Pennycook (2004) が推奨できます（この論文はオンラインで全文を読むことができます）。

11.4.2　研究のヒント

(1) 入手できる外国語の教材（小中高の英語科の教科書、大学の外国語のテキスト等）を 1 冊選び、そこに掲載されているイラストや写真を分析してみよう。男女の登場人物の数はどちらが多いだろうか。男女の服装や行動は固定的な性別役割を助長するものになっていないだろうか。それらを改善するとすればどのようにかえるべきだろうか。

（2）「外国人が英語を学ぶことは、英語と英語母語話者の絶対化につなが
　　 り、翻って、英語以外の言語や、世界の圧倒的多数を占める英語非母語
　　 話者の地位を押し下げることにつながる」という意見に対してどう思う
　　 か、グループでディスカッションしてみよう。

参考文献

（注）オンライン資料については［Online］と記載し、URL の記述は省略する。

Abbott, M. (2014). ACTFL program standards proposal. [Online].

阿部純一（1995）.「文の理解」大津由紀雄（編）『認知心理学 3：言語』(pp.159–171) 東京大学出版会.

阿部純一・桃内佳雄・金子康朗・李光五（1994）.『人間の言語情報処理：言語理解の認知科学』サイエンス社.

相澤一美・望月正道（編著）（2010）.『英語語彙指導の実践アイディア集：活動例からテスト作成まで』大修館書店.

Albrecht, J. E., & Myers, J. L. (1995). Role of context in accessing distant information during reading. *Journal of Experimental Psychology: Learning, Memory, and Cognition, 21,* 1459–1468.

Allport, G. W. (1937). *Personality: A psychological interpretation.* New York, NY: Henry Holt & Company.［詫摩武俊・青木考悦・近藤由紀子・堀正（訳）（1982）.『パーソナリティ：心理学的解釈』新曜社.］

Allport, G. W. (1961). *Pattern and growth in personality.* New York, NY: Holt, Reinhart & Winston.［今田恵（監訳）（1968）.『人格心理学（上・下）』誠信書房.］

Altman, E. (2020).『英語教育のための CEFR クイックガイド』ALTERRA.

American Association of Applied Linguistics (AAAL). (n.d.). Definition of applied linguistics. [Online].

American Council on the Teaching of Foreign Languages (ACTFL). (2012). ACTFL proficiency guideline 2012. [Online].

American Council on the Teaching of Foreign Languages (ACTFL). (2015). World-readiness standards for learning languages. [Online].

American Educational Research Association (AERA), American Psychological Association (APA), & National Council on Measurement in Education (NCME). (1985). *Standards for educational and psychological testing.* Washington, DC: American Psychological Association.

American Educational Research Association (AERA), American Psychological Association (APA), & National Council on Measurement in Education (NCME). (1999). *Standards for educational and psychological testing.* Washington, DC: American Educational Research Association.

American Psychological Association (APA), American Educational Research Association (AERA), & National Council on Measurement in Education (NCME). (1954). *Technical recommendations for psychological tests and diagnostic techniques. Psychological Bulletin, 51*(2), Supplement.

American Psychological Association (APA), American Educational Research Association (AERA), & National Council on Measurement in Education (NCME). (1966). *Standards for educational and psychological tests and manuals.* Washington, DC: American Psychological Association.

Anderson, J. (1976). *Psycholinguistic experiments in foreign language testing.* St. Licia, Australia: University of Queensland Press.

Anderson, J. R. (1983). *The architecture of cognition.* Cambridge, UK: Cambridge University Press.

Anthony, E. M. (1963). Approach, method, and technique. *ELT Journal, 17*(2), 63–67.

荒木史子 (2012).「情動がコミュニケーション力に及ぼす影響：CEFR と外国語学習者の情動についての国際比較」広島女学院大学博士論文.

Asher, J. (1965). The strategy of total physical response: An application to learning Russian. *International Review of Applied Linguistics, 3*, 292–299.

Association Internationale de Linguistique Appliquée (AILA). (n.d.). What is AILA. [Online].

Atkinson, J. W. (1964). *An introduction to motivation.* Princeton, NJ: Van Nostrand.

Atkinson, R. C., & Shiffrin, R. M. (1968). Human memory: A proposed system and its control processes. In K. W. Spence & J. T. Spence (Eds.), *The psychology of learning and motivation* (Vol.2, pp.89–195). New York, NY: Academic Press.

Austin, J. L. (1962). *How to do things with words.* Oxford, UK: Oxford University Press.

東眞須美 (1992).『英語教育法ハンドブック』大修館書店.

馬場今日子・新多了 (2016).『はじめての第二言語習得論講義：英語学習への複眼的アプローチ』大修館書店.

Bachman, L. F. (1990). *Fundamental considerations in language testing.* Oxford, UK: Oxford University Press.［池田央・大友賢二 (監訳) (1997).『言語テスト法の基礎』C. S. L. 学習評価研究所.］

Bachman, L. F., & Palmer, A. S. (1996). *Language testing in practice.* Oxford, UK: Oxford University Press.［大友賢二・ランドルフ＝スラッシャー (訳) (2000).『〈実践〉言語テスト作成法』大修館書店.］

Baddeley, A. D. (1993). Working memory or working attention? In A. Baddeley & L. Weiskrantz (Eds.), *Attention: Selection, awareness & control* (pp.152–170). Oxford, UK: Oxford University Press.

Baddeley, A. D. (2000). The episodic buffer: A new component of working memory? *Trends in Cognitive Sciences*, *4*(11), 417–423.

Baddeley, A. D. (2003). Working memory: Looking back and looking forward. *Nature Reviews Neuroscience*, *4*, 829–839.

Baddeley, A. D., & Hitch, G. (1974). Working memory. In G. H. Bower (Ed.), *The psychology of learning and motivation: Advances in research and theory* (Vol.8, pp.47–89). New York, NY: Academic Press.

Bailey, N., Madden, C., & Krashen, S. D. (1974). Is there a "natural sequence" in adult second language learning?, *Language Learning*, *24*(2), 235–243.

Ben-Soussan, T. D., Berkovich-Ohana, A., Glicksohn, J., & Goldstein, A. (2014). A suspended act: Increased reflectivity and gender-dependent electrophysiological change following Quadrato motor training. *Frontiers in Psychology*, *5*, Article 55, 1–12.

Bever, T. G. (1970). The cognitive basis for linguistic structures. In J. R. Hayes (Ed.), *Cognition and the development of language* (pp.279–362). New York, NY: Wiley.

Bialystok, E., & Hakuta, K. (1994). *In other words: The psychology and science of second language acquisition*. New York, NY: Basic Books.

Bialystok, E., & Hakuta, K. (1999). Confounded age: Linguistic and cognitive factors in age differences for second language acquisition. In D. Birdsong (Ed.), *Second language acquisition and the critical period hypothesis* (pp.161–181). Mahwah, NJ: Erlbaum.

Birdsong, D. (1999). Introduction: Whys and why nots of the critical period hypothesis for second language acquisition. In D. Birdsong (Ed.), *Second language acquisition and the critical period hypothesis* (pp.1–22). Mahwah, NJ: Lawrence Erlbaum.

Birdsong, D. (2005). Interpreting age effects in second language acquisition. In J. F. Kroll & A. M. B. DeGroot (Eds.), *Handbook of bilingualism: Psycholinguistic perspectives* (pp.109–127). New York, NY: Oxford University Press.

Birnbaum, A. (1968). Some latent trait models and their use in inferring an examinee's ability. In F. M. Lord & M. R. Novick (Eds.), *Statistical theories of mental test scores* (p.395–479). Reading, UK: Addison-Wesley.

Bley-Vroman, R. (1989). The logical problem of second language learning. In S. Gass & J. Schachter (Eds.), *Linguistic perspectives on second language acquisition* (pp.41–68). Cambridge, UK: Cambridge University Press.

Bloomfield, L. (1933). *Language*. New York, NY: Henry Holt.

Bodurova, V. (2012). Beauty in suggestopedic language teaching and learning. *E-Newsletter: Bulgarian English Teachers' Association*, *2*, 220–26.

朴一美 (2010).「方略学習ストラテジーと韓国人日本語学習者要因との関係」『人文社会科学論叢』(宮城学院女子大学) *19*, 75–90.

de Bot, K. (2015). *A history of applied linguistics: From 1980 to the present*. New York, NY: Routledge.

316

Brecht, R. D., Davidson, D., & Ginsburg, R. B. (1993). *Predictors of foreign language gain during study abroad.* Washington DC: National Foreign Language Center.

Broadbent, D. E. (1975). The magic number seven after fifteen years. In A. Kennedy & A. Wilkes (Eds.), *Studies in long-term memory* (pp.3–18). New York, NY: Wiley.

Brooks, N. (1964). *Language and language learning: Theory and practice* (2nd ed.). New York, NY: Harcourt Brace.

Brown, R. (1973). *A first language: The early stages.* Cambridge, MA: Harvard University Press.

Brown, H. D. (2014). *Principles of language learning & teaching* (6th ed.). New York, NY: Pearson.

Brumfit, C. (1995). Teacher professionalism and research. In G. Cook & B. Seidlhofer (Eds.), *Principles and practice in applied linguistics* (pp.27–42). Oxford, UK: Oxford University Press.

Brumfit, C. (1997). How applied linguistics is the same as any other science. *International Journal of Applied Linguistics, 7,* 86–94.

Būdvytytě-Gudienė, A., & Toleikienė, R. (2008). Content and language integrated learning: Features of educational methods. *Social Sciences, 60,* 90–97.

Campbell, D. T., & Fiske, D. W. (1959). Convergent and discriminant validation by the multitrait-multimethod matrix. *Psychological Bulletin, 56*(2), 81–105.

Canale, M. (1983). From communicative competence to communicative language pedagogy. In J. C. Richards & R. W. Schmidt (Eds.), *Language and communication* (pp.2–27). London, UK: Longman.

Canale, M., & Swain, M. (1980). Theoretical bases of communicative approaches to second language teaching and testing. *Applied Linguistics, 1,* 1–47.

Carroll, J. B. (1958). A factor analysis of two foreign language aptitude batteries. *Journal of General Psychology, 59,* 3–19.

Carroll, J. B. (1962). The prediction of success in intensive foreign language training. In R. Glaser (Ed.), *Training research and education* (pp.87–136). Pittsburgh, PA: University of Pittsburgh Press.

Carroll, J. B. (1966). *A parametric study of language training in the peace corps.* Cambridge, MA: Harvard Graduate School of Education.

Carroll, J. B. (1973). Implications of aptitude test research and psycholinguistic theory for foreign-language teaching. *Linguistics, 112,* 5–14.

Carroll, J. B., & Sapon, S. M. (1959). *Modern language aptitude test: Form A* (2002 ed.). (Operational Test). North Bethesda, MD: Second Language Testing Inc.

Cattell, R. B. (1963). Theory of fluid and crystallized intelligence: A critical experiment. *Journal of Educational Psychology, 54*(1), 1–22.

Cattell, R. B. (1978). *The use of factor analysis in behavioral and life sciences*. New York, NY: Plenum.

Celce-Murcia, M. (2007). Rethinking the role of communicative competence in language teaching. In A. A. Soler & M. P. Safont Jordà (Eds.), *Intercultural language use and language learning* (pp.41–57). London, UK: Springer.

Celce-Murcia, M., Dörnyei, Z., & Thurrel, S. (1995). Communicative competence: A pedagogically motivated model with content specifications. *Issues in Applied Linguistics, 6*(2), 5–35.

Chamot, A. U. (1996). Learning strategies of elementary foreign-language-immersion students. In J. E. Alatis (Ed.), *Georgetown university round table on languages and linguistics 1995* (pp.300–310). Washington, DC: Georgetown University Press.

Chappuis, J. (2010). *Seven strategies of assessment for learning*. New York, NY: Pearson Assessment Training Institute.

Chastain, K. (1971). *The development of modern language skills: Theory to practice*. Philadelphia, PA: Center for Curriculum Development.

Chastain, K. (1975). Affective and ability factors in second-language acquisition. *Language Learning, 25*(1), 153–161.

Chen, S. Q. (1990). A study of communication strategies in interlanguage production by Chinese EFL learners. *Language Learning, 40*(2), 155–187.

千葉克裕・横山悟・吉本啓・川島隆太 (2012).「第 2 言語の習熟度と語彙処理速度の検証：語彙判断課題および意味判断課題の反応時間から」『東北大学高等教育開発推進センター紀要』7, 35–42.

Childs, M. R.（著）中里京子（訳）(2011).『バイリンガルな日本を目指して：イマージョン（英語漬け）教育からわかったこと』学樹書院.

Chomsky, N. (1957). *Syntactic structures*. The Hague: Mouton.［勇康雄（訳）(1963).『文法の構造』研究社出版.］

Chomsky, N. (1959). Review of *Verbal Behavior* by B. F. Skinner. *Language, 35*, 26–58.

Chomsky, N. (1965). *Aspects of the theory of syntax*. Cambridge, MA: MIT Press.［安井稔（訳）(1970).『文法理論の諸相』研究社出版.］

Chomsky, N. (1966). Linguistic theory. In R. G. Mead (Ed.). *Report of northeast conference on the teaching of foreign languages: Language teaching—Broader contexts* (pp.43–49). Meanasha, WI: Educational Resources Information Center.

Chomsky, N (1969). Linguistics and philosophy. In S. Hook (Ed.), *Language and philosophy* (pp.51–94). New York, NY: New York University Press.

Chomsky, N. (1981). *Lectures on government and binding*. Dordrecht, Holland: Foris Publications.［安井稔・原口庄輔（訳）(1986).『統率・束縛理論』研究社出版.］

Chomsky, N. (1982). *Some concepts and consequences of the theory of government and binding*.

Cambridge, MA: MIT Press.［安井稔・原口庄輔（訳）(1987).『統率・束縛理論の意義と展開』研究社出版.］

Chomsky, N. (1986). *Barriers*. Cambridge, MA: MIT Press.［外池滋生・大石正幸（監訳）(1993).『障壁理論』研究社出版.］

Chomsky, N. (1995). *The minimalist program*. Cambridge, MA: MIT Press.［外池滋生・大石正幸（監訳）(1998).『ミニマリスト・プログラム』翔泳社.］

中條和光(2006).「文章の理解」針生悦子（編）『言語心理学』(pp.56–76)朝倉書店.

Cohen, A. D. (1998). *Strategies in learning and using a second language*. Harlow, UK: Addison Wesley Longman.

Cohen, A. D., Weaver, S., & Li, T-Y. (1998). The impact of strategies-based instruction on speaking a foreign language. In A. D. Cohen (Ed.), *Strategies in learning and using a second language* (pp.107–156). London, UK: Longman.

Coleman, A. (1929). *The teaching of modern foreign languages in the United States*. New York, NY: Macmillan.

Common Core State Standards Initiative (n.d.). English language arts standards. [Online].

Cook, G. (2003). *Applied linguistics*. Oxford, UK: Oxford University Press.

Cook, V. (2016). *Second language learning and language teaching* (5th ed.). New York, NY: Routledge.

Corder, S. P. (1967). The significance of learner's errors. *International Review of Applied Linguistics*, *5*(1–4), 161–170.

Corder, S. P. (1971). Idiosyncratic dialects and error analysis. *International Review of Applied Linguistics*, *9*(2), 147–160.

Corder, S. P. (1973). *Introducing applied linguistics*. Harmondsworth, UK: Penguin.

Costa, P. T. Jr., & McCrae, R. R. (1992). *Revised NEO personality inventory (NEO-PI-R) and NEO five-factor inventory (NEO-FFI): Professional manual*. Odessa, FL: Psychological Assessment Resources Inc.

Council of Europe (n.d.). Common European framework of references for languages: Learning, teaching, assessment (CEFR). [Online].

Council of Europe (2001). *Common European framework of references for languages: Learning, teaching, assessment*. Cambridge, UK: Cambridge University Press.［吉島茂・大橋理枝（訳）(2004).『外国語教育 II：外国語の学習，教授，評価のためのヨーロッパ共通参照枠』朝日出版社；吉島茂・大橋理枝（訳）(2014).『外国語教育 II：外国語の学習，教授，評価のためのヨーロッパ共通参照枠（増補 3 版）』［Online].］

Council of Europe (2020). *Common European framework of reference for languages: Learning, teaching, assessment (Companion volume)*. Strasbourg, France: Council of Europe Publishing. [Online].

Cowan, N. (2001). The magical number 4 in short-term memory: A reconsideration of mental storage capacity. *Behavioral Brain Sciences*, *24*(1), 87–185.

Craik, F. I. M., & Lockhart, R. S. (1972). Levels of processing: A framework for memory research. *Journal of Verbal Learning and Verbal Behavior*, *11*(6), 671–684

Cronbach, L. J., & Meehl, P. E. (1955). Construct validity in psychological tests. *Psychological Bulletin*, *52*, 281–302.

Cummins, J. (1979). Cognitive/ academic language proficiency, linguistic interdependence, the optimum age question and some other matters. *Working Papers on Bilingualism*, *19*, 121–129.

Cummins, J. (2008). BICS and CALP: Empirical and theoretical status of the distinction. In B. Street & N. H. Hornberger (Eds.), *Encyclopedia of language and education: Vol 2. Literacy* (2nd ed., pp.71–83). New York, NY: Springer Science/ Business Media, LLC.

Curran, C. A. (1976). *Counseling-learning in second languages*. Apple River, IL: Apple Rivers Press.

Currie, K. L. (2003). Multiple intelligence theory and the ESL classroom: Preliminary considerations. *The Internet TESL Journal*, *9*(4).

Cutshall, S. (2012). More than a decade of standards: Integrating "cultures" in your language instruction. *The Language Educator*, *2012-April*, 32–37.

大学英語教育学会学習ストラテジー研究会 (2005). 『言語学習と学習ストラテジー：自律学習に向けた応用言語学からのアプローチ』リーベル出版.

大学英語教育学会学習ストラテジー研究会 (2006). 『英語教師のための「学習ストラテジー」ハンドブック』大修館書店.

Dalton-Puffer, C. (2007). *Discourse in content and language integrated learning (CLIL) classrooms*. Amsterdam, The Netherlands: John Benjamins.

伊達民和（監修）(2021). 『Graded Direct Method で英語の授業が変わる：英語脳を育てる理論と実践』大阪教育図書.

Davies, A. (2005). *A glossary of applied linguistics*. Mahwah, NJ: Lawrence Erlbaum Associates.

Davies, A. (2007). *An introduction to applied linguistics: From practice to theory* (2nd ed.). Edinburgh, UK: Edinburgh University Press.

Davies, A., & Elder, C. (2004). General introduction. In A. Davies & C. Elder (Eds.), *The handbook of applied linguistics* (pp.1–15). Malden, MA: Blackwell.

Deci, E. L., & Ryan, R. M. (1985). *Intrinsic motivation and self-determination in human behavior*. New York, NY: Plenum.

Deci, E. L., & Ryan, R. M. (1995). Human autonomy: The basis for true self-esteem. In M. Kemis (Ed.), *Efficacy, agency, and self-esteem* (pp.31–49). New York, NY: Plenum.

Deci, E. L., & Flaste, R. (1996). *Why we do what we do: Understanding self-motivation.* New York, NY: Penguins Books. ［櫻井茂男 (監訳) (1999). 『人を伸ばす力：内発と自律のすすめ』新曜社. ］

DeKeyser, R. M. (2000). The robustness of critical period effects in second language acquisition. *Studies in Second Language Acquisition, 22*(4), 499–533.

Dewaele, J.-M. (2007). Predicting language learners' grades in the L1, L2, L3 and L4: The effect of some psychological and sociocognitive variables. *International Journal of Multilingualism, 4*(3), 169–197.

Dewaele, J.-M. (2013). The link between foreign language classroom anxiety and psychoticism, extraversion, and neuroticism among adult bi- and multilinguals. *Modern Language Journal, 97*(3), 670–684.

Dewaele, J.-M., & Furnham, A. (1999). Extraversion: The unloved variable in applied linguistics research. *Language Learning, 49*(3), 509–544.

van Dijk, T. A., & Kintsch, W. (1983). *Strategies of discourse comprehension.* New York, NY: Academic Press.

Dörnyei, Z. (1998, March). What is motivation? Paper presented at the AAAL 1998 Conference, Seattle, WA.

Dörnyei, Z. (2001). New themes and approaches in second language motivation research. *Annual Review of Applied Linguistics, 21*, 43–59.

Dörnyei, Z. (2005). *The psychology of the language learner: Individual differences in second language acquisition.* Mahwah, NJ: Lawrence Erlbaum.

Dörnyei, Z. (2009). The L2 motivational self system. In Z. Dörnyei & E. Ushioda (Eds.), *Motivation, language identity and the L2 self* (pp.9–42). Bristol: Multilingual Matters.

Dörnyei. Z., & Ryan, S. (2015). *The psychology of the language learner revisited.* New York, NY: Routledge.

Dörnyei, Z., & Skehan, P. (2003). Individual differences in second language learning. In C. J. Doughty & M. H. Long (Eds.), *The handbook of second language acquisition* (pp.589–630). Oxford, UK: Blackwell.

Doughty, C. J., & Long, M. H. (2003). Optimal psycholinguistic environments for distance foreign language learning. *Language Learning and Technology, 7*(3), 50–80.

Dulay, H. C., & Burt, M. K. (1973). Should we teach children syntax? *Language Learning, 23*(2), 245–258.

Dulay, H. C., & Burt, M. K. (1974). Natural sequences in child second language acquisition. *Language Learning, 24*(1), 37–53.

Dulay, H. C., & Burt, M. K. (1977). Remarks on creativity in language acquisition. In M. Burt, H. Dulay, & M. Finocchiaro (Eds.), *Viewpoints on English as a second language* (pp.95–126). New York, NY: Regents.

枝川義邦（2006）．「情動による記憶強化のしくみ」『生活工学研究』8(2), 188–193.

Ehrman, M. E. (1998). The modern language aptitude test for predicting learning success and advising students. *Applied Language Learning, 9*, 31–70.

Ehrman, M. E. (2008). Personality and the good language learner. In C. Griffiths (Ed.), *Lessons from the good language learner* (pp.61–72). Cambridge, UK: Cambridge University Press.

Ehrman, M. E., & Leaver, B. L. (2003). Cognitive styles in the service of foreign language learning. *System, 31*, 393–415.

Ehrman, M. E., Leaver, B. L., & Oxford, R. L. (2003). A brief overview of individual differences in second language learning. *System, 31*, 313–330.

van Ek, J. A. (1975). *The threshold level.* Strasbourg, France: Council of Europe.

van Ek, J. A., & Trim, J. L. M. (1991a). *Threshold 1990.* Strasbourg, France: Council of Europe.

van Ek, J. A., & Trim, J. L. M. (1991b). *Waystage 1990.* Strasbourg, France: Council of Europe.

Ellis, R. (1994). *The study of second language acquisition.* Oxford, UK: Oxford University Press.

Ellis, R. (2003). *Task-based language learning and teaching.* Oxford, UK: Oxford University Press.

Ellis, R., Skehan, P., Li, S., Shintani, N., & Lambert, C. (2020). *Task-based language teaching: Theory and practice.* Cambridge, UK: Cambridge University Press.

遠藤健治・木村松雄（2007）．「大学生における英語学力検定テストに係る英語学習方略使用の効果」『日本心理学会第 71 回大会発表論文集』1186.

遠藤喜雄（2009）．「話し手と聞き手のカートグラフィー」『言語研究』136, 93–119.

Ennser-Kanamen, J. (2019) . Are we who we cite?: On espietemological injustices, citing practices, and #metoo in academia. *Apples-Journal of Applied Language Studies, 13*(2), 65–69.

江利川春雄（2012）．『協同学習を取り入れた英語授業のすすめ』大修館書店.

ETS (2021). *Performance descriptors for the TOEFL iBT® Test.* [Online].

Eysenck, H. J. (1960). *The structure of human personality.* London, UK: Methuen.

Eysenck, H. J., & Eysenck, M. W. (1985). *Personality and individual differences: A natural science approach.* New York, NY: Plenum Press.

Fairclough, N. (1985). Critical and descriptive goals in discourse analysis. *Journal of Pragmatics, 9*, 739–763.

Fairclough, N. (1997). Discourse across disciplines: Discourse analysis in researching social change. *AILA Review, 12*, 3–17.

Fathman, A. (1975). The relationship between age and second language productive ability.

Language Learning, 25(2), 245–253.

Feez, S. (1998). *Text-based syllabus design*. Sydney, Australia: Macquarie University/ AMES.

Feez, S. (2002). Heritage and innovation in second language education. In A. M. Johns (Ed.), *Genre in the classroom* (pp.47–68). Mahwah, NJ: Lawrence Erlbaum

Flower, L., & Hayes, J. R. (1981). A cognitive process theory of writing. *College Composition and Communication, 32*(4), 365–387.

Forster, K. I (1976). Accessing the mental lexicon. In F. Wales & E. Walker (Eds.), *New approaches to language mechanisms* (pp.257–287). Amsterdam, The Netherlands: North Holland Publication Co.

Fraizer, L. (1983). Processing sentence structure. In K. Rayner (Ed.), *Eye movements in reading: Perceptual and language processes* (pp.215–236). New York, NY: Academic Press.

Francis, N. (1999). Maturational constraints in language one and language two: A second look at the research on critical periods. *Bilingual Research Journal: The Journal of the National Association for Bilingual Education, 23*(4), 423–449.

Frazier, L., & Rayner, K. (1982). Making and correcting errors during sentence comprehension: Eye movements in the analysis of structurally ambiguous sentences. *Cognitive Psychology, 14*(2), 178–210.

Friedrich, P. (2019). *Applied linguistics in the real world*. New York, NY: Routledge.

Friederici, A. D., von Cramon, D. Y., & Kotz, S. A. (1999). Language related brain potentials in patients with cortical and subcortical left hemisphere lesions. *Brain, 122*, 1033–1047.

Fries, C. C. (1945). *Teaching and learning English as a foreign language*. Ann Arbor, MI, University of Michigan Press.

Fries, C. C. (1948). As we see it. *Language Learning, 1*(1), 12–16.

藤井聡美 (2020). 「英語学習者が抱える授業内言語不安の解消に向けて：混合研究を通した考察」『JACET北海道支部紀要』*16*, 57–81.

藤田一郎 (1998). 「記憶と学習の脳内メカニズム」『数理科学』*415*, 42–49.

藤田直也 (2008). 「ポリテイカル・コレクトネスの社会・文化的要因」『近畿大学英語研究会紀要』*2*, 51–60.

深澤のぞみ（編著）(2021). 『日本語を教えるための教授法入門』くろしお出版.

Fukuda, S. T.・坂田浩 (2010). 「学習方略形成を中心とした英語授業に関する一考察」『大学教育研究ジャーナル』*7*, 30–40.

福中公輔 (2013). 「人材開発活動に必要なテストの作成方法と考え方・すすめ方（第5回）」［Online］.

福島青史 (2011). 「社会参加のための日本語教育とその課題：EDC，CEFR，日本語能力試験の比較検討から」『早稲田日本語教育』*10*, 1–19.

福富かおる (2014). 「音声に対する敏感さと英語学習総合能力との関係」『STEP Bulletin』 *16*, 103–115.

Fulcher, G. (2010). *Practical language testing.* London, UK: Hodder Education, An Hachette UK Company.

Fulcher, G., & Davidson, F. (2007). *Language testing and assessment.* London, UK: Routledge.

Gardner, H (1983). *Frames of mind: The theory of multiple intelligences.* New York, NY: Basic Books.

Gardner, H. (1991). *The unschooled mind: How children think and how schools should teach.* New York, NY: Basic Books.

Gardner, H. (1993). *Multiple intelligences: The theory in practice.* New York, NY: Basic Books. ［黒上晴夫（訳）(2003).『多元的知能の世界：MI 理論の活用と可能性』日本文教出版.］

Gardner, H. (1999). *Intelligence reframed: Multiple intelligences for the 21st century.* New York, NY: Basic Books. ［松村暢隆（訳）(2001).『MI：個性を生かす多重知能の理論』新曜社.］

Gardner, H. (2000). *The disciplined mind: Beyond facts and standardized tests. The K-12 education that every child deserves* (2nd ed.). New York, NY: Simon and Schuster.

Gardner, R. C. (1958). Social factors in second-language acquisition. (Unpublished master's thesis). McGill University, Montreal, Canada.

Gardner, R. C. (1985). *Social psychology and second-language learning: The role of attitudes and motivation.* London, UK: Edward Arnold.

Gardner, R. C. (2006, December). Motivation and second language acquisition. Paper read at the Seminario Sobre Plurilingüismo: Las Aportaciones Del Centro Europeo de Lenguas Modernas de Graz. [Online].

Gardner, R. C., & Lambert, W. E. (1959). Motivational variables in second language acquisition. *Canadian Journal of Psychology, 13*, 266–272.

Garger, S., & Guild, P. (1984). Learning styles: The crucial differences. *Curriculum Review, 23*(1), 9–12.

Gass. S., & Selinker, L. (Eds.). (1983). *Language transfer in language learning.* Rowley, MA: Newbury House.

Gattegno, C. (1963). *Teaching foreign languages in schools: The silent way.* Reading, UK: Educational Explorers.

Genesee, F. (1987). *Learning through two languages: Studies of immersion and bilingual education.* Rowley, MA: Newbury House.

Gesell, A. (1925). *The mental growth of the pre-school child.* New York, NY: Macmillan.

Gillingham, A., & Stillman, B. W. (1960). *The Gillingham manual: Remedial training for children with specific disability in reading, spelling and penmanship.* Cambridge, MA: Educators Publishing Service.

324

Gilquin, G. (2008). Combining contrastive and interlanguage analysis to apprehend transfer: Detection, explanation, evaluation. In G. Gilquin, S. Papp & M. B. Díez-Bedmar (Eds.), *Linking up contrastive and learner corpus research* (pp.3–34). New York, NY: Rodopi.

Gilquin, G. (2022). One norm to rule them all? Corpus-derived norms in learner corpus research and foreign language teaching. *Language Teaching, 55*(1), 87–99.

Gilquin, G., de Cock, S., & Granger, S. (2010). *Louvain international database of spoken English interlanguage.* Louvain-la-Neuve, Belgium: Presses Universitaires de Louvain, Louvain-la-Neuve.

Glaser, R. (1963). Instructional technology and the measurement of learning outcomes. *American Psychologist, 18,* 519–521.

Glaser, R., & Nitko, A. (1971). Measurement in learning and instruction. In R. L. Thorndike (Ed.), *Educational measurement* (pp.625–670). Washington, DC: American Council on Education.

Goldberg, L. A. (1990). An alternative description of personality. *Journal of personality and social psychology, 59,* 1216–1229.

Goodman, K. S. (1986). *What's whole in whole language?* Portsmouth, NH: Heinemann Educational Books. ［川口幸宏（訳）(1990).『教育への新しい挑戦：英語圏における全体言語教育』大空社.］

Graesser, A. C., Olde, B. A., & Klettke, B. (2002). How does the mind construct and represent stories? In M. C. Green, J. J. Strange, & T. C. Brock (Eds.), *Narrative impact: Social and cognitive foundations* (pp.231–263). Mahwah, NJ: Lawrence Erlbaum.

Granger, S. (1996). From CA to CIA and back: An integrated approach to computerized bilingual and learner corpora. In K. Aijmer, B. Altenberg, & M. Johansson (Eds.), *Languages in contrast: Papers from a symposium on text-based cross-linguistic studies. Lund 4-5 March 1994* (pp.37–51). Lund, Sweden: Lund University Press.

Granger, S. (Ed.). (1998). *Learner English on computer.* Harlow, UK: Longman. ［船城道雄・望月通子（訳）(2008).『英語学習者コーパス入門　SLAとコーパス言語学の出会い』研究社出版.］

Granger, S. (1998). The computer learner corpus: A versatile new source of data for SLA research. In S. Granger (Ed.), *Learner English on computer* (pp.3–18). Harlow, UK: Longman.

Granger, S. (2015). Contrastive interlanguage analysis: A reappraisal. *International Journal of Learner Corpus Research, 1*(1), 7–24.

Granger, S., Dagneux, E., & Meunier, F. (2002). *International corpus of learner English* (Ver.1). Louvain-la-Neuve, Belgium: Presses Universitaires de Louvain.

Granger, S., Dagneaux, E., Meunier, F., & Paquot, M. (2009). *International corpus of learner*

English (Ver.2). Louvain-la-Neuve, Belgium: Presses Universitaires de Louvain.

Granger, S., Dupont, M., Meunier, F., Naets, H., & Paquot, M. (2020). *International corpus of learner English* (Ver.3). Louvain-la-Neuve, Belgium: Presses Universitaires de Louvain.

Griffith, W. I., & Lim, H-Yeon. (2014). Introduction to competency-based language teaching. *MEXTESOL Journal*, *38*(2), 1–8.

Griffiths, R., & Sheen, R. (1992). Disembedded figures in the landscape: A reappraisal of L2 research on field dependence/independence. *Applied Linguistics*, *13*(2), 133–148.

Grotjahn, R. (2003). Lernstile/ Lernetypen. In K.-R. Bausch, H. Christ, & H. -J. Krumm (Eds.), *Handbuch Fremdsprachenunterricht, 4* (pp.326–331). Auflage. Tübingen: A. Francke Verlag Tübingen und Basel.

Gudjons, H. (2007). *Frontalunterrich, neu entdeckt: Integration in offene Unterrichtsformen.* Bad Heilbrunn: Klinkardt.

羽渕由子 (2003).「上級の第2言語学習者における単語の翻訳処理過程：日本語―英語間での改訂階層モデルの検討」『教育心理学研究』*51*(1), 65–75.

萩原力 (1997).『快適な学習：サジェストペディア』リーベル出版.

Halliday, M. A. K. (1975). Language as social semiotic: Towards a general sociolinguistic theory. In A. Makkai & V. B. Makkai (Eds.), *The first LACUS forum* (pp.17–46). Columbia, SC: Hornbeam Press.

Halliday, M. A. K. (1985). *An introduction to functional grammar.* London, UK: Edward Arnold.

Hambleton, R. K., & Swaminathan, H. (1985). *Item response theory: Principles and applications.* Boston, MA: Kluwer.

Harlen, W., & James, M., (1997). Assessment and learning: Differences and relationships between formative and summative assessment. *Assessment in Education*, *4*(3), 365–379

Harley, T. (2017). *Talking the talk* (2nd ed.). New York, NY: Routledge.［川崎惠里子（訳）(2018).『心理言語学を語る：ことばへの科学的アプローチ』誠信書房.］

Harrington, M., & Sawyer, M. (1992). L2 working memory capacity and L2 reading skill. *Studies in Second Language Acquisition*, *14*, 25–38.

針生悦子（編）(2006).『言語心理学』朝倉書店.

林日出夫 (2012).『動機づけ視点で見る日本人の英語学習：内発的・外発的動機づけを軸に』金星堂.

Hayes, J. R., & Flower, L. S. (1980). Identifying the organization of writing prosses. In L. Gregg & E. Steinberg (Eds.), *Cognitive process in writing* (pp.3–30). Hillsdale, NJ: Lawrence Erlbaum Associates.

Hinkel, E. (2011). Cognitive-code learning. In N. M. Seel (Ed.), *Encyclopedia of the sciences of learning.* Springer Science+Business Media, LLC.

廣森友人 (2003).「学習者の動機づけは何によって高まるのか：自己決定理論による高校生英語学習者の動機づけの検討」*JALT Journal, 25*(2), 173–186.

廣森友人 (2014).「ダイナミックシステム理論に基づいた新しい動機づけ研究の可能性」*The Language Teacher, 38*, 15–18.

Hiver, P., & Al-Hoorie, A. H. (2019). *Research methods for complexity theory in applied linguistics*. Bristol, UK: Multilingual Matters.

Holliday, A. (2006). Native-speakerism. *ELT Journal, 60*(4), 385–387.

堀越和男 (2010).「台湾における日本語学習の動機づけと大学の成績との関係：好成績取得者の動機づけタイプの探索」『淡江外語論叢』*15*, 123–140.

Horn, J. L. (1965). Fluid and crystallized intelligence: A factor analytic and developmental study of the structure among primary mental abilities. (Unpublished doctoral dissertation). University of Illinois, Champaign, IL.

Horwitz, E. K., Horwitz, M. B., & Cope, J. A. (1986). Foreign language classroom anxiety. *The Modern Language Journal, 70*(2), 125–132.

Horwitz, E. K., & Young, D. J. (Eds.). (1991). *Language anxiety: From theory and research to classroom implications*. Upper Saddle River, NJ: Prentice Hall.

Howatt, A. P. R. (1984). *A history of English language teaching* (1st ed.). Oxford, UK: Oxford University Press.

Howatt, A. P. R., & Widdowson, H. G. (2004). *A history of English language teaching* (2nd ed.). Oxford, UK: Oxford University Press.

Hunston, S., & Oakey, D. (2010). *Introducing applied linguistics: Concept and skills*. Oxford, UK: Routledge.

Hymes, D. H. (1964). Toward ethnographies of communication. *American Anthropologist, 66*(6), 1–34.

Hymes, D. H. (1966). Two types of linguistic relativity. In W. Bright (Ed.), *Sociolinguistics* (pp.114–159). The Hague: Mouton.

Hymes, D. H. (1972). On communicative competence. In J. B. Pride & J. Holmes (Eds.), *Sociolinguistics: Selected readings* (pp.269–293). Harmondsworth, UK: Penguin.

池田央 (1994).『現代テスト理論』朝倉書店.

池田真 (2014).「上智大学の実践：『内容言語統合型 (CLIL)』が切り拓く大学英語教育の可能性」『外国語教育フォーラム』(金沢大学外国語教育研究センター) *8*, 59–68.

池田伸子 (1997).「外国語学習不安と成人学習者の日本語習得」『留学生教育』(留学生教育学会) *2*, 121–130.

今井むつみ (2004).「メンタルレキシコンの性質と獲得」認知リハビリテーション研究会 (編)『認知リハビリテーション 2004』(pp.1–7) 新興医学出版社.

今井新悟 (編著) (2012).『J-CAT オフィシャルガイド：コンピュータによる自動採点

日本語テスト』ココ出版.

今井新悟 (2015).「J-CAT(Japanese Computerized Adaptive Test)」李在鎬(編)『日本語教育のための言語テストガイドブック』(pp.67–85) くろしお出版.

伊坂裕子 (2014).「性格」和田万紀(編)『心理学(第 2 版)』(pp.129–152) 弘文堂.

井関龍太 (2004).「テキスト理解におけるオンライン処理メカニズム：状況モデル構築過程に関する理論的概観」『心理学研究』75, 442–458.

石橋玲子 (1993).「日本語学習者の学習ストラテジー調査の分析」『平成 5 年度日本語教育学会秋季大会予稿集』135–140.

石橋玲子 (2018).『外国語としての日本語とその教授法：言語への気づきを重視して』風間書房.

石田敏子 (1992).『入門日本語テスト法』大修館書店.

石川慎一郎 (2008).「日本人英語学習者による語彙刺激の処理速度について：音韻と意味の関係をめぐる考察」『中部地区英語教育学会紀要』37, 17–24.

石川慎一郎 (2009).「学習者による英語語彙の反義性およびコロケーション性判断：L2 習熟度と判断時間の関係」『中部地区英語教育学会紀要』38, 55–62.

石川慎一郎 (2010).「日本人英語学習者による中間言語の語彙運用：学習者コーパス CEEAUS を用いた多層的対照中間言語分析」岸本秀樹(編)『ことばの対照』(pp.217–231) くろしお出版.

Ishikawa, S. (2013). How to incorporate findings from learner corpus studies in EFL dictionaries: From misuse to over/underuse. In D. A. Kwary, N. Wulan, & L. Musyahda (Eds.) *Lexicography and dictionaries in the information age: Selected papers from the 8th ASIALEX international conference* (pp.138–144). Bali, Indonesia: Asialex.

石川慎一郎 (2021).『ベーシックコーパス言語学 (2 版)』ひつじ書房.

Ishikawa, S., & Ishikawa, Y. (2008). L2 proficiency and word perception: An fMRI-based study. *Annual Review of English Language Education in Japan*, *19*, 131–140.

石川有香(編) (2020).『ジェンダーと英語教育』大学教育出版.

石川有香 (2020).「日本の中学校英語教科書に見る女性表象：男女共同参画社会を目指した英語教材研究」石川有香(編)『ジェンダーと英語教育』(pp.1–43) 大学教育出版.

伊藤克敏 (2005).『ことばの習得と喪失：心理言語学への招待』勁草書房.

伊東治己 (1980).「英語学習入門期の指導についての一考察：Comprehension-oriented Approach の立場から」『中国地区英語教育学会紀要』10, 25–33.

伊東治己 (2007).「カナダのイマージョン教育の成功を支えた教授学的要因に関する研究」『鳴門教育大学研究紀要』22, 138–160.

伊東祐郎・楠本徹也 (1992).「学習ストラテジー：そのパターン化現象のある一例」『平成 4 年度日本語教育学会秋季大会予稿集』121–126.

和泉伸一 (2009).『「フォーカス・オン・フォーム」を取り入れた新しい英語教育』大

328

修館書店.

和泉伸一(2016).『フォーカス・オン・フォームと CLIL の英語授業』アルク.

和泉伸一・池田真・渡部良典(2012).『CLIL(内容言語統合型学習):上智大学外国語教育の新たなる挑戦 第 2 巻 実践と応用』ぎょうせい.

James, C. (1990). Learner language. *Language Teaching, 23*(4), 205–213.

Jameson, F. (1994). *The seeds of time.* New York, NY: Columbia University Press.

Jarvis, S. (2000). Methodological rigor in the study of transfer: Identifying L1 influence in the interlanguage lexicon. *Language Learning, 50*(2), 245–309.

Jenkins, J. (2000). *The phonology of English as an international language.* Oxford: Oxford University Press.

Jensen, A. R. (1968). Social class, race, and genetics: Implications for education. *American Educational Research Journal, 5,* 1–42.

神保尚武(1989).「クラッシェンの言語習得理論の諸問題」『早稲田商学』*333,* 681–699.

上智大学CLTプロジェクト(2014).『コミュニカティブな英語教育を考える』アルク.

Johnson, D. W., & Johnson, R. T. (1989). *Cooperation and competition: Theory and research.* Edina, MN: Interaction Book Company.

Johnson, D. W., Johnson, R. T., & Holubec, E. J. (1994). *The new circles of learning: Cooperation in the classroom and school.* Alexandria, VA: Association for Supervision and Curriculum Development.［石田裕久・梅原巳代子(訳)(2010).『学習の輪：学び合いの協同教育入門(改訂新版)』二瓶社.］

Johnson, D. W., & Johnson, R. T. (1999). Making cooperative learning work. *Theory into Practice, 38*(2), 67–73.

Johnson, J. S., & Newport, E. L. (1989). Critical period effects in second language learning: The influence of maturational state on the acquisition of English as a second language. *Cognitive Psychology, 21,* 60–99.

Johnson, K., & Morrow, K. (1981). *Communication in the classroom.* Harlow, UK: Longman.［小笠原八重(訳)(1984).『コミュニカティブ・アプローチと英語教育』桐原書店.］

Johnson, R. K., & Swain, M. (1997). *Immersion education: International perspectives.* Cambridge, UK: Cambridge University Press.

Jung, C. G. (1921). *Psychologische typen.* Zürich, Switzerland: Rascher.［林道義(訳)(1997)『タイプ論』みすず書房.］

Just, M. A., & Carpenter, P. A. (1987). *The psychology of reading and language comprehension.* Newton, MA: Allyn & Bacon.

Kachru, B. B. (1985). Standards, codification and sociolinguistic realism: The English language in the outer circle. In R. Quirk & H. G. Widdowson (Eds.), *English in the world: Teaching and learning the language and literatures* (pp.11–31). Cambridge, UK: Cambridge University Press.

門田修平・野呂忠司・氏木道人・長谷尚也（2014）．『英単語運用力判定ソフトを使った語彙指導』大修館書店．

門田修平・横川博一・吉田晴世・倉本充子・鈴木裕子・釣井千恵・山科美和子・吉田信介（2005）．「日本人英語学習者によるガーデンパス文の処理過程：眼球運動データにもとづく心理言語学的検討」『言語処理学会第11回年次大会発表論文集』466–469.

Kagan, S. (2021). The structural approach and Kagan structures. In N. Davidson (Ed.), *Pioneering perspectives in cooperative learning* (pp.78–127). New York, NY: Routledge.

海保博之・楠見孝（監修）（2006）．『心理学総合事典』朝倉書店．

鎌田修（2015）「OPI」李在鎬（編）（2015）．『日本語教育のための言語テストガイドブック』（pp.127–153）くろしお出版．

金谷憲（編著）（2011）．『高校英語授業を変える！　訳読オンリーから抜け出す3つの授業モデル』アルク．

金谷憲・高知県高校授業研究プロジェクトチーム（2004）．『高校英語教育を変える和訳先渡し授業の試み』三省堂．

Kane, M. (2012). Validating score interpretations and uses. *Language Testing*, *29*, 3–17.

Kaplan, R. (2002). Preface. In R. Kaplan (Ed.), *The Oxford handbook of applied linguistics* (pp.v–vi). Oxford, UK: Oxford University Press.

Karlin, O., & Nishikawa, M. (2008). Personality and study abroad success. *Conference Proceedings of PAC7 at JALT2008*, 300–313.

葛西真記子（2019）（編著）．『LGBTQ＋の児童・生徒・学生への支援：教育現場をセーフ・ゾーンにするために』誠信書房．

柏木賀津子・伊藤由紀子（2020）．『小・中学校で取り組むはじめてのCLIL授業づくり』大修館書店．

片桐ユズル・吉沢郁生（編）（1999）．『GDM英語教授法の理論と実際』松柏社．

加藤澄恵（2006）．「学習活動が英語学習者の内発的動機に与える影響の検証」『千葉大学言語教育センター言語文化論叢』6, 9–22.

鹿取廣人・杉本敏夫・鳥居修晃（編）（2015）．『心理学（第5版）』東京大学出版会．

川上郁雄（2020a）．『JSLバンドスケール小学校編』明石書店．

川上郁雄（2020b）．『JSLバンドスケール中学・高校編』明石書店．

川嶋太津夫（2008）．「ラーニング・アウトカムズを重視した大学教育改革の国際的動向と我が国への示唆」『名古屋高等教育研究』8, 173–191.

Kelley T. L. (1927). *Interpretation of educational measurements*. Yonkers, NY: World Book Company.

菊池恵太（2015）．『英語学習動機の減退要因の探求：日本人学習者の調査を中心に』

ひつじ書房.

Kinno, R., Ohta, S., Muragaki, Y., Maruyama, T., & Sakai, K. L. (2014). Differential reorganization of three syntax-related networks induced by a left frontal glioma. *Brain: A Journal of Neurology, 137*(4), 1193–1212.

Kintsch, W. (1988). The use of knowledge in discourse processing: A construction-integration model. *Psychological Review, 95*, 163–182.

岸本秀樹 (2009)．『ベーシック生成文法』ひつじ書房．

Klein-Braley, C., & Raatz, E. (1984). A survey on the C test. *Language Testing, 1*(2), 134–146.

Knapp, K., Antos, G., Perrin, D., & Verspoor, M. (n.d.). Overview of *Handbooks of applied linguistics*. [Online].

小林明子 (2008)．「日本語学習者のコミュニケーション意欲と学習動機の関連」『広島大学大学院教育学研究科紀要第二部』57, 245–253.

小林ミナ (2019)．『日本語教育：よくわかる教授法』アルク．

小磯かおる (2005)．「日本人英語学習者の動機付け：JGSS-2003 のデータ分析を通して」大阪商業大学比較地域研究所・東京大学社会科学研究所 (編)『JGSS で見た日本人の意識と行動：日本版 General Social Surveys 研究論文集 4』(pp.79–91) 大阪商業大学比較地域研究所．

小島ますみ (2017)．「公立小学校における英語教育の早期化、教科化に関する一考察」『岐阜市立女子短期大学研究紀要』66, 23–34.

小湊彩子 (2019)．「学習意欲を喪失した英語の苦手な学生はどのようにして意欲を取り戻したのか：動機づけプロセスに関する質的研究」*KATE Journal, 33*, 1–12.

今野勝幸 (2013)．「日本人 EFL 学習者の動機づけ，L2 自己，国際的指向性の関連性の検証」『静岡理工科大学紀要』21, 67–71.

Kormos, J. (2017). *The second language learning processes of students with specific learning difficulties*. New York, NY: Routledge.［竹田契一 (監修)・飯島睦美 (監訳) (2021)．『学習障害のある子どもが第 2 言語を学ぶとき：時局性学習困難の概念・アセスメント・学習支援』明石書店.］

Kormos, J., & Smith, A. M. (2012). *Teaching languages to students with specific learning differences*. Bristol, UK: Multilingual Matters.［竹田契一 (監修)・飯島睦美他 (訳) (2017)．『学習障がいのある児童・生徒のための外国語教育：その基本概念、指導方法、アセスメント、関連機関との連携』明石書店.］

小塩真司 (2020)．『性格とは何か：より良く生きるための心理学』中央公論新社．

小山義徳 (2007)．「日本人大学生の英語リスニング成績上位群と下位群の英文読解時の眼球運動の比較」『日本心理学会第 71 回大会予稿集』85.

小柳かおる (2004)．『日本語教師のための新しい言語習得概論』スリーエーネットワーク．

小柳かおる（2020）．『第二言語習得について日本語教師が知っておくべきこと』くろしお出版．

小柳かおる（2021）．『改訂版　日本語教師のための新しい言語習得概論』スリーエーネットワーク．

小柳かおる・向山陽子（2018）．『第二言語習得の普遍性と個別性：学習メカニズム・個人差から教授法へ』くろしお出版．

Kramsch, C. (1993). *Context and culture in language teaching.* Oxford, UK: Oxford University Press.

Kramsch, C. (1998). *Language and culture.* Oxford, UK: Oxford University Press.

Krashen, S. (1977). Some issues relating to the monitor model. In H. D. Brown, C. Yorio, & R. Crymes (Eds.), *On TESOL'77, Teaching and learning English as a second language: Trends in research and practice* (pp.144–158). Washington, D. C.: TESOL.

Krashen, S. (1981). *Second language acquisition and second language learning.* Oxford, UK: Pergamon Press.

Krashen, S. (1982). *Principles and practice in second language acquisition.* New York, NY: Pergamon Press.

Krashen, S. (1984). Immersion: Why it works and what it has taught us. *Language and Society*, *12*, 61–64.

Krashen, S. (1989). We acquire vocabulary and spelling by reading: Additional evidence for the input hypothesis. *Modern Language Journal, 73*, 440–464.

Krashen, S. (1993). *The power of reading.* Englewood, CO: Libraries Unlimited. ［長倉美恵子・黒澤浩・塚原博（訳）（1996）．『読書はパワー』金の星社．］

Krashen, S. (2003). *Explorations in language acquisition and use: The Taipei lectures.* Portsmouth, NH: Heinemann.

Krashen, S., Sferlazza, V., Feldman, L., & Fathman, A. (1976). Adult performance on the SLOPE test: More evidence for a natural sequence in adult second language acquisition. *Language Learning, 26*, 145-151.

Krashen, S. D., & Terrell, T. D. (1983). *The natural approach: Language acquisition in the classroom.* Hayward, CA: Alemany Press. ［藤森和子（訳）（1986）．『ナチュラル・アプローチのすすめ』大修館書店．］

Kretschmer, E. (1931). *Körperbau und Charakter.* Berlin: Julius Springer. ［相場均（訳）（1960）．『体格と性格』文光堂．］

黒田航（2009）．「『言語の生得性』に関する（得てして不毛な議論に関する）覚書：拙論『認知言語学の言語習得へのアプローチ』の補遺」［Online］．

桑原隆（1992）．『ホール・ランゲージ：言葉と子どもと学習／米国の国語教育運動』国土社．

La Forge, P. G. (1971). Community language learning: A pilot study. *Language Learning*,

22(1), 45–61.

Lado, R. (1957). *Linguistics across cultures*. Ann Arbor, MI: University of Michigan Press.

Lado, R. (1964). *Language teaching: A scientific approach*. New York, NY: McGraw-Hill.

Lado, R., & Fries, C. C. (1957). *English sentence patterns: Understanding and producing English grammatical structures. An oral approach*. Ann Arbor, MI: The University of Michigan Press.

Langacker, R. W. (1987). *Foundations of cognitive grammar: Vol.1. Theoretical prerequisites*. Stanford, CA: Stanford University Press.

Lange, D. (1990). A blueprint for a teacher development program. In J. C. Richards & D. Nunan (Eds.), *Second language teacher education* (pp.245–268). New York, NY: Cambridge Universite Press.

Language Learning and Testing Foundation (n.d.). MLAT sample questions. [Online].

Larsen-Freeman, D. (2014). Another step to be taken: Rethinking the end point of the interlanguage continuum. In Z. Han & E. Tarone (Eds.), *Interlanguage: Forty years later* (pp.203–220). Amsterdam, The Netherlands: John Benjamins.

Leech, G. (1998). Preface. In S. Granger (Ed.), *Learner English on computer* (pp.xiv–xx). London, UK: Longman.

Lenneberg, E. H. (1967). *Biological foundations of language*. New York, NY: Wiley.

Lessard-Clouston, M. (1997). Language learning strategies: An overview for L2 teachers. *The Internet TESL Journal, 12*(3). [Online]. [Originally appeared in *Essays in Languages and Literatures* (Kwansei Gakuin University), *8*, 51–80.]

Levelt, W. J. M. (1989). *Speaking: From intention to articulation*. Cambridge, MA: The MIT Press.

Lewis, M. (1993). *The lexical approach: The state of ELT and the way forward*. Hove, UK: English Language Teaching Publications.

Lewis, M. (1997). *Implementing the lexical approach: Putting theory into practice*. Hove, UK: English Language Teaching Publications.

Lewis, M. (2001). Lexis in the syllabus. In D. R. Hall & A. Hewings (Eds.), *Innovation in English language teaching: A Reader* (pp.46–54). London, UK: Routledge.

李在鎬（編）(2015).『日本語教育のための言語テストガイドブック』くろしお出版.

李在鎬(2015).「言語テストをとらえる」李在鎬（編）(2015)『日本語教育のための言語テストガイドブック』(pp.8–30)くろしお出版.

Lightbown, P. M., & Spada, N. (2013). *How languages are learned* (4th ed.). Oxford, UK: Oxford University Press. ［白井恭弘・岡田雅子（訳）(2014).『言語はどのように学ばれるか：外国語学習・教育に生かす第二言語習得論』岩波書店.］

Lilienfeld, S. O., Lynn, S. J, Namy, L. L., & Woolf, N. J. (2013). *Psychology: From inquiry to understanding* (3rd ed.). Harlow, UK: Pearson.

Littlemore, J. (2001). Metaphoric competence: A language learning strength of students with a holistic cognitive style? *TESOL Quarterly*, *35*(3), 459–491.

Locke, E. A. (1968). Toward a theory of task motivation and incentives. *Organizational Behavior and Human Performance*, *3*, 157–189.

Locke, E. A., & Latham, G. P. (1990). *A theory of goal setting and task performance*. Englewood Cliffs, NJ: Prentice Hall.

Long, M. H. (1981). Input, interaction and second-language acquisition. In H. Winitz (Ed.), *Native language and foreign language acquisition* (pp.259–278). New York, NY: New York Academy of Sciences.

Long, M. H. (1983). Native speaker/non-native speaker conversation and the negotiation of comprehensible input. *Applied Linguistics*, *4*(2), 126–141.

Long, M. H. (1985). A role for instruction in second language acquisition: Task-based language teaching. In K. Hyltenstam & M. Pienemann (Eds.), *Modelling and assessing second language acquisition* (pp.77–99). San Diego, CA: College-Hill Press.

Long, M. H. (1988). Instructed interlanguage development. In L. Beebe (Ed.), *Issues in second language acquisition: Multiple perspectives* (pp.115–141). Cambridge, MA: Newbury House.

Long, M. H. (1990). Maturational constraints on language development. *Studies in Second Language Acquisition*, *12*(3), 251–285.

Long, M. H. (1991). Focus on form: A design feature in language teaching methodology. In K. Ginsberg, R. de Bot, & C. Kramsch (Eds.), *Foreign language research in crosscultural perspective* (pp.39–52). Amsterdam, The Netherlands: John Benjamins.

Long, M. H. (2015). *Second language acquisition and task-based language teaching*. Malden, MA: Wiley.

Lord, F. (1952). *A theory of test scores*. Richmond, VA: Psychometric Corporation.

Lord, F. M. (1965). An empirical study of item-test regression. *Psychometrika*, *30*(3), 373–376.

Lozanov, G. (1978). *Suggestology and outlines of suggestodedy*. London, UK: Gordon and Breach Science Publishers, Inc.

Macaro, E. (2001). *Learning strategies in foreign and second language classrooms*. London, UK: Continuum.

町田健（2000）. 『生成文法がわかる本』研究社出版.

MacIntyre, P. D., Clément, R., Dörnyei, Z., & Noels, K. (1998). Conceptualizing willingness to communicte in a L2: A situational model of L2 confidence and affiliation. *Modern Language Journal*, *82*, 545–562.

Mackey, W. F. (1965). *Language teaching analysis*. London, UK: Longman.

MacWhinney, B. (1987). The competition model. In B. MacWhinney (Ed.), *Mechanisms of language acquisition* (pp.249–308). Hillsdale, NJ: Lawrence Erlbaum.

Maftoon, P., & Rezaie, G. (2013). Cognitive style, awareness, and learners' intake and production of grammatical structures. *Journal of Language and Translation*, *3*(3), 1–15.

Magliano, J. P., Zwaan, R. A., & Graesser, A. (1999). The role of situational continuity in narrative understanding. In H. van Oostendorp & S. R. Goldman (Eds.), *The construction of mental representations during reading* (pp.219–245). Mahwah, NJ: Lawrence Erlbaum Associates.

真嶋潤子 (1994). *Learner difference and Japanese language education: A study of field dependence/ independence cognitive styles and Japanese language learning.*（大阪外国語大学学術研究双書 18）. 大阪外国語大学.

真嶋潤子 (2005).「学習者の個人差と第二言語習得：『学習スタイル』を中心に」『第二言語としての日本語の習得研究』*8*, 115–134.

眞野豊 (2020).『多様な性の視点でつくる学校教育』松籟社.

Markus, K., & Borsboom, D. (2013). *Frontiers of validity theory: Measurement, causation, and meaning.* New York, NY: Routledge.

Marsh, D. (1994). *Bilingual education & content and language integrated learning.* Paris: International Association for Cross-cultural Communication, Language Teaching in the Member States of the European Union (Lingua), University of Sorbonne.

Marslen-Wilson, W. D., & Welsh, A. (1978). Processing interactions and lexical access during word-recognition in continuous speech. *Cognitive Psychology*, *10*, 29–63.

Masgoret, A-M., & Gardner, R. C. (2003). Attitudes, motivation, and second language learning: A meta-analysis of studies conducted by Gardner and associates. *Language Learning*, *53*(S1), 167–210.

松宮新吾 (2014).「小学校『外国語活動』の教育効果に関する実証的研究：『日本型小学校英語教育』の創設へ向けて」鳴門教育大学博士論文.

松村昌紀 (2017).『タスク・ベースの英語指導—TBLT の理解と実践』大修館書店.

松村昌紀 (2020).「タスクの基礎知識」加藤由崇・松村昌紀・Wicking, P.（編著）『コミュニケーション・タスクのアイデアとマテリアル』(pp.10–24). 三修社.

松永広太 (2022).「外向性による学び方の違いと学びやすい学習環境に関する一考察：ウェアラブルカメラを使用した小学校外国語科での児童の学習行動の分析より」『日本学級経営学会誌』*4*, 47–57.

Mayer, R. (1988). Learning strategies: An overview. In C. Weinstein, E. Goetz, & P. Alexander (Eds.), *Learning and study strategies: Issues in assessment, instruction, and evaluation* (pp.11–22). New York, NY: Academic Press.

McClelland, J. L., & Rumelhart, D. E. (1981). An interactive activation model of context effects in letter perception. Part 1: An account of basic findings. *Psychological Review*, *88*(5), 375–407.

McGrew, K. S. (2005). The Cattell-Horn-Carroll theory of cognitive abilities. In D. P. Flanagan & P. L. Harrison (Eds.), *Contemporary intellectual assessment: Theories, test, and issues* (pp.136–181). New York, NY: The Guilford Press.

McLaughlin, B. (1978). The monitor model: Some methodological considerations. *Language Learning, 28*, 309–332.

McNamara, T. (2012). Poststructuralism and its challenges for applied linguistics. *Applied Linguistics, 33*(5), 473–482.

Messick, S. (1989). Validity. In R. L. Limn (Ed.), *Educational measurement* (3rd ed.) (pp.13–103). New York, NY: Macmillan.

Messick, S. (1990). *Validity of test interpretation and use.* Princeton, NJ: Educational Testing Service.

Messick, S. (1995). Validity of psychological assessment: Validation of inferences from persons' responses and performances as scientific inquiry into score meaning. *American Psychologist, 50*(9), 741–749.

Messick, S. (1996). Bridging cognition and personality in education: The role of style in performance and development. *European Journal of Personality, 10*, 353–376.

Meyer, E. N., & Hoft-March, E. (2022). (Eds.). *Teaching diversity and inclusion: Examples from a French-speaking classroom.* New York, NY: Routledge.

Meyer, O. (2010). Towards quality-CLIL: Successful planning and teaching strategies. *Puls*, 11–29.

Miller, G. (1956). The magical number seven, plus or minus two: Some limits on our capacity for processing information. *The Psychological Review, 63*, 81–97.

Miller, G. A., & McKean, K. O. (1964). A chronometric study of some relations between sentences. *Quarterly Journal of Experimental Psychology, 16*, 297–308.

皆見英代 (2008). 「『規準』と『基準』・'criterion' と 'standard' の区別と和英照合：教育評価の専門用語和訳に戸惑う」『国立教育政策研究所紀要』*137*, 273–281.

南雅彦 (2014). 「日本語教育研究：第二言語習得理論とアメリカの日本語教授法への影響」国際交流基金 (編)『アメリカにおける日本語教育の過去・現在・未来』[Online].

光元聰江・岡本淑明 (2016). 『外国人・特別支援児童・生徒を教えるためのリライト教材改訂 2 版』ふくろう出版.

光永悠彦 (2017). 『テストは何を測るのか：項目反応理論の考え方』ナカニシヤ出版.

三浦信孝・糟谷啓介 (編) (2000). 『言語帝国主義とは何か』藤原書店.

Miyake, A., & Friedman, N. P. (1998). Individual differences in second language proficiency: Working memory as language aptitude. In A. Healy & L. Bourne (Eds.), *Foreign language learning: Psycholinguistics studies on training and retention* (pp.339–364). Mahwah, NJ: Lawrence Erlbaum.

宮前和代 (2005). 「生成文法は何をしようとしているのか」『専修大学法学研究所所報』*31*, 33–48.

宮崎里司 (2003). 「学習ストラテジー研究再考：理論, 方法論, 応用の観点から」『早稲田大学日本語教育研究』*2*, 17–26.

三好一英・服部環 (2010). 「海外における知能研究と CHC 理論」『筑波大学心理学研究』*40*, 1-7.

Mizumoto, A., & Takeuchi, O. (2009). *A close look at the relationship between vocabulary learning strategies and the TOEIC scores*. Tokyo, Japan: Institute for International Business Communication. [TOEIC 運営委員会 (訳) (2009)「語彙学習方略と TOIEC スコア：その関係の詳細な考察」『TOEIC Research Report』(TOEIC 運営委員会) *4*.]

望月昭彦・深澤真・印南洋・小泉利恵 (2015). 『英語 4 技能評価の理論と実践：CAN-DO・観点別評価から技能統合的活動の評価まで』大修館書店.

望月正道 (編) (2010). 「技能別及び総合的英語能力を推定する語彙テストの開発：サイズ, 構成, 認知速度の融合」平成 19–21 年度科学研究費補助金基盤研究 (B) 研究成果報告書. 麗澤大学.

望月正道・相澤一美・投野由紀夫 (2003). 『英語語彙指導の指導マニュアル』大修館書店.

文部科学省 (2011). 「学習指導要領の変遷」(第 81 回中央教育審議会初等中等教育分科会教育課程部会資料 7) [Online].

文部科学省 (2013). 「学士課程教育の構築に向けて (審議のまとめ)：用語解説」(中央教育審議会大学分科会制度・教育部会) [Online].

文部科学省 (2014). 『言語活動の充実に関する指導事例集：思考力, 判断力, 表現力などの育成に向けて (高等学校版)』教育出版.

文部科学省 (2016). 「学習指導要領等の構成、総則の構成等に関する資料」(中央教育審議会初等中等教育分科会総則・評価特別部会資料) [Online].

文部科学省 (2018). 『高等学校学習指導要領 (平成 30 年告示)』東山書房.

文部科学省 (2019). 『高等学校学習指導要領 (平成 30 年告示) 解説 外国語編 英語編』開隆堂.

文部科学省総合教育政策局男女共同参画共生社会学習・安全課 (2019). 『外国人児童生徒受入れの手引き (改訂版)』明石書店.

森明智 (2020). 「英語リーディングにおける自己省察を用いた読解方略の指導効果と読解力の関連」『中部地区英語教育学会紀要』*49*, 103–110.

森田愛子 (2003). 「日本語の文の読みにおける漢字二字刺激の処理過程」広島大学博士論文.

森實敏夫 (2009). 「ロジステックモデルと項目応答理論」『あいみっく』(国際医学情報センター)*30*(3), 6–10.

森住衛 (2020)．「日本の中高の英語教科書に見られるジェンダー問題を考える：題材の横断的・時系列的調査の試みを通して」石川有香 (編)『ジェンダーと英語教育』(pp.81–117) 大学教育出版．

Morrow, K. (Ed.). (2004). *Insights from the common European framework.* Oxford, UK: Oxford University Press.［和田稔・高田智子・緑川日出子・柳瀬和明・齋藤嘉則 (訳) (2013)．『ヨーロッパ言語共通参照枠 (CEFR) から学ぶ英語教育』研究社出版．］

Morton, J. (1969). Interaction of information in word recognition. *Psychological Review, 76,* 165–178.

Moskowitz, G. (1978). *Caring and sharing in the foreign language class.* Rowley, MA: Newbury House.

向山陽子 (2012)．「第二言語習得における会話能力の伸長と適性プロフィールとの関連」『人文科学研究』(お茶の水女子大学) 8, 41–54.

Myers, D. G. (2010). *Psychology* (9th ed.). New York, NY: Worth Publishers.

Myers, I. B., & Myers, P. B. (1995). Gifts differing: Understanding personality. Boston, MA: Nicholas Brealey.

永江誠司 (2003)．「子どもの脳と発達と環境：神経発達心理学序論 (2)」『福岡教育大学紀要　第 4 分冊教職科編』52, 239–245.

永田麻詠 (2022)．『性の多様性と国語教育：言葉による見方・考え方を働かせる授業づくり』明示図書．

Naiman, N., Fröhlich, M., Stern, H. H., & Todesco, A. (1978). *The good language learner.* Toronto, Canada: Ontario Institute for Studies in Education.

中村飛鳥 (2003)．「英語の聴解に及ぼすスピード，ポーズ挿入および個人差要因の影響」『京都大学大学院教育学研究科紀要』49, 270–279.

中村陽人 (2009)．「構成概念妥当性の検証方法に関する検討：弁別的証拠と法則的証拠を中心に」『横浜経営研究』(横浜経営学会) 30(1), 203–219.

中村洋一 (2002)．『テストで言語能力は測れるか：言語テストデータ分析入門』桐原書店．

中野秀子 (2006)．「脳波パターン解析に基づいたマルチメディア教材の学習効果の比較：語彙習得に関して」平成 16 年度科学研究費基盤研究 (C) 報告書．九州女子大学．

成田高宏 (1998)．「日本語学習動機と成績の関係：タイの大学生の場合」『世界の日本語教育』(国際交流基金) 8, 1–11.

梨和ひとみ・宮谷真人 (2006)．「日本語文における意味処理と統語処理の時系列的関係：事象関連電位を用いて」『広島大学大学院教育学研究科紀要第三部』55, 307–313.

National Reading Panel (2000). Teaching children to read: An evidence-based assesement of the scientific research literature on reading and its implications for reading instruction. [Online].

National Standards Collaborative Board. (2015). *World-readiness standards for learning languages* (4th ed.). Alexandria, VA: Author.

National Standards in Foreign Language Education Project (NSLEP). (1996). *National standards for foreign language learning: Preparing for the 21st century* (1st ed.). Lawrence, KS: Allen Press.

National Standards in Foreign Language Education Project (NSFLEP). (1999). *Standards for foreign language learning in the 21st century* (2nd ed.). Lawrence, KS: Allen Press. [聖田京子 (訳) (1999).『21 世紀の外国語学習スタンダーズ：日本語学習スタンダーズ』国際交流基金日本語国際センター (注：原著内容を一部変更).]

National Standards in Foreign Language Education Project (NSFLEP). (2006). *Standards for foreign language learning in the 21st century* (3rd ed.). Lawrence, KS: Allen Press.

Nemser, W. (1971). Approximate systems of foreign language learners. *International Review of Applied Linguistics*, *9*, 115–123.

Newport, E. L. (1990). Maturational constraints on language learning. *Cognitive Science*, *14*(1), 11–28.

Newton, P. E. (2013, February). Does it matter what 'validity' means? [Seminar handout]. Department of Education Public Seminar, University of Oxford. [Online].

日本語教育学会 (1991).『日本語テストハンドブック』大修館書店.

Nikula, T., Dalton-Puffer, C., & Llinares, A. (2013). CLIL classroom discourse: Research from Europe. *Journal of Immersion and Content-based Language Education*, *1*(1), 70–100.

西田理恵子・安達理恵・カレイラ松崎順子 (2014).「小学校外国語活動における動機づけと情意要因に関する研究と実践：実証研究の蓄積と今後の展望」『外国語教育メディア学会 (LET) 関西支部メソドロジー研究部会 2013 年度報告論集』63–74.

西谷まり (2009).「動機づけ・外国語不安の捉え方と学習方略：ベトナムと中国の学習者の比較」『一橋大学留学生センター紀要』*12*, 15–25.

西山教行・大木充 (編) (2021a).『CEFR の理念と現実 理念編 言語政策からの考察』くろしお出版.

西山教行・大木充 (編) (2021b).『CEFR の理念と現実 現実編 教育現場へのインパクト』くろしお出版.

Nitta, R., & Asano, R. (2010). Understanding motivational changes in EFL classrooms. In A. M. Stoke (Ed.), *JALT2009 Conference Proceedings* (pp.186–196). Tokyo, Japan: JALT.

野田尚史 (編) (2012).『日本語教育のためのコミュニケーション研究』くろしお出版.

野口裕之（2015）．「大規模言語テストの世界的動向：CEFR を中心として」（pp.213–238）李在鎬（編）『日本語教育のための言語テストガイドブック』くろしお出版．

野口裕之・大隅敦子（2014）『テスティングの基礎理論』研究社出版．

Norris, J., & Ortega, L. (2000). Effectiveness of L2 instruction: A research synthesis and quantitative meta-analysis. *Language Learning*, *50*, 417–528.

O'Grady, W., Dobrovolsky, M., & Katamba, F. (1996). *Contemporary linguistics*. London, UK: Longman.

O'Malley, J. M., & Chamot, A. (1990). *Strategies used by second language learners*. Cambridge, UK: Cambridge University Press.

O'Malley, J. M., Chamot, A. U., Stewner-Manzanares, G., Russo, R., & Kűpper, L. (1985). Learning strategies applications with students of English as a second language. *TESOL Quarterly*, *19*(3), 557–584.

Ogden, C. K. (1937). *Basic English and grammatical reform*. Cambridge, UK: The Orthological Institute.

大畑京子（2012）．「日本人高校生の海外修学旅行と異文化意識変化」『多元文化』（名古屋大学）*12*, 1–18.

大平英樹（2010）．『感情心理学・入門』有斐閣．

大石晴美・木下徹（2004）．「英語学習におけるメタ認知ストラテジーの脳科学的効果：光トポグラフィによる選択的注意の観測」『ことばの科学』（名古屋大学言語文化研究会）*17*, 273–286.

大石俊一（1997）．『英語帝国主義論：英語支配をどうするのか』近代文芸社．

大石俊一（2005）．『英語帝国主義に抗する理念』明石書店．

岡田圭子・ブレンダ＝ハヤシ・嶋林昭治・江原美明（2015）．『基礎から学ぶ英語科教育法』松柏社．

岡田謙介（2015）．「心理学と心理測定における信頼性について：Cronbach の α 係数とは何なのか，何でないのか」『教育心理学年報』*54*, 71–83.

岡邑衛・上田勝江・新谷龍太朗（2014）．「アメリカにおける共通コア州スタンダーズに対する学校の反応と課題：ニューヨーク市の小・中・高等学校でのフィールドワークをもとに」『大阪大学教育学年報』*19*, 97–110.

沖原勝昭（2015）．「CLIL 導入の目的と実施形態」『京都ノートルダム女子大学研究紀要』*45*, 59–70.

大村彰道（編著）（2000）．『教育心理学研究の技法』福村出版．

小野浩一（2005）．『行動の基礎：豊かな人間理解のために』培風館．

苧阪満里子（2002）．『ワーキングメモリ：脳のメモ帳』新曜社．

苧阪直行（編著）（2008）．『ワーキングメモリの脳内表現』京都大学学術出版会．

Osaka, M., Otsuka, Y., & Osaka, N. (2012). Verbal to visual code switching improves working memory in older adults: An fMRI study. *Frontiers in Human Neuroscience*, *6*, 24.

大友賢二 (1996). 『項目応答理論入門：言語テスト・データの新しい分析法』大修館書店.

大友賢二 (2009). 「項目応答理論：TOEFL・TOEIC 等の仕組み」『電子情報通信学会誌』*92*(12), 1008–1012.

岡崎敏雄・岡崎眸 (1990). 『日本語教育におけるコミュニカティブ・アプローチ』凡人社.

奥村三菜子・櫻井直子・鈴木裕子 (2016). 『日本語教師のための CEFR』くろしお出版.

奥野由紀子 (編著) (2018). 『日本語教師のための CLIL (内容言語統合型学習) 入門』凡人社.

小野浩一 (2005). 『行動の基礎：豊かな人間理解のために』培風館.

大津由紀雄 (編) (1995). 『言語 (認知心理学)』東京大学出版会.

Oxford, R. L. (1990). *Language learning strategies: What every teacher should know.* Boston, MA: Heinle & Heinle. [宍戸通庸・伴紀子 (訳) (1994). 『言語学習ストラテジー：外国語教師が知っておかなければならないこと』凡人社.]

Oxford, R. L. (1993). *Style analysis survey (SAS).* Tuscaloosa, AL: University of Alabama.

Oxford, R. L., & Anderson, N. (1995). State of the art: A cross-cultural view of language learning styles. *Language Teaching, 28,* 201–215.

Ożańska-Ponikwia, K. (2013). *Emotions from a bilingual point of view: Personality and emotional intelligence in relation to perception and expression of emotions in the L1 and L2.* Cambridge, UK: Cambridge Scholars.

小澤亘 (2022). 「アクセシブルなデジタル教材の可能性」齋藤ひろみ (編著) 『外国人の子どもへの学習支援』(pp.79–87) 金子書房.

Palmer, H. E. (1921). *The oral method of teaching languages.* Cambridge, UK: W. Heffer and Sons.

Partnership for Assessment of Readiness for College and Careers (PARCC). (n.d.). English language arts/ literacy practice tests. [Online].

Patkowski, M. S. (1980). The sensitive period for the acquisition of syntax in a second language. *Language Learning, 30*(2), 449–472.

Penfield, W., & Roberts, L. (1959). *Speech and brain mechanisms.* Princeton, NJ: Princeton University Press.

Pennycook, A. (2004). Critical moments in a TESOL praxicum. In B. Norton & K. Toohey (Eds.), *Critical pedagogies and language learning* (pp.327–346). Cambridge University Press.

Pennycook, A. (2021). *Critical applied linguistics: A critical reintroduction* (2nd ed.). New York, NY: Routledge.

Péry-Woodley, M. M. (1990). Contrasting discouses: Contrastive analysis and a discoure approach to writing. *Language Testing, 23,* 143–151.

Phillipson, R. (2018). Linguistic imperialism. In C. A. Chapelle (Ed.), *The encyclopedia of applied linguistics* (pp.1–7). John Wiley & Sons.

Piaget, J. (1936). *Origins of intelligence in the child.* London, UK: Routledge & Kegan Paul.

Piaget, J. (1968). *On the development of memory and identity.* Barre, MA: Clark University Press with Barre Publishers.

Pienemann, M. (1984). Psychological constraints on the teachability of languages. *Studies in Second Language Acquisition, 6*(2), 186–214.

Pienemann, M. (1998). *Language processing and second language development: Processability theory.* Amsterdam, The Netherlands: John Benjamins.

Pienemann, M. (2005). Discussing PT. In M. Pienemann (Ed.), *Cross-linguistic aspects of processability theory* (pp.61–83). Philadelphia, PA: John Benjamins.

Pimsleur, P. (1966). *The Pimsleur language aptitude battery.* Bethesda, MD: Second Language Testing.

Postovsky, V. A. (1974). Effects of delay in oral practice at the beginning of second language learning. *Modern Language Journal, 58*(5–6), 229–239.

Prichard, A., & Taylor, J. (1980). *Accelerating learning: The use of suggestion in the classroom.* Novato, CA: Academic Therapy Publications.［産業能率大学サジェストペディア研究室（訳）(1983).『全脳学習：サジェストペディア入門』産業能率大学出版部.］

Rajagopalan, K. (1997). Linguistics and the myth of nativity: Comments on the controversy over "new/non-native" Englishes. *Journal of Pragmatics, 27*(2), 225–31.

Rajagopalan, K. (2004). The philosophy of applied linguistics. In A. Davies & C. Elder (Eds.), *The handbook of applied linguistics* (pp.397–420). Malden, MA: Blackwell.

Rayner, K., & Pollatsek, A. (1989). *The psychology of reading.* Englewood Cliffs, NJ: Prentice-Hall.

Reed, D. J., & Stansfield, C. W. (2002, May). The use of the Modern language aptitude test in the assessment of foreign language learning disability: What's at stake? Paper presented at Language Assessment Ethics Conference, Pasadena, CA.

Richards, I. A. (1945). *The pocket book of basic English: A self-teaching way into English.* New York, NY: Pocket Books Inc.

Richards, I. A. (1968). *Design for escape: World education through modern media.* New York, NY: Harcourt, Brace and World, Inc.

Richards, J. C., & Rodgers, T. S. (2001). *Approaches and methods in language teaching* (2nd ed.). Cambridge, UK: Cambridge University Press.［アントニー＝アルジェイミー・高見澤孟（監訳）(2007).『アプローチ＆メソッド：世界の言語教授・指導法』東京書籍.］

Richards, J. C., & Rodgers, T. S. (2014). *Approaches and methods in language teaching* (3rd ed.). Cambridge, UK: Cambridge University Press.

Richards, J. C., & Schmidt, R. W. (2002). *Longman dictionary of language teaching and applied linguistics* (3rd ed.). Harlow, UK: Pearson.

Riding, R. J., & Cheema, I. (1991). Cognitive style analysis: An overview and integration. *Educational Psychology, 11*, 193–215.

Ritchie, W. C., & Bhatia, T. K. (1996). Second language acquisition: Introduction, foundations, and overview. In W. C. Ritchie & T. K. Bhatia (Eds.), *Handbook of second language acquisition* (pp.1–46). New York, NY: Academic Press.

Rizzi, L. (Ed.). (2004). *The structure of CP and IP: The cartography of syntactic structures.* Oxford, UK: Oxford University Press.

Robinson, D., Gabriel, N., & Katchan, O. (1994). Personality and second language learning. *Personality and Individual Differences, 16*, 143–157.

Roehr, K. (2012, September). Leaving one's comfort zone: Individual learner profiles. [Conference handout] Essex Language Conference for Teachers. [Online].

Rubin, J. (1975). What the "good language learner" can teach. *TESOL Quarterly, 9*(1), 41–51.

Rubin, J. (1987). Learner strategies: Theoretical assumptions, research history and typology. In A. Wenden & J. Rubin (Eds.), *Learner strategies and language learning* (pp.15–29). Englewood Cliffs, NJ: Prentice Hall.

Rumelhart, D. E., & McClelland, J. L. (1986). *Parallel distributed processing: Explorations in the microstructure of cognition: Vol.1. Foundations.* Cambridge, MA: MIT Press.

Ryan, R. M., & Deci, E. L. (2000a). Self-determination theory and the facilitation of intrinsic motivation, social development, and well-being. *American Psychologist, 55*, 68–78.

Ryan, R. M., & Deci, E. L. (2000b). Intrinsic and extrinsic motivations: Classic definitions and new directions. *Contemporary Educational Psychology, 25*, 54–67.

Ryan, R. M., & Deci, E. L. (2002). Overview of self-determination theory: An organismic dialectical perspective. In E. L. Deci & R. M. Ryan (Eds.), *Handbook of self-determination research* (pp.3–33). Rochester, NY: University of Rochester Press.

劉百齡 (2003). 「CALL 学習に対する学習者個人特性の分析」『言葉と文化』(名古屋大学) *3*, 145–160.

Sachs, J. S. (1967). Recognition memory for syntactic and semantic aspects of connected discourse. *Perception and Psychophysics, 2*, 437–442.

Sadler, D. R. (1998) Formative assessment: Revisiting the territory. *Assessment in Education: Principles, Policy and Practice, 5*(1), 77–85.

酒井邦嘉 (1997). 『心にいどむ認知脳科学：記憶と意識の統一論』岩波書店.

酒井邦嘉 (2002). 『言語の脳科学：脳はどのようにことばを生みだすか』中央公論新社.

酒井たか子 (1997).「日本語習得適性テストの再検討 (1)：聴覚情報処理問題を中心に」『文藝言語研究 (言語篇)』(筑波大学) 32, 17–30.

榊原洋一 (2013).『子どもの脳の発達 (臨界期・敏感期)：早期教育で知能は大きく伸びるのか？』講談社.

坂本旬 (2008).「『協働学習』とは何か」『生涯学習とキャリアデザイン』(法政大学) 5, 49–57.

迫田久美子 (1999, August).「学習者を知る：学習者の日本語習得」[研究会資料] 平成 11 年度文化庁日本語教育研究協議会. [Online].

迫田久美子・石川慎一郎・李在鎬 (編著) (2020).『日本語学習者コーパス I-JAS 入門：研究・教育にどう使うか』くろしお出版.

Sakuma, Y. (2011). Cognitive features of working memory in elementary school students participating in foreign language activities. *Annual Review of English Language Education in Japan, 22*, 233–248.

三宮真智子 (2014).「記憶と学習」和田万紀 (編)『心理学 (第 2 版)』(pp.79–101) 弘文堂.

佐々木嘉則 (著) 白井恭弘・大関浩美・菅谷奈津恵・森塚千絵 (編) (2010).『今さら訊けない…：第二言語習得再入門』凡人社.

佐藤公文 (2007).「高校生の独立・依存傾向と英語の成績との関係について」『福島大学総合教育研究センター紀要』2, 49–55.

佐藤臨太郎・笠原究・古賀功佐 (2015).『日本人学習者に合った効果的英語教授法入門：EFL 環境での英語習得の理論と実践』明治図書出版.

佐藤芳明・田中茂範 (2009).『レキシカル・グラマーへの招待：新しい教育英文法の可能性』開拓社.

Saville-Troike, M. (2006). *Introducing second language acquisition*. Cambridge, UK: Cambridge University Press.

Scarcella, R., & Oxford, R. (1992). *The tapestry of language learning: The individual in the communicative classroom*. Boston, MA: Heinle & Heinle.

Schachter, J. (1974). An error in error analysis. *Language Learning, 24*(2), 205–214.

Schmidt, R. (1990). The role of consciousness in second language learning. *Applied Linguistics, 11*, 129–158.

Schmitt, N. (1997). Vocabulary learning strategies. In N. Schmitt & M. McCarthy (Eds.), *Vocabulary: Description, acquisition and pedagogy* (pp.199–227). Cambridge, UK: Cambridge University Press.

Schmitt, N. (2010). *An introduction to applied linguistics* (2nd ed.). New York, NY: Routledge.

Scott, D., & Beadle, S. (2014). *Improving the effectiveness of language learning: CLIL and computer assisted language learning*. London, UK: ICF GHK.

Scovel, T. (2000). A critical review of the critical period research. *Annual Review of Applied Linguistics, 20*, 213–223.

Searle, J. R. (1969). *Speech acts: An essay in the philosophy of language*. Cambridge, UK: Cambridge University Press.

Searle, J. R. (1979). *Expression and meaning: Studies in the theory of speech acts*. Cambridge, UK: Cambridge University Press.

Segalowitz, N. (2003). Automaticity and second language learning. In C. Doughty & M. Long (Eds.), *The handbook of second language acquisition* (pp.382–408). Oxford, UK: Blackwell.

Seidlhofer, B. (2001). Closing a conceptual gap: The case for a description of English as a lingua franca. *International Journal of Applied Linguistics, 11*, 133–158.

Selinker, L. (1972). Interlanguage. *International Review of Applied Linguistics in Language Teaching, 10*(1–4), 209–232.

清水裕子 (2005).「測定における妥当性の理解のために：言語テストの基本概念として」『立命館言語文化研究』*16*(4), 241–254.

白畑知彦・冨田祐一・村野井仁・若林茂則 (2009).『改訂版 英語教育用語辞典』大修館書店.

白畑知彦・若林茂則・村野井仁 (2010).『詳説 第二言語習得研究：理論から研究法まで』研究社出版.

Simpson, J. (2011). Introduction: Applied linguistics in the contemporary world. In J. Simpson (Ed.), *The Routledge handbook of applied linguistics* (pp.1–8). New York, NY: Routledge.

Skehan, P. (1998). *A cognitive approach to language learning*. Oxford, UK: Oxford University Press.

Skinner B. F. (1957). *Verbal behavior*. New York, NY: Appleton-Century-Crofts.

Skinner, B. F. (1958). Teaching machines. *Science*, New Series, *128*(3330), 969–977.

Slobin, D. I. (1970). Universals of grammatical developmeny in children. In G. B. Flore d'Arcais & W. J. M. Levelt (Eds.), *Studies of child language development* (pp.175–208). New York, NY: Holt, Rinehart & Winston.

Slobin, D. I. (1973). Cognitive prerequisites for the development of grammar. In C. A. Ferguson & D. I. Slobin (Eds.), *Advances in psycholonguistics* (pp.174–186). Amsterdam, The Netherlands: North-Holland.

Smith, L. (1976). English as an auxiliary language. *RELC Journal, 7*(2), 38–53.

Snow, C. E. (1977). Mother's speech research: From input to interaction. In C. E. Snow & C. A. Ferguson (Eds.), *Talking to children: Language input and acquisition* (pp.31–50). Cambridge, UK: Cambridge University Press.

Snow, C. E., Burns, M. S., & Griffin, P. (1998). *Preventing reading difficulties in young children*. Washington, DC: National Academy Press.

Snow, C. E., & Hoefnagel-Höhle, M. (1978). The critical period for language acquisition:

Evidence from second language learning. *Child Development*, *49*, 1114–1128.

Soldz, S., & Vaillant, G. E. (1999). The big five personality traits and the life course: A 45-year longitudinal study. *Journal of Research in Personality*, *33*(2), 208–232.

de Sousa, L. L. (2009). [Seminar slides] The silent way. [Online].

Sparks, R., Ganschow, L., Pohlman, J., Skinner, S., & Artzer, M. (1992). The effects of multisensory structured language instruction on native language and foreign language aptitude skills of at-risk high school foreign language learners. *Bulletin of the Orton Society*, *42*, 25–53.

Spearman, C. (1904). "General intelligence": Objectively determined and measured. *American Journal of Psychology*, *15*, 201–293

Spolsky, B. (1995). Prognostication and language aptitude testing, 1925–62. *Language Testing*, *12*, 321–340.

Steinberg, D. D. (1993). *An introduction to psycholinguistics*. London, UK: Longman. ［竹中龍範・山田純（訳）(1995).『心理言語学への招待』大修館書店.］

Stern, W. (1904). Realistic experiments. *Wirklichkeitsversuche, Beitrage zur Psychologie der Aussage*, *2*, 1–31.

Stevick, E. W. (1976). *Memory, meaning and method: Some psychological perspectives on language learning*. Boston, MA: Heinle & Heinle.［石田敏子（訳）(1979).『新しい外国語教育：サイレント・ウェイのすすめ』日本ブリタニカ；同上 (1988).　アルク.］

杉江修治 (2011).『協同学習入門：基本の理解と 51 の工夫』ナカニシヤ出版.

杉村恵子 (2014).『ことばとこころ：入門心理言語学』みみずく舎.

杉山憲司・堀毛一也 (1999).『性格研究の技法』福村出版.

鈴木公啓 (2012).『パーソナリティ心理学概論：性格理解への扉』ナカニシヤ出版.

鈴木渉（編著）(2017).『実践例で学ぶ第二言語習得研究に基づく英語指導』大修館書店.

Swain, M. (1985). Communicative competence: Some roles of comprehensible input and comprehensible output in its development. In S. Gass & C. Madden (Eds.), *Input in second language acquisition* (pp.235–256). New York, NY: Newbury House.

Swain, M. (1995). Three functions of output in second language learning. In G. Cook & B. Seidlhofer (Eds.), *Principle and practice in applied linguistics: Studies in honour of H. G. Widdowson* (pp.125–144). Oxford, UK: Oxford University Press.

高橋正夫 (2000).『英語教育学概論』金星堂.

高田裕美 (2023).「UD フォントを使用した英語教材・テスト作成のコツと注意点」『英語教育』*71*(11), 31–32(ii).

高橋登 (2022).「特別支援教育と外国人の子どもへの支援の接点」齋藤ひろみ（編著）『外国人の子どもへの学習支援』(pp.88–94)金子書房.

高橋信 (2021). 『IRT 項目反応理論入門：統計学の基礎から学ぶ良質なテストの作り方』オーム社.

高梨庸雄・高橋正夫・佐藤剛・野呂徳治・粕谷恭子・田縁眞弓 (2023). 『新・英語教育学概論(改訂第 2 版)」』金星堂

高島英幸 (2011). 『英文法導入のための「フォーカス・オン・フォーム」アプローチ』大修館書店.

高島英幸(編著) (2020). 『タスク・プロジェクト型の英語授業』大修館書店.

竹田契一(監修)・飯島睦美・村上加代子・三木さゆり・行岡七重 (2020). 『学びはじめにつまずかせない！多感覚を生かして学ぶ小学校英語のユニバーサルデザイン』明示図書.

Takeuchi, O. (1993). Language learning strategies and their relationship to achievement in English as a foreign language. *Language Laboratory*, *30*, 17–34.

竹内理 (2003). 『より良い外国語学習法を求めて：外国語学習成功者の研究』松柏社.

竹内理 (2007). 『「達人」の英語学習法：データが語る効果的な外国語習得法とは』草思社.

詫摩武俊・鈴木乙史・瀧本孝雄・松井豊 (2013). 『性格心理学への招待：自分を知り他者を理解するために』サイエンス社.

玉岡賀津雄 (2005). 「中国語を母語とする日本語学習者による正順・かき混ぜ語順の能動文と可能文の理解」『日本語文法』*5*(2), 92–109.

玉岡賀津雄 (2013). 「メンタルレキシコンと語彙処理：レフェルトの WEAVER++ モデル」『レキシコンフォーラム』(ひつじ書房)*6*, 327–345.

玉岡賀津雄・邱學瑾・宮岡弥生・木山幸子 (2010). 「中国語を母語とする日本語学習者によるかき混ぜ語順の文理解：聴解能力で分けた上位・中位・下位群の比較」『日本語文法』*10*(1), 54–70.

Tarone, E. (1983). Some thoughts on the notion of communication strategy. In C. Farerch & G. Kasper (Eds), *Strategies in interlanguage communication* (pp.61–74). London, UK: Longman.

Tarone, E. (2006). Interlanguage. In M. Berns (Ed.), *Concise encyclopedia of applied linguistics* (pp.1715–1719). Oxford, UK: Elsevier.

Taylor, W. L. (1953). Cloze procedure: A new tool for measuring readability. *Journalism Quarterly*, *30*, 415–433.

田崎清忠 (1995). 『現代英語教授法総覧』大修館書店.

寺内正典・飯野厚・巴将樹 (2010). 「前置談話文脈は第 2 言語文処理・統語処理における曖昧性と複雑性の解消に貢献するのか：日本人 EFL 学習者を被験者とするオフラインデータに基づく実験統語論的アプローチの試み」『多摩論集』(法政大学)*26*, 1–62.

Thelen, E., & Smith, L. B. (2006). Dynamic systems theories. In R. M. Learner (Ed.),

Handbook of psychology: Vol.1. Theoretical models of human development (pp.258–312). New York, NY: Wiley.

Timmis, I. (2013). Spoken language research: The applied linguistic challenge. In B. Tomlinson (Ed.), *Applied linguistics and materials development* (pp.79–95). London, UK: Bloomsbury.

Titone, R. (1968). *Teaching foreign languages: An historical sketch*. Washington, DC: Georgetown University Press.

Tomasello, M. (1995). Joint attention as social cognition. In C. Moore & P. J. Dunham (Eds.), *Joint attention: Its origins and role in development* (pp.103–130). Hillsdale, NJ: Lawrence Erlbaum.

Tomasello, M. (2003). *Constructing a language: A usage-based theory of language acquisition*. Cambridge, MA: Harvard University Press.

投野由紀夫(2012).「CEFR-J」(Ver.1.1).〔Online〕.

投野由紀夫・金子朝子・杉浦正利・和泉絵美(2013).『英語学習者コーパス活用ハンドブック』大修館書店.

豊田秀樹(2002).『項目反応理論入門編：テストと測定の科学』朝倉書店.

豊永耕平・須藤康介(2017).「小学校英語教育の効果に関する研究：先行研究の問題点と実証分析の可能性」『教育学研究』*84*(2), 215–227.

戸澤幾子(2009).『レファレンス706：早期英語教育をめぐる現状と課題』国立国会図書館調査及び立法考査局.

Tseng, W. T., Dörnyei, Z., & Schmitt, N. (2006). A new approach to assessing strategic learning: The case of self-regulation in vocabulary acquisition. *Applied Linguistics*, *27*, 78–102.

津田幸男(1990).『英語支配の構造：日本人と異文化コミュニケーション』第三書館.

津田幸男(2006).『英語支配とことばの平等：英語が世界標準語でいいのか？』慶應義塾大学出版会.

塚本真紀(2011).「さまざまな読みに対応した文章理解モデル」『尾道大学芸術文化学部紀要』*10*, 57–60.

Tulving, E. (1984). Relations among components and processes of memory. *Behavioral and Brain Sciences*, *7*, 257–68.

内田伸子(2006).「文章産出：物語ること・書くこと・考えること」針生悦子(編)『言語心理学』(pp.77–102)朝倉書店.

内田照久・杉澤武俊・椎名久美子(2008).「学習者の自己イメージ・学習スタイルと英語の読解・聴解試験成績」『日本テスト学会誌』*4*(1), 41–52.

植松茂男(2006).『英語学習と臨界期：第2言語習得研究と帰国生教育から』松柏社.

占部昌蔵(2009).「工業高専学生の学習ストラテジー使用：読解力に焦点をあてて」『長岡工業高等専門学校研究紀要』*45*(2), 1–5.

Vallerand, R. J., Blais, M. R., Brière, N. M., & Pelletier, L. G. (1989). Construction et validation de l'échelle de motivation en éducation (EME). *Canadian Journal of Behavioural Science/ Revue Canadienne des Sciences Du Comportement, 21,* 323–349.

Verhoeven, L., & Vermeer, A. (2002). Communicative competence and personality dimensions in first and second language learners. *Applied Psycholinguistics, 23*(3), 361–374.

Vessey, I. (1991). Cognitive fit: A theory-based analysis of the graphs versus tables literature. *Decision Sciences, 22,* 219–240.

de Villers, J. G., & de Villiers, P. A. (1973). A cross-sectional study of the acquisition of grammatical morphemes in child speech. *Journal of Psycholinguistic Research, 2,* 267–278.

Vygotsky, L. S. (1978). *Mind in society: The development of higher psychological processes.* Cambridge, MA: Harvard University Press.

Wardhaugh, R. (1970). The contrastive analysis hypothesis. *TESOL Quarterly, 4*(2), 123–130.

渡部良典・池田真・和泉伸一 (2011). 『CLIL（内容言語統合型学習）：上智大学外国語教育の新たなる挑戦，1：原理と方法』ぎょうせい.

Watson, J. B. (1930). *Behaviorism.* New Brunswick, NJ: Transaction Publishers.

Wei, L., & Cook, V. (2009). Linguistics for the real world. In L. Wei (Ed.), *Contemporary applied linguistics: Vol.2. Linguistics for the real world* (pp.1–9). London, UK: Continuum.

Weiner, B. (1986). *An attributional theory of motivation and emotion.* New York, NY: Springer-Verlag.

Weinreich, U. (1953). *Languages in contact.* New York, NY: The Linguistic Circle of New York.

Wen, Z. S., & Skehan, P. (2011). A new perspective on foreign language aptitude: Building and supporting a case for "working memory as language aptitude." *Ilha Do Desterro: A Journal of English language, Literatures and Cultural Studies, 60,* 15–44.

Wesche, M., Edwards, H., & Wells, W. (1982). Foreign language aptitude and intelligence. *Applied Psycholinguistics, 3*(2), 127–40.

Widdowson, H. G. (2000). On the limitations of linguistics applied. *Applied Linguistics, 21*(1), 3–25.

Wigfield, A., & Eccles, J. S. (2000). Expectancy–value theory of achievement motivation. *Contemporary Educational Psychology, 25,* 68–81.

Wilkins, D. A. (1972). *The linguistics and situational content of the common core in a unit/credit system.* Strasbourg, France: Council of Europe.

Wilkins, D. A. (1976). *Notional syllabuses: A taxonomy and its relevance to foreign language curriculum development.* Oxford, UK: Oxford University Press. ［島岡丘（訳）(1984).

『ノーショナルシラバス：概念を中心とする外国語教授法』オックスフォード大学出版局／桐原書店.］

Willis, D. (1990). *The lexical syllabus: A new approach to language teaching*. London, UK: Collins ELT.

Willis, J. (1996). *A framework for task-based language teaching*. London, UK: Longman.

Wilson, R. (2008). "Another language is another soul": Individual differences in the presentation of self in a foreign language. (Unpublished doctoral dissertation). University of London, Lodon, UK.

Winitz, H., & Reeds, J. (1973). Rapid acquisition of a foreign language (German) by the avoidance of speaking. *International Review of Applied Linguistics*, *11*(4), 295–317.

Winke, P. (2013). An investigation into second language aptitude for advanced Chinese language learning. *The Modern Language Journal*, *97*(1), 109–130.

Witkin, H. (1962). *Psychological differentiation*. New York, NY: John Wiley.

Witkin, H. A., Moore, C. A., Goodenough, D. R., & Cox, P. W. (1977). Field-dependent and field-independent cognitive styles and their educational implications. *Review of Educational Research*, *47*(1), 1–64.

薮田由己子 (2009).「コンピュータテストと英語教育」『清泉女学院短期大学研究紀要』*27*, 67–76.

薬師実芳 (2015).「LGBT の子どもも過ごしやすい学校について考える」金井景子(編)『LGBT 問題と教育現場―いま、わたしたちにできること―』(pp.5–26)学文社.

山田純 (2013).『心理言語学の中のサプライズ：言語行動から出づる心理』開拓社.

山田雄一郎 (2006).『英語力とは何か』大修館書店.

山岡俊比古 (1987).「外国語学習における 'the Interface Position'：Krashen 批判」『中国地区英語教育学会研究紀要』*17*, 205–208.

柳澤絵美・大木理恵・鈴木美加 (2010).「アイカメラを使って観察した日本語学習者の読みの特徴」『東京外国語大学留学生日本語教育センター論集』*36*, 1–12.

柳瀬陽介 (2006).『第二言語コミュニケーション力に関する理論的考察：英語教育内容への指針』溪水社.

Yashima, T. (2002). Willingness to communicate in L2: The Japanese EFL context. *The Modern Language Journal*, *86*(1), 54–66.

八島智子 (2004).『外国語コミュニケーションの情意と動機―研究と教育の視点』関西大学出版部.

八島智子 (2019).『外国語学習とコミュニケーションの心理』関西大学出版部.

横山吉樹・大塚謙二 (2013).『英語教師のためのフォーカス・オン・フォーム入門：成功するタスク＆帯活動アイデア』明治図書出版.

吉田国子 (2009).「語学学習における動機づけに関する一考察」『武蔵工業大学環境情報学部紀要』*10*, 108–113.

吉村和代・黄瀬浩一 (2015). 「読書時の眼球運動を利用した英語習熟度推定法」『信学技報』 *114*(454), 63–68.

湯舟英一 (2007). 「長期記憶と英語教育 (1)：海馬と記憶の生成，記憶システムの分類，手続記憶と第二言語習得理論」『東洋大学人間科学総合研究所紀要』 7, 147–162.

Ziętek, A. A., & Roehr, K. (2011). Metalinguistic knowledge and cognitive style in Polish classroom learners of English. *System, 39*(4), 417–426.

索引

354

【著者紹介】

石川慎一郎 （いしかわ しんいちろう）

神戸大学大学教育推進機構国際コミュニケーションセンター／
　同大学院国際文化学研究科外国語教育論講座教授。
神戸市生まれ。神戸大学文学部卒業。神戸大学大学院文学研究
　科（修士課程）・岡山大学大学院文化科学研究科（博士課程）
　修了。博士（文学）。専門分野は応用言語学。
著書・編著書として、『ベーシックコーパス言語学 第2版』（ひつ
　じ書房、2021）、『新・日本語教育のためのコーパス調査入門』
　（くろしお出版、2018）、*The ICNALE Guide: An Introduction to
　a Learner Corpus Study on Asian Learners' L2 English* (Routledge,
　2023) 他。

ベーシック
応用言語学 第2版　L2の習得・処理・学習・教授・評価

A Basic Guide to Applied Linguistics, Second Edition
Shin'ichiro Ishikawa

発行　　　2023年3月28日　初版1刷
　　　　　（2017年3月24日　初版1刷）
定価　　　2100円＋税
著者　　　© 石川慎一郎
発行者　　松本功
装丁者　　大崎善治
印刷製本所　三美印刷株式会社
発行所　　株式会社 ひつじ書房
　　　　　〒112-0011 東京都文京区千石2-1-2　大和ビル2F
　　　　　Tel.03-5319-4916　Fax.03-5319-4917
　　　　　郵便振替 00120-8-142852
　　　　　toiawase@hituzi.co.jp　https://www.hituzi.co.jp/

　　ISBN978-4-8234-1197-7　C1080

─────── 刊 行 案 内 ───────

概説コーパス言語学　手法・理論・実践
トニー マケナリー・アンドリュー ハーディー 著　石川慎一郎 訳
定価 3800 円＋税

ベーシックコーパス言語学　第 2 版
石川慎一郎 著　定価 1700 円＋税

ベーシック英語構文文法
大谷直輝 著　定価 1800 円＋税

ベーシック新しい英語学概論
平賀正子 著　定価 1700 円＋税

————— 刊 行 案 内 —————

英語科学論文をどう書くか　新しいスタンダード
保田幸子 著　定価2400円＋税

英日通訳翻訳における語順処理　順送り訳の歴史・理論・実践
石塚浩之 編　定価7400円＋税

言語学習における学習ストラテジーと動機づけ
理論と実践の創造的キュレーション
大和隆介 著　定価5500円＋税

———— 刊 行 案 内 ————

「気づき」をうながす文法指導　英語のアクティブ・ラーニング
島田勝正 著　定価3600円+税

ワイド新版　英語学習7つの誤解
大津由紀雄 著　定価1600円+税

ちょっとまじめに英語を学ぶシリーズ4　カタカナ語からはじめる英語の発音
中西のりこ 著　定価1600円+税

ちょっとまじめに英語を学ぶシリーズ5　英語談話標識の姿
廣瀬浩三・松尾文子・西川眞由美 著　定価1600円+税